国家社科基金后期资助项目

汉译组构优化研究

黄忠廉　著

商务印书馆
创于1897　The Commercial Press

图书在版编目(CIP)数据

汉译组构优化研究/黄忠廉著.—北京:商务印书馆,
2022
ISBN 978-7-100-20847-5

Ⅰ.①汉…　Ⅱ.①黄…　Ⅲ.①翻译学—研究
Ⅳ.①H059

中国版本图书馆 CIP 数据核字(2022)第 038779 号

汉译组构优化研究
黄忠廉　著

商　务　印　书　馆　出　版
(北京王府井大街36号　邮政编码100710)
商　务　印　书　馆　发　行
北　京　冠　中　印　刷　厂　印　刷
ISBN 978-7-100-20847-5

2022 年 11 月第 1 版　　　开本 710×1000　1/16
2022 年 11 月北京第 1 次印刷　　印张 20½
定价:98.00 元

国家社科基金后期资助项目
出版说明

后期资助项目是国家社科基金设立的一类重要项目,旨在鼓励广大社科研究者潜心治学,支持基础研究多出优秀成果。它是经过严格评审,从接近完成的科研成果中遴选立项的。为扩大后期资助项目的影响,更好地推动学术发展,促进成果转化,全国哲学社会科学工作办公室按照"统一设计、统一标识、统一版式、形成系列"的总体要求,组织出版国家社科基金后期资助项目成果。

全国哲学社会科学工作办公室

目　　录

前　　言

　　因受制于原文而有别于纯粹的汉语表达，汉译在组构过程中会出现种种问题，对汉语产生影响。如何优化汉译组构，是一个有待系统开掘的领域。

　　五四以来的翻译对汉语言发展有功有过，"过"的表现之一是影响汉语规范。外译汉过程及其成品（简称为"汉译"），其恶性欧化最充分地表现为汉译的组织建构，如夹缠梗阻、噎塞不通、句意不明、文义模糊，传播开来，负面影响之大，一年盛过一年，已影响好几代人，成为污染汉语的一个源头，不弱于本国人不规范地运用汉语的程度。因此清理现代汉语规范的源头，翻译首当其冲，汉译组构的优化问题又是重中之重。

　　吕叔湘说过："拿外语跟汉语进行比较，可以启发我们注意容易被我们忽略过去的现象。"（《语言教学与研究》1980 年第 1 期第 32 页）反过来，拿汉译与汉语比较，也可发现汉译中出现的典型问题。

　　相对本土作品而言，汉译可读性较弱。一般说来，本土作品不规范的语句，汉语读者基本上能辨明是非，知道哪是犯规，哪是新的语言现象。由于思维、文化等因素的作用，汉译句子读者若无双语基础，若无原文在前，一般是难以弄清汉译组构失范的具体原因，多半会产生如下印象：不像中国话。因为从原文到译文有一个转换的过程，汉译读者隔了这一层，不知外国人是如何思考的。

　　汉语界基本上未从翻译行为角度研究汉译组构优化问题。翻译界目前对汉译组构问题理论上有所涉及，多数讨论具体译法，仅是匡谬正俗，其中规律性研究开始出现，原理研究不常见，不成体系，更不用说向汉语领域拓展。将翻译研究与汉语研究弥合起来，正成为一种趋势。本书尝试解决外语研究与汉语研究"两张皮"的问题，从翻译行为角度为汉译失范正本清源，探讨翻译对汉语结构的遵守与突破，促进现代汉语健康发展。

　　汉译组构问题很多，择要研究，其它问题留待将来逐步研究，先解决主要的典型优化问题，以点带面，试图从典型研究中摸索出一定研究方法，探

1

索优化规律,以便为全面研究汉译组构的规律和理论打下基础。研究问题,不拘于思辨,关键在汉译组构现象的调查基础上展开讨论,提出规范组构的建议。

依据既定研究策略,全书共十三章。前三章:1)概说汉译组构的定义、特征及其研究方略;2)归纳汉译组构问题类型;3)立于译艺层面探讨汉译组构优化与翻译观的关系,此乃汉译组构优化的几个基本理论问题。中间八章研究典型的汉译组构优化问题;4)以 source language 汉译为"原语"还是"源语"为例,探讨汉译同义词组构优选问题;5)以"的"字为例,探讨汉译短语组构标记的隐显问题(温素梅参与了本章的写作);6)以量词为例,探讨汉译组构特点的抑扬问题(张小川参与了本章的写作);7)以被字句为例,探讨汉译同义句组构的择优问题;8)以长句为例,探讨汉译组构句长的趋简问题;9)以流水句为例,探讨汉译语篇组构以意驭形的问题;10)以关联词为例,探讨汉译语篇组构衔接的隐显问题;11)以标点为例,探讨汉译组构气息的休止问题。最后两章回到理论提升;12)追溯汉译组构欠优的原因;13)确立汉译组构优化的基本原则。

从历史与现状出发,本项研究以英译汉语料为主,兼用俄译汉语料。偶尔涉及其它语言译成汉语的例子,一般不附原文。

第一章　汉译组构问题概说

汉语规则具有刚性,无论是作家还是译家,其语言组织构建活动都要遵循汉语规则,在实际创作或翻译中以遵循为主。一定时期内,汉语规则又具有柔性,超过这一时期,规则可能不成其为规范了,为作家与译家提供了创新与突破的契机,作家力求创新,译家偶有创新。

汉语规范在语表上表现为形式的规范。汉译时则要求表达规范,即汉译文本的组织构建形式上要遵守汉语语法规范。相对于汉语比较稳定的结构,汉译是一种组构过程,具有临时性、相对性和动态性,因而存在各种问题,需要专门研究。

第一节　汉译组构

汉译,既可作动词,又可作名词;汉译中词与词、句与句组合生成的结构既可能有利于汉语,也可能不利于汉语。这一组构过程具有中介性、渗透性、杂合性、严密性、变异性、陌生感、书面化等特点。

一、汉译

汉译,作动词,指从外语译成汉语的行为或过程,如英诗汉译指把英语诗歌译成汉语的行为或过程。

汉译,作名词,指从外语译成汉语的产物,如汉译语言问题指译成汉语的译作中的语言问题。

总之,汉译既指外语与汉语间的翻译活动,又指其结果,涉及翻译问题,因此,首先要弄清什么是翻译。翻译是人或/和机器将甲符文化变化为乙符以求信息量相似的智能活动和符际活动。(黄忠廉等,2019:11)翻译关键是传输内容,变化形式,据二者的结合程度及译作与原作的相似性将翻译划分为全译和变译一对范畴。

全译是译者将原语文化信息转化成译语以求风格极似的智能活动和符际活动,全译力求完整传达原作内容,兼顾原文形式,求得风格极似。全译主要是在微观的语表形式上对原文的语里意义进行对应、增减、移换、分合,以求译作在风格上与原作极似。求似策略包括意译和直译,全译语表形式的变化以小句为轴心,小句是全译的中枢单位,全译围绕它而展开:词的翻译受控于小句,短语翻译从属于小句,复句翻译依赖于小句,句群翻译寄托于小句,它在全译转化中最自由最灵活,负载的功能也最多。以小句为中枢研究全译,能揭示其基本规律。

综上所述,本项研究的"汉译"既取名词义,又取动词义,以译出的结果研究为主,对其充分观察,充分描写;以翻译过程研究为辅,对其充分分析,充分解释。本项研究的对象是全译,且在"X译汉"集合中,选择英译汉和俄译汉,以前者为主,需要语言类型旁证时,启用后者。

二、组构与结构

组构在语言学中指"语言结构的层级模型,即大单位视作由小单位'组构'而成"(克里斯特尔,2000:73)。组构语义学认为,整体意义等于部分意义之和。组构原则认为,语法上复杂形式的意义是其语法成分意义的组构性函数(Cruse,2000:67),包括:1)复杂词组的意义全由其成分意义决定;2)复杂词组的意义由其成分意义的一般规则推导;3)每个语法成分都有意义,是整体意义的基础。

组构是词与词、句与句组合生成结构的过程,其结果既可是短语,也可是句子,还可能是句群,以前二者为主体。"组构是就动态生成而言的,注重的是组构的类型与限制。结构是就静态结果而言的,注重的是生成结构的成分与关系。"(刘街生,2004:前言)组构的结果是生成结构,两个概念从不同角度描述同一语言事实。

讨论汉译组构问题,只涉及现代标准语,即从标准的英/俄语译作现代汉语,因语言体系不同,常常出现偏离标准语的现象,具体到汉语语法,指的是现代汉语句法。全译涉及双语间的句法变化,语言学中句法也称句法学。请看中外语言界对句法的定义,黄伯荣、廖序东主编《现代汉语》(1985:297):"句法研究词组、句子的组织规律,如词组、句子的结构和类型等。"王超尘等编《现代俄语通论》(下)(1964:257):"句法学是研究语言的句法结构、研究由词组成词组和句子的规则的科学。"

汉语是典型的分析语,俄语是典型的综合语,英语则介于二者之间。三者构成连续体,汉、英、俄三语按形态变化的繁简排序,应该是:俄>英>汉。

相对而言,英汉句法差异小一些。如:英语重形合,汉语重意合;汉语呈链接式,英语呈散射式;汉语主题句多,英语主谓句多;英语常用无生命词施动,汉语则少用等。再如汉语左向伸展,状语或状语从句多在主语或语句前,定语或定语从句多在中心词前;英语右向伸展,主句多在前,状语、定语、补语等成分可后向伸展,单个形容词除外,定语从句、分词短语、介词短语、不定式等修饰成分多半在中心语之后。

俄汉句法差异非常大,俄语中出现频率极大的一致关系和支配关系,汉语根本没有;俄语富有词形变化,用实词的语法形式表达句法关系;汉语则相反,词形变化不发达,句法关系的主要手段是词序和虚词。俄语动词不定式句等句型汉语没有,而汉语广泛运用句子结构充当句子成分,大量使用连动式、兼语式结构,俄语则用得少得多。俄语广泛使用连接词、关联词等作为复句标志,汉语则用得少一些。

正是这些差异,才导致外译汉两种句法体系发生冲突,彼此较量,相互渗透。

三、汉译组构界定

汉译组构,指汉译中较小语言单位构成较大语言单位,构成短语、小句、复句和句群四种语言或言语实体的过程及其成品,较小单位的意义组合起来可构成较大单位的意义,它基于而又有别于汉语结构。四种组构实体中,短语是构件实体,即短语是构成小句的构件;小句、复句和句群是表述实体,即在言语交际中起表述作用。

由上可知,"组构"与"汉译"组构成"汉译组构",可理解为两种情况:一是汉译时各语言成分组合构造的排列方式;二是各语言成分所组合构成的汉语结构。上述四种句法实体的构成规则和组合规则从产生的时间上看,可包括已有的汉语句法规则和新产生的汉译组构规则,二者构成了汉译组构规则的总和。

一般而言,已有的汉译组构规则占主体,是经过一定时期翻译活动而形成的,已为汉语读者接受,处于定型期,进入了汉语句法体系。如"A,因为 B""A 过去是,现在是,将来仍然是 B"等表达式,已成为汉语表达的一种常态。而新产生的汉译组构规则所占的比例要少得多,因产生的时间不长,或在接受时出现了不同的意见,正处于观察期,处于是否能为汉语所接受的边缘。如"增加"可与"倍"搭配,那么"减少"能否与"倍"搭配?传统是反对的,但仍呈使用趋势,也有学者主张这么搭配,因此有待于追踪考察。

外译汉必须使用现代汉语词汇和语法,现代汉语句法是基础,这是不言而喻的。正是因为"外译汉"这一因素,导致汉译组构时发生内在变化,语际转换活动给作为译语的汉语带来了新鲜血液,促其向前发展。然而,翻译是把双刃剑,一方面丰富汉语,一方面又破坏汉语,都是语言接触的必然规律,从而使汉译组构有别于汉语句法,使其成为汉语句法的一种变体。

汉译组构研究,着重从动态生成角度考察汉译问题,自然也对汉译组构生成的汉语结构作出描述和解释。不过,结构着重于静态的语义关系探讨,组构注重动态的生成限制,除了静态的语义关系探讨之外,还会涉及语用因素对组构的影响和制约。对句法形式而言,最基本的限制来源于语义的限制。若无表达因素的参与,语义会负责组构限制的全部解释,语形与语义便有明确的对应关系;若有表达功能或语用因素,便能对汉译组构作出最终解释。

四、汉译组构别于汉语结构的特性

汉译组构是一个杂合,基于而又有别于汉语结构,是一个有自我特色的汉语句法系统。"对于欧化语法,用不着赞成,也用不着反对。欧化是大势所趋,不是人力所能阻隔的。"(王力,1985a:460)汉译组构既受制于原文的形与义,又受制于汉语句法。"基于而又有别于汉语句法"的性质赋予了汉译组构一些特性。

(一)中介性

从本质上讲,翻译本身就具有文化中介性。汉译组构的中介性实际是一种不稳定性,不如汉语句法规范,但可以接受,尤其进入语境更易于理解;或者部分人群在使用,由汉语句法的边缘逐步进入内圈或中心。这一中介性是外语句法进入汉语句法的试验场和中转站。如:

[1] If he won't come here, I won't go there.
译文 A:如果他不来这儿,我就不去那里。
译文 B:如果他不来,我就不去。
译文 C:他不来,我不去。

译文 A 和 B 具有中介性,初译者或汉语较弱者多呈现或必经这两个阶段;翻译高手或汉语熟练者,则可直接译出译文 C,在其成长过程中或许历经了译文 A 和 B 的过程。总体上看,无论新手老手,作为个体多数有过中介性译文,而整个译界则已共同形成汉译组构的中介性。

（二）渗透性

汉译组构是一个中介句法体系,既与外语句法体系有关,又与汉语句法体系有关。正因为汉译组构具有中介作用,进而具有渗透作用。一方面,它为外语渗透汉语提供了平台和机会,充当二传手,因为符合外语句法的,不一定能进入汉语句法,所以它成了一个过滤器;另一方面,它本身又可以向汉语直接渗透,历经长期使用,逐渐进入汉语句法体系。

（三）杂合性

汉译组构既有外语的特点,又有汉语的特点。以英/俄语为例,其鲜明的时空意识,突出的外语形式,诸如性、数、格等,都会在汉译中有所体现,特别是操这些语言的民族的思维方式,观察事物的角度以及对叙事艺术不断追求的传统,都会使汉译组构呈现有别于汉语的独特艺术魅力。

（四）严密性

与汉语本土作品相比,汉译组构呈现出前所未有的严密性,且绝大多数出现于书面语。而学生受教育,常常接触书面语,几代人受其影响,并逐渐渗入传统的汉语,将其改造得越来越精密,越来越逻辑化,也越来越繁琐。譬如,汉译组构中主语频频出现,判断词常常使用,句子结构普遍较长,关系比较复杂,等等。汉译组构虽说不是汉语严密化的唯一原因,但是其主要原因之一。

（五）变异性

汉译表达是有限手段的无限运用。具体而言,词语有限,结构模式更有限,"一种语言中的结构模式也是相当稳定,只有经过长期的历史演变才会有所改变"(陆丙甫,1986)。汉译组构是双语转换的结果,应当遵守汉语规范,受其辖制。只因从原语中来,有时还未完全脱胎换骨,仍会受到原文形式的羁绊。这种变异冲击着公认的汉语句法规范。如英/俄语表示增加的概念可以同时表示减少,但汉语中不大用,有的译者用了,就显得格格不入,属于异类,时常会受到批评。

（六）陌生感

外来者总会给人以陌生感,陌生感表现为欧化句法,略带洋腔洋调。曾有大作家觉得汉译组构听起来太不入耳,不及汉语简单明了,并呼吁保持纯洁汉语,千万不可给洋话搅乱,反对欧化句法!(见朱星,1988:155)汉译组构有时带有一定的洋味,听或读起来有洋腔洋调的感觉,就像留学生说汉语,也像译制片中的对话。其实这种陌生感有时也是一种新鲜感。

陌生感的参照系就是汉语句法,通过比较,更能深刻地感悟汉语的特点,维果茨基(2002:120)说过:"不懂外语的人,不会真正懂得自己的母语。"

（七）书面化

汉译组构的绝大部分与书面和口头汉语句法是相通的,但有一部分句法形式为书面语所特有,口语不大说。这种现象在科学翻译中尤为突出,如长句、抽象名词、虚词用得过多等。总之,汉译作品比本土作品的书面性要强,主要受外语,特别是印欧语言的影响而逐渐形成的。在原语中这些句法不一定都是书面语,入了汉译,率先乃至在相当长的时期里出现在知识分子的书面语中。

许多译者从学校到学校,体验生活不够,学究式的文字气息代替了活泼的空气。词句僵硬,拒绝活人接近。即使像鲁迅这样的大家,比较他的译作与创作,也会发现一种有趣的现象:写起来活灵活现,一旦翻译就板起面孔,最明显的是文学翻译对话使用的语气词比本土作品少。

第二节　汉译组构研究方略

1955年10月26日《人民日报》社论《为促进汉字改革、推广普通话、实现汉语规范化而努力》中指出:"要促使每一个说话和写文章的人,特别是在语言使用上有示范作用的人,注意语言的纯洁和健康。……作家们和翻译工作者们重视或不重视语言的规范,影响所及是难以估计的,我们不能不对他们提出特别严格的要求。"由此看来,翻译所产生的负面影响,即汉译对汉语的不良影响,对汉语有破坏作用。汉语规范研究者主要来自汉语界,来自翻译界的较少。以汉语句法规范汉译组构,可能会发现种种问题,汉译组构便成了需要规范的对象,需要加强研究。

一、汉译组构研究对象

汉译组构问题属于句法规范问题,而句法规范属于语言规范,"语言规范就是一个语言群体在一个特定时期一个特定空间,经语言群体多数成员所公认的标准表达形式,这个形式是根据（个人的或集体的）交际环境,包括所处的社会生活习惯,以及思维方式而自然形成或有意识地制订的,其作用是在调节语言的社会功能。"这是社会语言学家陈原(1999)的见解,说得很详尽;罗常培、吕叔湘(1956)则说得很概括:"语言的'规范'指的是某一语言在语音、词汇、语法各方面的标准。"而张志公(1992)说得很通俗:"大家共同遵守的东西才叫规范。"因此,有必要弄清汉译组构规范对象。

汉译是译者的行为及其产品,具有个性化和时间性特点,其中的语言运用千差万别,但万变不离其宗,都得遵守语言规律,要时时有一种语言集体意识。在翻译过程中,有两种现象经常出现:一是遵守规范,一是违反规范。前者是翻译中语言运动的主体,否则译作就不可读,文化也不能得以传播。后者是翻译中的次体,不仅违反句法规则,而且不被广泛使用,这是犯规现象,但正是它冲击着汉语规范。

在遵守规范的同时,译者有时有意或不经意,或者无可奈何,又超出了规范。现有的句法规范并不能将丰富的言语事实概括无遗,有些潜在的语言规律在语言运用中会浮出水面,或者有的语言规则在双语转换中被引进,超出现有规范,这就是超规现象。

因此,汉译组构规范的对象涉及汉译对汉语句法的犯规与超规。对某些突破常规的汉译组构现象,有时要大胆扶持,为其立规。

二、汉译组构研究任务

汉译组构研究的任务是研究汉译组构过程及其结果对汉语句法规范的遵守与突破。而所谓规范,"这就是定个标准的意思"。(叶圣陶,1955)戚晓杰(2000)则认为"语言规范化指的是人们依据语言的发展规律制定和推广语言各方面的标准"。由此可见,汉译组构研究旨在解决双语句法体系之间的矛盾。针对上述两种规范的对象,至少可以确定汉译组构的两项任务。

(一)使犯规的汉译组构得以守规

翻译是用译语表达原语的内容,按译语表达首先得遵守译语的规范,这是基调;同时译者受原语形式的影响,与译语发生冲突不可避免,违反译语规范。汉译破坏汉语的一面,对汉语句法带来一些危害,称作"犯规",应当对其否定,力避在汉译中出现,已出现的力求改正,从汉译组构中剔除。下面两例是带翻译腔的写作,读之令人头昏,属于犯规的文字:

> [2] 这种无法理解的存在之偶然性将不再有意于潜藏在宣明的存在中,不要去称量和堆积它,不要冒着有被难以形容的相似的存在误导的风险而去逼问它。(周春生《直觉与东西方文化》,上海人民出版社,2001,264页)
>
> [3] 现在,已经可以充分地、恰如桑塔耶拿所设想的那个名词的所指那样去认识他在本质的发现中所采用过的怀疑过的方法。(同上)

（二）使超规的汉译组构得以立规

基于汉语已有规范，翻译是把双刃剑，一面破坏着汉语，一面丰富着汉语。汉译有丰富汉语的一面：在汉译突破现有规范的过程中，还有一部分是超过了现有规范。在守规中又超规，或者说，从整体上守规，汉语较薄弱环节或差异较大处超规。给汉语句法带来一些新鲜的组合规则，超出了现有规范，此为"超规"。

超规即超越规范，它"不是反对规范，而是在规范指导下描述语言的新变化——在一定条件下，这种超越往往会促进有关的机构修正或补充规范条文"（陈原，1999）。如果对其肯定，确定其在汉语句法中的合法地位，就叫"立规"。如：

> [4] We could buy a new car if you didn't spend so much on clothes.
> 我们能买新车，要是你没花掉太多的钱买衣服的话。

从句后置是英语的常态，对汉语来说是舶来品。这种表达式有其语用价值，后来成为汉语复句的常态格式，扎根于现代汉语，人们已习用为常，一般不再意识到其外来身份。

汉译既要遵守规范，又要突破规范。汉译组构研究的任务之一就是将明显违反汉语句法规范的犯规现象加以纠正，使之规范化。规范是个动态过程，就是使犯规的语言现象合乎规范，通过守规来推广现有规范，同时将超规的语言现象添入规范体系，通过立规来发展现有规范。

综上，汉译组构研究，旨在为汉译过程选择得体的组构。具言之，是根据汉语句法规律，在汉译中推广和确立短语和句子、句群的组构规则，使犯规变得守规，维护汉语句法的稳定性，使超规得以立规，促进汉语句法的发展。

三、汉译组构研究方法

汉译组构研究要找出汉译组构中犯规与超规的规律，研究使犯规变为守规，使超规得以立规的规律，帮助译者或编者自觉地掌握这些规律，知其然，又知其所以然。

"几十年来关于规范化的理论文章已经发表得不算少了，可是具体工作似乎做得少了一点。理论问题当然还可探讨，但是具体工作还应该多做。"（胡明扬，1995）这番话是对汉语界而发的。十几年来，汉语界的研究逐渐多起来，外语界起步不大。相对而言，汉译语言规范的理论研究显得贫乏，具体工作少而缺乏系统性。目前汉语界对汉译组构问题研究不多,也不成体系,且因翻译而引起的规范问题不同于因本土创作引起的规范问题,由此先对汉译组构规律进行具体探讨,研究问题,把一个个问题研究清楚了,为整个汉译组构规范的全貌性认识奠定基础。汉译组构问题很多,择要研究,其它问题留待将来逐步研究。

研究问题,不拘于思辨,关键是在汉译组构现象的调查基础上展开讨论,提出建议,以供参考。科学研究离不开事实与数据,没有相对足够的事实与数据,论证也得不出比较正确的理论。为此,本项研究尽量采用定性和定量相结合的办法,使得出的规范结论具有较大的科学性和可靠性。

本来汉译组构研究应该理论与实践并重,但因对基本事实还知之不全,必先对其作起步研究。充分描写是规范的基础,深入研究是规范的保证,语用价值是规范的依据。(储泽详,1996)对汉译组构中犯规和超规研究首先要做基础工作,做到观察充分和描写充分。在充分观察的基础上锁定相关观察点,先解决主要的典型的问题,充分描写,以点代面,以便为全面研究汉译组构的规律和理论打下基础。

第二章　汉译组构问题类型

汉译组构问题类型与汉译组构对象密切相关,总体上也分为犯规和超规两类。在讨论汉译组构时,不言而喻的前提是译文基本传达了原文的内容,即是说讨论的重点只是译语表达问题。各种汉译组构现象可归为五个层面:成文、成型、成活、像话、新话,这样它们就构成了汉译组构问题的四种次级类型。(见表2-1)

表 2-1　汉译组构问题类型

大类	犯规问题		超规问题	
次类	成文未成型	成型未成活	成活不像话	像话非常话
现象	不知所云　构件不全 语气不顺	语形有误 语用无效	欠准确　欠鲜明 欠生动　欠流畅	不曾说 不常说

表2-1形象地表明,"成文未成型"和"成型未成活"属于典型的犯规现象,"像话非常话"属于典型的超规现象,而"成活不像话"处于过渡地带,可能犯规,也可能超规,倾向于犯规的就使之守规,倾向于超规的就力争确立新规,为之立规。两大类四小类的汉译组构问题类型也是汉语句法学应该研究的对象。

第一节　成文未成型

成文未成型,指将原文译成译文字,有了译语形式,但加工不够,未成句子形状,不合汉语句法规则。它是汉译组构比较典型的犯规现象,属于低一级的句法错误。林语堂(1984)认为:"若是译者心中非先将此原文思想译成有意义之中国话,则据字直译,似中国话非中国话,似通而不通,决不能达到通顺结果。"语言表达因人而定,因时而异,因地而妥。(王寅,2014)尽管如此,但译文成型,必须符合两个条件:可成句单位正确;句子语气通顺。

一、不知所云

不知所云,有三义:1)不知道说的是什么;2)语无伦次,颠三倒四,紊乱;3)形容感情激动。汉译的不知所云,首先是从内容上讲,读罢译文不知原文的意思,说得叫人摸不着头绪,字字认得,不得其义。这种译文因此而显得内容空洞,令人难懂;其特点是用字造句欠妥当,不明确,不合基本逻辑,句子根本就不成立。如:

　　[1] 政治科学自一开始就已经对政体的存在确定了三个基本方法,即征服(《联邦党人文集》第一项武力)、有机体的发展(对《联邦党人文集》而言就是不测事件)和契约(即选择)。(彭利平译,上海三联书店《联邦主义探索》,第1章第1节)
　　[2] 联邦主义者决议是我们这个时代正在改变全球外观的各种决议中最广为传诵的决议之一———如果也是最为不受注意的一个决议的话。(同上,第1章第3节)

其次是语无伦次。如果不知所云指思想混乱,其相应的表达形式就是"语无伦次",即译出的文字无条理、紊乱。所译是最糟糕的汉译,甚至算不得译文,往往逻辑性太差,乌烟瘴气,很难加工,"因为它本不知所云,定难下手修正"(老舍,1958)。究其因,主要是译者理解原文不得要领,表达不能简明扼要、通俗易懂、提纲挈领。

更为严重的是,这种垃圾文字影响到有些食洋不化的学者的写作,甚至是出现在某些知名学者的笔下,不知是译过来未注明出处的文字,还是自己本来思想就不清晰。如:

　　[3] 用 Harrel 的话说,(人缘)是人们用以"避免思考对倒霉的运气的来历"的方法。(王铭铭《村落视野中的文化与权力———闽台三村五论》,三联书店,206页)

该例写作语言与前面例1和例2的翻译用语何其相似,都不成句。再看实例:

　　[4] "O! You wrong your cousin!" said Ursula, "She cannot be so, much without true judgment as to refuse so rare a gentleman as si-

gnior Benedick."

　　原译：Ursula 说，"O，这个你真对不住你的堂妹的，她决不能没有正实的劝告，致使她就这样反对着如此超群的少年 Benedick。"（奚识之　译）

不看原文的读者，断然不知怎么修改。真难为当时的编辑了，他看到这样的文字，是怎样让它从眼底下溜掉的呢？

二、构件不全

　　构件不全主要指构成句子的要素不齐全。汉译若是短句，缺构件较易发现，念不成句，凭语感可以察觉。若是长句，因句长而忽略或不易发现失掉什么成分。

　　句子的构件即成句单位，而成句单位指词和短语，指能独立反映表述意旨的词和短语。有的译文根据外文形式表达，未按汉语句法规则成形，最终未成型，产生了不中不西、非驴非马的句法结构。语言的规律是语法，思维的规律是逻辑。不合语法不合逻辑的文字，就是"不合法"的文字。"一般人对于翻译文字的不满都集中在那些佶屈聱牙不能卒读的作品上，我觉得这倒不必。既然不能卒读，也就不会产生多大的影响。"（吕叔湘，1951）这种犯规，读者一眼即可看出，如：

[5] There was a law in the city of Athens which gave to its citizens the power of compelling their daughters to marry whomsoever they pleased.

　　原译：雅典城里有一种法律，可以使牠的人民有强迫他们的女儿同着他们所择选的男子去结婚的权。（奚识之　译）

其它问题在此不论，只说第二句本身成句单位就不完整，"可使……有……权"，在汉语中不完整，不合句法。若改为"可以使……有权（＋动词）……"，可成立。但"使"字句的句式意义是致使者 A 无意识地引起被使者 B 的一个不自主的变化 C。（董杰，韩志刚，2012）而原文 gave、compelling、pleased 等词汇的语义都表现了事件中行为的有意识性、自主性和强动力性。可改为：

　　试译：雅典城立有一法，赋予百姓逼女出嫁的权力。

"不合法"的句子很大程度上与逻辑错误有关，逻辑上不清，导致语法混

乱。思维不清,最初就出现在理解中,理解不清,语际转换也不清,表达也就糊涂。如:

[6] Мальчика же вот теперь судили, как опасное сущестао, от которого надо оградить.

英译:The lad was now being tried as a dangerous creature, from whom society must be protected.

原译:这个青年现在受审问,被当作了应该保护社会免受其害的危险人物。(巴金用例)

汉语原译第二句不是构句单位,或者说入句后意思不明,俄语原文 общество 译漏,意思更不明确。原译者并未理解“青年”与“社会”的关系,相关事情放在一个句子里说,有点绕,结果绕来绕去,夹缠不清,不如斩断牵连,分头陈述,反而清清楚楚。试译用流水句组织成文,各句子成分间的逻辑语义关系清晰明了,避免了按照英俄文树形结构组织语言导致的译文要素不全或句法混乱的问题。

试译:那个小青年呢,正在受审,他是危险分子,大家要防范。

三、语气不顺

“语气是致句实体,它使小句得以成立。”(邢福义,1996:3)句子语气是说话人对表述内容所持的态度,通常用语调和语气词等表示出来,有四大类型:陈述、感叹、祈使、疑问,分别构成陈述句、感叹句、祈使句、疑问句。语气是致句因素,疑问、祈使、感叹等语气可以直接加在构句单位上,使之成句。但是,黄南松(1994)认为“小孩哭”“老王唱歌”“咱们吃饭”等,如果用一般陈述语调说出来后便中止言语活动,听话人会觉得对方尚未把话说完,所说的不是意思完整的句子,它们都不能自立成句,只有分别以分句进入下列复句中才可成立:

[7] 小孩哭,我睡不着觉。
[8] 老王唱歌,老李伴奏。
[9] 咱们吃饭,他们顶班。

上述三例告诉我们,语气语调对词和短语两级语法实体形成句气有很大的作用。句子语气不顺,在译句未成型现象中不是主体,但有时也存在。有时我们读译作,觉得某个地方好像缺点什么,或多了什么,往往不是句法结构或语义的问题,而是音节问题。译者可能拘泥于原文的语调而使用了不恰当的译语手段表达,或者对双语的语气词体系了解不透,误用了语气词。如:

[10] Before he knew where he was, he was led to another room.
原译:他尚未认清身处何地,又被带到另一个房间去。(林佩汀 译)

原文主句表示一件完结的事情,原译读来却给人感觉句子语气上没有说完,言语的最后一点气息给吞了回去。在"带到"后面加一"了"字,或用"带入"替代"带到了",气就顺了,陈述句子才可以成型。

试译:他还没弄清身在何处,就被带入另一房间。

第二节　成型未成活

成型未成活,指具有了句子的形态,但缺乏交际价值,符合句法规则,但不符合语用或交际规则。"成型的句子,不一定是都能够存活的句子。有的句子,已经成型,但如果存在这样那样的毛病,便是病句,不能存活,不能生效。"(邢福义,1996:27)汉译成活的总条件是表达有效,细分有两个条件:语表形式正确和语用价值有效。成型未成活大致分四类。

一、语形有误

(一)汉译语义混乱

译者遣词造句,受原文形式的束缚,或者对汉语句子省略掌握不够,造成汉译句子语义混乱。主、谓、宾、定、状、补几个成分不均,意义不清。英/俄语可以搭配的词语,对应到汉语中就不一定能搭配;或者原语的语义丰富,译者误选了义项而导致汉译不明。如:

[11] Paulina then ordered some slow and solemn music...
原译:Paulina 于是吩咐着很慢的,和很庄重的音乐……(吴奚真 译)

从配价理论看,"吩咐"是三价动词,三价齐全时应有施事、与事和受事,可是译文中受事"音乐"与动词"吩咐"搭配不当,似乎缺少与事。从两点不足,再看原文,原来对 order 译者理解有误,在此应取"订购;预订"等义。改为:

　　　试译:于是保利娜点播了一首舒缓而凝重的音乐……

(二)汉译搭配不当

译者对双语词义搭配的混淆常常造成搭配上的不当,有时是对原文的搭配关系所反映的语义结构理解不透,既不能入乎其中,更不能出乎其外,就硬着头皮把原文的搭配关系搬过来,造成汉译搭配不当。搭配问题是描写语义学的重要问题,实际上是义项的搭配。原文语法上搭配可以省去语义的啰唆,而汉语却不能照此简略,汉语的言简以意赅为前提,陋简则意损,照原文码汉字,就会遗漏字里行间蕴涵的许多意义。如:

　　　[12] These three steps constituted an epochal advance.
　　　原译:这三个步骤构成了一个划时代的进展。
　　　改译:由于采取上述三个步骤,我们便取得了这一划时代的进展。
　　(黄邦杰　译)
　　　试译:这三步取得了划时代的进程。

原文中 constituted 与 advance 可以搭配,但汉语里"构成"与"进展"却不能搭配,从句子成分上讲,这一句绝对合乎汉语句法,"构成"与"进展"具有动宾关系,也就是说句子成型了。但从句义讲,照原文词序排出,看似信于原文,却未达于原文内容。改译成了阐释性翻译,又过于冗长,"进展"是动词,虽不能与"构成"搭配,但是 advance 若取"进程"义,问题即刻迎刃而解,因为"进程"指事物变化发展的过程,可以分出阶段,与主语 three steps 呼应。

(三)汉译语序不当

译者遣词造句,受原文形式的束缚,或者对汉语句子语序掌握不够,造成汉译句子语序失常。有译者持求忠心态,认真得一字一字地扣,硬搬原文句法,对原文的语序未作灵活调整,结果语序不当,成句未成活,影响交际效果。鲁迅曾说"竭力想保存原书的口吻,大抵连语句的前后次序也不甚颠倒"(鲁迅,1957,第四卷:376-377 页),"不妨不像吃茶淘饭一样几口可以咽完,却必须费牙来嚼一嚼"(同上,第十三卷:180 页)。其翻译受其主张影响,也有类似的问题。

语序也是实现语言的交际功能的手段之一。汉语和外语的信息结构不同,如汉语倾向话题前置,而英语相反。合乎汉语交际习惯,译文才能成活。英汉语单词或短语作定语,均可置于被修饰词之前,汉译时顺序不变;英语后置定语汉译时,一般也要前置。请看实例:

[13] They overcame the greatest difficulty imaginable climbing Mount Qomolangma.

原译:他们克服了攀登珠穆朗玛峰时难以想象的困难。

试译1:他们克服了难以想象的困难攀登珠穆朗玛峰。

试译2:攀登珠穆朗玛峰,他们克服了难以想象的困难。

英语里以-ible 或-able 结尾的形容词作定语,与 every、the only 形容词最高级或其它词连用修饰名词时,也常常需要后置,汉译时此部分要前置。而对 climbing Mount Qomolangma 原译采取英语式定语结构,客观上汉语允许定语一律前置于中心词,原译成立,照译似乎也行,试译1的说法逐渐增多起来,而试译2才是地道的汉译。一是因为汉语倾向于对复杂成分关系采取化整为零的策略,将句子分散为若干小的序列,二是汉语常常是把事实摆在前,再对其作出判断。试译2没有出现时间词,但"攀登珠穆朗玛峰"隐含了时间。将这一时间短语置于句首,限定全句,即把时间作为话题语,而将其间发生的事件作为说明语。先提及"时间"这一语义范畴,再通过发生的事件对这一时间的状况加以描写。与前两个译文相比,既简化宾语结构,也符合汉语话题-说明结构,因而更显地道。

(四)汉译句式杂糅

汉译杂糅又叫译文夹缠,结构混乱,由译文的句法结构组织不当引起,常常是两个甚至三个句子结构绞在一起。有的是现代结构杂糅一起,这是杂糅的主体。如:

[14] 原译:我打算对其著作详细谈谈的第三位作者是魏斯。(皮亚杰《行为,进化的原动力》,李文湉 译)

试译:我要谈的第三位作者是魏斯,下面细说他的著作。

原文肯定是想说两方面,一说魏斯,二说他的著作。译者将二者糅作一体,互为限定与被限定关系,汉语一般不这么说。不看原文,也可改作试译。

　　有的是文白结构纠缠一起，甚至还带上方言语法的成分，如下例选自《名人隽语》(万卷文库之一二四)，吴奚真译，台北大地出版社 1984 年出版。它将文言句法结构"以……为佳"和白话句法结构"比……要好"纠缠在一起，句式上仍保留了五四时期的欧式白话文特点，也套用了闽方言或粤方言的句式。

　　[15] It is better to be deceived by one's friends than to deceive them.

　　原译：被自己的朋友所欺骗，比欺骗朋友为佳。(吴奚真　译)

　　文言并不是不能用，"富有精华，这是文言的另一种积极价值"(张中行，1997：29)。况且文言白话有时也划界不清，许多词语和句式文白通用，如"与其 X，毋宁 Y"是地道的文言句式，而"与其 Y，不如 X"则要白话一些。而原译"X 比 Y 为佳"是个文白夹杂句式，"为"与"佳"均是古义较强的词，二词合用，又用白话词"比"与其配备，显得不伦不类。据石定栩等(2001)调查，"比/较……为＋形"句式在香港粤方言中比较常见，如："九月的商业信心指标为十点，较市场预期的七点为高，创三年新高。正数是代表持乐观的企业较持悲观的为多"。(《明报》2000 年 10 月 4 日)而邹韶华(2001：218 - 232)对 130 多万字的语料进行了调查，294 例"比"字句中均未见这种文白杂糅的句式。原译可改为：

　　试译：与其欺友，不如友欺。

二、语用无效

　　有的句子按语法体系不能说，实际上可以说；更多的句子按语法体系能说，实际却不能说，没人说。王艾录(1991)例证说，"这本书好""他聪明"，只能出现在书面上，不能说在口头上。"她有双眼睛"，尽管句子意思完整，谁也能看得懂，却必须在句中加上"大""小"之类，说成"她有一双大眼睛"，才可以上口，在听者心理上才具有可接受性。单从语义看，人人有一双眼睛，以"一双"限制"眼睛"，实为画蛇添足，而"一双"为句子所必需，则是不得不承认的言语事实。这更多是从语用上考虑的。汉译失误，无语用价值，主要包括三个方面：

（一）无修辞值

修辞值,指辞格和其它语言单位在运用中产生的特定修辞效果。无修辞值的译文,或不能传达原文思想内容,或不能反映原文的语言色彩。如:

[16] The book the man the gardener I employed yesterday saw left is on the table.

　　原译:我昨天雇用的那个花匠看到的那个人留下的那本书在桌上。（陆丙甫用例）

　　试译:我昨天雇用的花匠看到有人把一本书留在了桌上。

这句话的原译是听不懂的,至少要重复多遍一般人才能转出圈子。如果写出来,也得反复斟酌,才能读懂。也就是说,在一定语境下,它没有直接起到交际作用,失去了交际价值。

（二）无语境值

语境值,指上下文或交际环境赋予汉译句子的价值。无语境值的译文,或缺乏交际价值,或未反映原文的语境价值。读到"没有比知道我们怎么努力也不能使情况改变这件事更使一个人的处境变得令人难以忍受了,即使我们从来没有精神上的力量去做出必要的牺牲,但也要知道这一点,即只要我们努力奋斗就能够摆脱这种处境,就会使许多令人难以忍受的处境成为可以容忍的了"（见伍立杨,2000）,难以想象,它是否再现了原文的说话情境,是否再现了作者的真实意图。又如:

[17] The plague reached and began to rage in Stratford. Within the year nearly 250 people, mostly children, died — one sixth of the town's population (500 households, 1500 persons).

　　原译:从伦敦传来的鼠疫开始在斯特拉福德肆虐。全市不到五百家的一千五百多人口,是年死去六分之一,尤以婴儿为多。（裘克安　译）

　　试译:从伦敦传来的鼠疫在斯特拉福德肆虐起来。全镇 500 家,1500 人,当年死亡六分之一,250 人,多是婴儿。

译文将"不到五百家的一千五百多人口"的行政区划单位译作"市",是因词害译的结果。该例见于《莎士比亚年谱》（商务印书馆,1988）,而同书第127 页写到,伦敦人口有 15 万,才称为"市"。一般而言,工商业集中的地方或政治文化中心才设市,可见,即使在莎士比亚时代,"斯特拉福德"相对于伦敦而言,至多算得上"镇"。

（三）无文化值

文化值是原文富有的文化内涵,原语中文化内涵相当丰富的语言现象,如小至一词一语的翻译,大至成语、谚语、幽默的翻译,有时都会难以匹配,照字面译过来,似乎能成句成话,但达不到它在原语中的交际效果。如上例,这种译文要从上下文语境考虑,更要从语言、历史、地理等文化语境考虑。请看一则幽默的翻译。

吴正一(1980)有一次与英国海运界人士共进晚餐,席间英国朋友讲了一个笑话:美国海军喜欢用旗语开玩笑,看到美国军舰悬挂的信号旗,内行人往往忍俊不禁。二战后,一艘美国军舰访问英国,这艘军舰设备先进、火力强,舰上水兵都为之自豪。它驶进英国港口时,舰上悬挂的信号旗是Second to None（天下无双）。可是,当它停靠码头后,发现旁边停泊着一艘又残旧又小的英国炮艇,炮艇上悬挂的信号旗却是 None（无名之辈）。笑话译完后,听的人谁也不笑,因为译者无法把 None 和 Second to None 之间的幽默关系传译出来。译者自己说,这是一次失败的翻译,他当时用的是直译。直译不能把幽默的内涵译出,意译能表达其内涵,却又味淡如水,失去了幽默效果。

第三节　成活不像话

有些话听得懂,却像是出自学汉语的老外之口,洋腔洋调,所以,吕叔湘(1951)认为"倒是那些大体上读得下去而夹杂着对于我们的语文发展没有好处的表现法的,应该好好注意。例如,'阿历克赛把头转向他那边,带着好像并没看见他的神气'（真正的人）,为什么不说'……好像并没看见他似的'呢?"正是这些看似成活的汉译在潜移默化地影响着我们的汉语。这便是成活但不像中国话的译文,是汉译组构的第三种现象。

一、欠准确

如果汉译正确指内容不出错,那么准确指汉译既符合汉语句法规则,又符合汉语的实际习惯,没有偏差。有些译文符合语法规则,符合语法学家的理论,但老百姓不那么说,主要原因是它不符合中国的语言国情。讨论汉译的不准确,试以汉译的不简洁为例。

老舍(1958)说:"所谓简练,是能够一个字当两个字用,一句话当两句话用的。说的少,而概括的多。"这是就一般而言的,如果原文啰唆,翻译文学作品时还它啰唆;其它文体则不必跟着啰唆,如果原文形式冗长繁复,必须如此,汉语则无必要跟风。如:

[18] He laughed loudly and shouted, "How do you like feeding every bum in the vicinity?"

原译:他大声笑着嚷道:"你觉得向附近所有叫化子施舍怎么样呀?"(吴炜彤等　译)

试译:他哈哈大笑,嚷道:"向附近所有叫化子施舍,如何啊?"

既然是高声喊道,句子就相对短促一些,长句一般不适于高声或伴着笑声说出。再者,询问对方,本来就含有"你觉得……如何"之义,中间夹入较长成分,语势会减弱,在此仅用"怎么样"就够了。试译将原文长句可省的成分减译,切分成节奏紧凑的短句,再通过标点停顿加入语气,更准确地体现了原文语境下的口语色彩。

二、欠鲜明

汉译鲜明指译文表达分明而确定,读起来不含糊。符合语法规则和语义规范的句子未必就是读者认可的句子,汉语句法不仅是目治的,而且是耳治的,换言之,不仅要看得明白,而且要听得顺耳。有些译文看或读起来别扭,疙里疙瘩,不合句法或章法,有洋味,不像中国话,像是来中国不久的外国人说的。

有读者说:译作真讨厌,既不是外文,也不像中文,简直是四不像,没法看。比如英俄语长句多于汉语,遇到长句一味照译,译得死板冗长,就不可能令汉语读者产生鲜明印象。并不是说长句不可用,比如文学作品摆弄好了长句,也能产生鲜明的形象。如:

[19] 忽听得喀吧一声,就从衣襟底下怸楞楞跳出一把背儿厚,刃儿薄,尖儿长,靶儿短,削铁无声,吹毛过刃,杀人不沾血的缠钢折铁雁翎倭刀来。(《儿女英雄传》第6回)

可见,要研究何时何地可用长句,何时何地最好多用短句,明了事理,也就能得心应手。看高尔基《母亲》第一句不同时代的几种译文:

[20] Каждый день над рабочей слободкой, в дымном, масляном

воздухе, дрожал и ревел фабричный гудок, и, послушные зову, из маленьких серых домов выбегали на улицу, точно испуганные тараканы, угрюмые люди, не успевшие освежить сном свои мускулы.

1936 年译本：每天，当工场的汽管在郊外工人街的充满了煤烟和油臭的空气里面，发生了颤动和呼喊的时候，和这种呼声应和着，从那些陋小的灰色家屋里面，仅仅使肌肉恢复疲劳的睡眠时间都不能得到的人们，摆着阴暗的脸色，好像被驱逐着的蟑螂一般的望着街上走去。（开明书店）

1955 年译本：每天，当工厂的汽笛在郊外工人区的充满了煤烟和油臭的空气里颤动和呼喊起来的时候，和这种呼声应和着，从那些陋小的灰色屋子里，仅仅使肌肉恢复疲劳的睡眠时间都不能得到的人们，摆着阴暗的脸色，好像受惊的蟑螂一般的望着街上走去。（新文艺出版社）

1956 年译本：每天，在郊外工人区上空，在充满了煤烟和油臭的空气里，工厂的汽笛颤动着吼叫起来，一听见这声吼叫，那些在睡眠中还没有使肌肉恢复疲劳的人们，脸色阴森森的，好像受惊的蟑螂似的，就从那些陋小的灰色屋里走到街上。（人民文学出版社）

1992 年译本：每天，在郊外工人区上空，在充满了煤烟和油臭的空气里，工厂的汽笛颤动着吼叫起来，一听见这声吼叫，那些在睡眠中还没有恢复疲劳的人们，脸色阴森森的，好像受惊的蟑螂似的，就从那些陋小的灰色屋子里走到街上。

1936 年译文的长句，语法上没有错，就是不像真正的中国话，读起来不大好懂。1955 年译本句式有的地方不合中国习惯；1956 年本有了很大的进步，具体体现在：1)将"在郊外工人区上空，在充满了煤烟和油臭的空气里"这一复杂状语前置于谓语动词，作为动作的背景，并通过逗号独立，认知上便于读者接收译文信息；2)原文中两个动词组合充当的并列谓语，译文中改用"V_1＋着＋V_2"（"颤动着吼叫"）这一汉语连动式结构，前一动词 V_1 修饰后面的动词 V_2 进行的方式、状态，凸显了动作整体状态；3)改用"一……就……"的句子结构，体现了动作的连续性，增强前后句的语义联系；4)将"从那些陋小的灰色屋子"移位到动词"走"前，因为表路径的状语成分属于动状状语，是对动作本身进行方式的直接描写，语义上和谓语动词的联系更紧密，汉译里倾向于靠近所修饰的谓语动词。1992 年本进步最大，减译了"使肌肉"三字，因为汉语一般日常语境下只说"恢复疲劳"，不必说"使肌肉恢复疲劳"。这是一个逐步改得像中国话的过程。诚如秦旭卿（1960）的赞叹"我们不必在读之前做深呼吸,读之后还要回头来捉摸意思了"。

三、欠生动

译文生动,指表达有活力,有生气,让人感到语言的生命气息。有的译句成活了,但加工提炼不够,没有选择最生动、最富于表现力的语句,缺乏感染力。五四前的白话文指近代白话文,如《红楼梦》《儒林外史》的语言,五四后的白话文是现代白话文,起初还是很"白"的,后来,许多作家的文字逐渐欧化起来,弄得白话文越来越不像话,比近代白话文更死板、生硬、啰唆。可见汉译不像话的特点之一是不生动。这也正是人们不爱读翻译文字的重要原因之一。

译文生动还是生硬,只要拿到嘴上一念,就清楚了,以此可以检验有的译文书面上成活,而口头上未成活。汉译要创造新的组构,必须口头说得出,才能逐渐融入汉语。如:

[21] In England, winter is associated with snow, long nights and very cold weather.

原译:在英国,冬季是与雪、长夜以及寒冷的天气联系在一起的。(赵罴 译)

试译:英国的冬天总伴随着大雪、长夜与严寒。

原译囿于 is associated with 结构,移入了词典的释义"与……联系在一起"。试译中"大雪""长夜""严寒"构成三组双音节,念起来比较有节奏。另外,相较于"联系","伴随着"语义上暗含主动性、时间性,语言更赋诗意,所以生动,有感染力。

四、欠流畅

受外语的影响,译文的流畅成了难题。流畅也许比追求生动形象还要难。流畅自然的文字要求一不生造词语,如从己出;二能运笔自如,若行云流水。运用之妙,存乎于心,要多译多改,不是懂得简单的道理,就能译出好语言的。如:

[22] Оскорблять можно честного человека и честную женщину, но сказать вору, что он вор, есть только la constatation d'un fait.

原译:对正直的男子和正直的女人才谈得上侮辱,但是对一个贼说他是贼,那就不过是陈述事实罢了。

改译：对正派的男人和女人算得上是侮辱，不过，说贼是贼，这只是 la constatation d'un fait。（注：la constatation d'un fait 即"实话实说"。）

试译：对正派人来说是侮辱，但是，说贼是贼，不过"实话实说"罢了。

原译"一个"多余，本为泛指，在汉语里可省；"但是对一个贼说他是贼"拗口，不具口语特色和简洁性。原语中定语 честного 与 честную（正派的）重复出现两次，分别形容"男人"和"女人"，如原译那样照搬原文，不免显得啰唆，改译将"的"放在男人和女人之前，可以同时管住两个对象，形容词"正派的"语义可以同时指向所修饰的中心语"男人和女人"，经济省力，语句也更显流畅。改译尽管用法文会妨碍汉译的阅读，这一陌生化正好反映了原文人物的身份，通过加注可以再现原文内容。

第四节　像话非常话

像话非常话，指汉译句子像汉语，但不是一般人所说的汉语，或者是汉语没有过的句子。这类句子不常说，或有别于汉语句法规则，但移植了原文独特的语言形式，有意无意间创造了一种新鲜的表达方式，丰富了汉语的表达方式。

一、不曾说

不曾说，指某类句子或某种句法规则汉语语法史上还没有过，至少书面语没有留下可察的踪迹。不曾说的，不曾用的，只是以现有规范为标准，被认定为"非"，积非成是，也就成了规范。从深层次看，这些"非"只是不符合以往的规范，从根本上看，符合语言的内部结构规律。语言习惯是可以改变、发展和丰富的，从不合习惯、不合规范到使用频率增多，成为新规则，走的是由潜到显、从超规到立规的过程。

从这个意义上说，只要符合语言的内在规律，外来的表达方式尽管为汉语所无，也不妨试着用，大胆突破。这方面历史已告诉我们很多成功的经验，如短语方面的例子：几个动词共同支配同一个对象的共轭现象（如"观察、分析和处理问题"等）、动词前面连用几个时间副词（如"过去是、现在是、将来仍然是"等）、人称代词前带定语（如"同桌的你"等），"一＋量词"的名词标记用法的兴起和发展（贺阳，2004a）、新兴介词和介词结构的产生、介词使用范围的扩大和频度的增加（贺阳，2004b），在英语副词后缀-ly 用法的影响下,结构助词"地"迅速扩大了使用范围,突破了通常只用于形容词复杂式的限制,可以经常出现在双音节形容词基本式之后,使这些形容词可以出现在状语位置上(贺阳,2008)。再如句子方面的例子:译文主语越来越齐备,主句常常在从句之后,关联词语复用越来越多,等等。这些现象的产生,主要原因是英俄语语序对汉语语序的直接影响,照外文语序直译过来,与汉语句法规范不尽符合,就出现了"不曾说"的现象。最初发现这一现象的是王力(1943),他指出,从前汉语的条件句和让步句,都是从属分句在前,主要分句在后的。在西洋语言里,条件式和让步式的从属分句前置后置均可。五四以后,这种从属分句也有了后置的可能。

"不曾说"现象有时悄然出现,开始可能受到批评。如胡晓翔(1995)批评 airport 汉译"航空港"时说,据《现代汉语小词典》(商务印书馆,1981 版)"汉语'港'指①港湾,②江河的支流"。依他看来,译作"民航机场"或"航空站"才算正确。译作"民航机场"对否(其相应的英文是 civil airport),姑且不论,采用胡氏分析逻辑,以矛攻盾,同样可以对"航空站"提出质疑。在他引以为据的词典中,"站"表示名词的含义指"①为乘客上下或货物装卸而设的停车的地方。②为某种业务而设的机构。"将 airport 译作"航空站"岂不是又不符合逻辑?可见这种批评存在矛盾,表明术语翻译要注意一种倾向:死扣词典,忽略现实与反映现实的语言的发展,结果导致术语更新、丰富和发展缓慢,不能与时俱进。

"不曾说"因翻译而变得可以说,对汉语是一种促进。如在外交辞令以及一些正式场合讲话中常可听到这样的话:

[23] 俄语:Разрешите мне＋动词
英语:Please allow me (to do)...
汉译:请允许我……

这是一种委婉而礼节性的表达,其表情达意也是借自西方,要么符合外交家身份,要么符合某种正式场合的气氛,用起来能获得很好的效果。类似的表达方式能成型,又能成活,而且能取得相应的交际效果,要大胆地拿来,为我所用。

1954 年王力在《中国语法理论》中就提到过,I have been told 译作"人家告诉过我",虽说不常说,不地道,但仍然顺口;若译作"我被告知"就完全未成话了。时至今日,这种句式在汉译(如《参考消息》等)中出现得越来越多,读来有外来感,似乎见怪不怪了。不仅译者在用,作家也在用了。又如,

"将＋主句动词"句式在科技语体中频繁出现也是欧化结果,受英语 will 或者 would 的影响。(马春华,2010)请看余秋雨的用例:

[24] 在意大利南部的那不勒斯一带,我们被告知,即使是在街边停车吃一顿饭,出来时很可能被卸掉了一半车轮。(余秋雨《借我一生》,作家出版社,2004,541 页)

二、不常说

不常说,指某种说法一般人不知道,或者历史上有过,但只在某一范围内使用,被翻译激活,使用得越来越频繁。这种不常说的句子,开始似乎带了一些洋味,实则是土生土长的。不曾说,是从无到有;不常说,是指用得少,而翻译为这些很少说的组构方式提供了启用的机会。

著名翻译家汝龙(1958)说:"要翻译出来的东西从头到尾完全没有一点洋气,完全像是我们自己写出来的东西,恐怕也难办到。那毕竟是外国人写出来的外国作品。一定要办到,就只有改写或者编译。""洋气也不一定全都要不得。有些本来洋气的字眼现在已经变成我们的了。……翻译本来就负着一个光荣任务,把外来的可以吸收的东西移植到本土来生根,丰富我们的语言。"看一个极普通的例子:

[25] He has a big nose.
原译:他有一个大鼻子。

原译是典型的对译,既成型,也成活,是地道的汉话,但不常说。通常的情况下,我们会说"他大眼睛,浓眉毛,生着一张国字脸"之类的话。著名语言学家俞敏(1979)指出,说"一个人有鼻子"是废话,说"有一个鼻子"更是没用的废话! 那么这句也可以译作:

试译 1:他大鼻子。
试译 2:他鼻子很大。

试译的结构常用于五四前的文学作品。原译采用的译法有无用处呢? 有的。至少对比或列举描写事物时可以使用,尤其在对比或列举的是"数量名"结构时。如描写某个机器人:

[26] The robot has a big nose, two eyes, and two hands.

机器人有一个大鼻子,两只眼睛,两只手。

不常说,有时要看语体场合。比如口语一般说"这时,只有在这时",但是在书面语中,比如在自然科学中,常常使用"当且仅当",非常简练,这就是 when and only when 的直译,它已经确立为汉语的规范,广泛运用于科学语言中。再比如"前主后从"是英/俄语复句顺序的常态,一旦译入汉语,则成了汉语复句顺序的变态。主句在从句之后,从"不曾说"进入"不常说",现在使用多了起来,成了一种规范使用方式,人们已渐渐忘了它是外来身份了,洋味也在渐渐消失。洋味表达也在新陈代谢,汉译就是这样不断地为汉语输入新鲜血液。

第三章　汉译组构优化与翻译观

古罗马著名演说家西塞罗最早从修辞角度将翻译分为"作为解释员"与"作为演说家"两种,前者讲究词句对应,属直译;后者强调遵循译语的表达习惯,重视译文的表达效果,属意译。自此,关于译文形式与原文是否对应的"直""意"之争各时代各家均择一方立论,如波依提乌"宁要内容准确,不要风格优雅"的直译,多雷"理解原作、避免逐字对译"的意译等。目前国内译学研究业已表明,直译意译从理论定义到实践应用仍存在不小的分歧(见邓春霞,2008),而关于意译度的把握对汉语组构的影响更无从谈起。黄忠廉和李亚舒(2004)、余承法(2013)等提出并完善了涵盖直译与意译的全译体系,将直译与意译作为其有机组成,促进了二者并列交融背景下专门探讨意译的研究。全译=意译+直译,全译与意译和直译是上位和下位关系,意译与直译是并列与交融关系,三者构成了全译策略系统,见表3-1,据黄忠廉、李亚舒(2004:31)修改。

表 3-1　全译策略系统

一级范畴	全　译						
二级范畴	直　译			意　译			
三级范畴	对译	增译	减译	转译	换译	分译	合译

第一节　汉译组构优化与意译观

意译旨在传达意义而不拘于原文形式,其传形达意、轻形重意、变形保意、舍形取意等特点对汉译组构有一定的影响,如形式上译文可能胜似原文,产生陈词滥调、失却引入外来表达法的新鲜感等问题。全译对汉语句法的任何冲击都来自表3-1中某种方法的选择,主要来自直译策略的选择和运用。总体上说,意译有助于汉译守规,硬译导致汉译犯规,直译催生汉译超规。

一、意译观

从任何语言的形义矛盾出发才是考量意译之根本,如朱光潜(1946)"所谓意译,是把原文的意思用中文表达出来,不必完全依原文的字面和次第"。

(一)意译

意译,指传达意义不拘于原义形式的全译方法。应将"意译"与"乱译""胡译""臆译"区分开,意译绝非任意裁剪,拈轻怕重,歪曲原意。意译必备两种基本要素,"传达意义"是意译的第一任务,也是全译的根本性目的。周煦良(1982)说:"对于多数搞翻译的人说来,译意义已经够了。"为了达意,可以转化形式,即采用表 3-1 第三级范畴中"对译"之外的其他六种形式。

其次,"不拘原作形式",指在转换过程中不拘泥原文形式,是意译有别于直译的灵魂。此处意译不拘于原作形式,主要指不拘于小句内的形式结构、小句间的衔接方式等。形式是运用语言单位构成的具体的言语样式,意译在消除语际差异时,也就消解了原文言语形式。如:

[1] Problems encountered in the test indicate the need for following additional design refinements.

原译:试验中碰到的问题指明了下述另外的设计改进的必要。

改译:试验中出现的问题表明,还需要对原设计进行一些改进。(王泉水 译)

试译 1:试验出现的问题表明设计有待改进。

试译 2:试验表明设计方案有待改进。

原译基本属于直译,受到原文形式的羁绊。改译将原文包含多个定心短语的独立小句拆分为两个非独立小句,在意义表达上更符合汉语特点,但稍嫌啰唆。如"进行"就是虚义动词,与"改进"语音上不协调。"试验中出现的问题"与后面的"有待改进"是相互照应的,从句子全局看句中每一个语言单位的使用,不难发现其中的重复部分,需要改进,说明原方案有问题,而问题是通过试验才发现的。所以试译 1 还可以简化为试译 2。

(二)意译的特征

汉外语差异较大,汉译时常需改变原文的表达法,此时多采用意译,可见,意译重意义,在不违汉语规范前提下尽量用译语形式表达原文内容;意译便于调和原文与译文形式上的矛盾,使译文通顺流畅,符合汉语语法规范、表达习惯。汉语是重内容而不重形式化的语言,所以意译在外译汉中占主导地位。意译有四大基本特征。

1.传形亦达意

原文的形式与意义均能巧妙地传达过去,这是意译最理想的状态。如:

[2] Detente should be a two-way street.
原译:缓和应当是有来有往的双行道。(陈福生、庄开仁用例)

译文与原文可谓是字字对应,原文的形式也得到了有益的借用,这是一则意译与直译高度融合的例证。"有来有往",已含在"双行道"中,去之为好:

试译:缓和应当是双行道。

2.轻形以重意

轻形重意,即以传义为主,兼顾形式。汉外语差异较大,汉译时常需改变原文的表达法,此时多采用意译,可见意译重意义,在不违汉语规范前提下尽量用译语形式表达原文内容;这是与原文形式的部分偏离,在传达原文意义的前提下,保留词汇内容,只对原文形式进行调整,包括词序变动、句序颠倒、句子成分的改变等。如:

[3] There is originality and imagery in his poems.
原译:在他的诗里有独具一格和想象力。(汪福祥、伏力 译)

原译太生硬,完全拘泥于 there be 结构和介词 in 的用法,属于直译,应跳出原文的框架,采用意译方法:

试译:他的诗独具一格,颇具想象力。

3.变形以保意

变形保意,内容完整,外形上有增有减,词序前后有变,是与原文形式的大幅度偏离,除句法结构上的调整,词汇组成也有所增减,说到底,是据意调形,就是根据原文的意思调整形式,以适应译语的形式要求。意译便于调和原文与译文形式上的矛盾,使译文通顺流畅,符合汉语语法规范、表达习惯。如:

[4] I want you to go! I hope a cannon ball lands slap on you! I hope you're blown into a million pieces!

原译:我要你马上离开！我真希望炮弹在你脑袋上开花！我希望你被炸成一百万碎片！（徐黎鹃、黄群飞　译）

试译:给我滚！恨不得炮弹砸你脑袋！把你炸得粉身碎骨！

"一百万"极言"碎片"之碎,正如汉语成语"粉身碎骨"的本义一样,只要能达到表达的意图,此处改变形象,可以传达意义。

4.舍形以取意

舍形取意,指不顾原语形式,传达本质含义,是与原文形式完全偏离,句法结构和词汇内容的全面调整。在外语中存在由特殊词类(如英语中的反身代词、俄语中的无人称词等)构成的曲折表达语句,按其字面意思直译为汉语,往往会造成理解困难,甚至让读者不知所云。这种情况下,必须舍弃原文的句式结构甚至词汇信息,探求小句的真实意义。如:

[5] Nevertheless, clutches of proper design and size, properly installed and cared for, give a very good account of themselves.

原译:不过,适当设计与适当尺寸的离合器,如安装与保养得当那对其本身是一个很好的说明。

改译:不过,离合器的结构与尺寸是否适当,安装与保养得如何,离合器使用的寿命就大不一样。（王泉水　译）

give a very good account of themselves 本义是"表现好",译作"对其本身是一个很好的说明",不知所云。即使译作"表现好",也太泛化。就离合器而言,文中所列的条件都有助于长期使用,因此可以取其深层的含义"使用寿命长"。改译还显得不简练。

试译:不过,离合器结构与尽寸适当,安装与保养得当,使用寿命就长。

二、意译利于汉译组构

意译是译者受译语规范支配表达原文内容的翻译方法,是外译汉的主体,译者采用意译,可以充分发挥汉语的优势,便于调和原文与译文形式上的矛盾,使译文通顺流畅,符合汉语的语法规范和表达习惯,译文的可接受性大大提高,因此意译有利于汉语规范的遵循。

全译的七大策略,如对、增、减、转、换、分、合,以及具体的全译方法,如词的增减、词性转换、句型转换、句子的拆分、正话反说等,都是以汉语表达规范为参照系而总结出来的翻译规律,而这些方法主要表现在意译之中。最好的翻译读起来不像是翻译,这是对意译的极致要求。如表达汉外语中共有的事物时,意译最适宜。如:

[6] Thanks a lot.
俄译:Большое спасибо.
汉译:多谢。
[7] Once you take it up, you can't put it down.
原译:一旦拿到好书,恨不得一口气把它读完。

前一例是英/俄汉互译,一个 a lot、большое 和"多"字巧妙地传达了感谢的程度。后一例虽是意译,但还有点受原文形式的影响,不够简练:

试译:一书在手,爱不释手。

只有汉语所无、外语所特有的表达方式需要专门引入时,意译才开始让步于直译。所以,全译过程是原语语言不断归化的过程,在此是不断汉化的过程。看例:

[8] This preliminary study aims at suggesting a general framework within which the technological transformation of developing countries could be attained. Such a framework is a prerequisite to setting long-term targets.
原译:这个初步研究的目的是提出发展中国家进行技术改造的一个总轮廓。这样一个轮廓是确定长远目标的一个先决条件。(李朝增用例)

这是联合国文件的翻译,原文意思译出了,但形式还在照应原文,包括原文的重复(a framework),译文"一个"用了三次,整个译文没有彻底汉化,还不是最佳汉语形式,可以进一步汉化:

33

试译:本项初步研究旨在构建发展中国家技术改造的总体框架,是确定长远目标的先决条件。

三、意译运用的度

相对而言,汉语译者对母语的驾驭能力要高于外语,翻译起来会得心应手,译文自然更流畅,更生动,易于中国读者接受。由此看来,意译便于守规,成了推广现代汉语句法规范的主体,能维护汉语的稳定性。但意译运用有个度的问题。意译过度,则可能造成汉译过犹不及,过则有碍于交流,甚至是产生陈词滥调,有时甚至失却翻译之初心——引入外来表达法、吸收异域文化等。

(一)意译过度产生陈词滥调

意译运用过度,会产生陈词滥调。与"陈词滥调"相应的法语概念cliché,意为印刷用的"模版",用它印出的东西千篇一律,后来引申为表示丧失新鲜感和意义的词或短语。由于意译常常不管形式,将原语意义用译语形式套用出来,能套用则套用。不过,前人的成句可用,但不可滥用,有成约在前,译者有时不敢超越。刘英凯(1987)曾批评归化译法:1)滥用四字格成语;2)滥用古雅词语;3)滥用"抽象法";4)滥用"替代法";5)无根据地予以形象化或典故化。如:

[9] It would be one set-back too many for him.
原译:再受个挫折,他可就吃不消了。

用三字熟语"吃不消"或"吃不住"等表达 set-back too many for him,字虽浅白,却生动形象。这是套用的好处,但原文有无这一形象,就不好说了。

试译:再受个挫折,他就受不了啦。

宜闲(1950)批评说,有的译者"由于贪图便利的惰性,无论翻译什么外国作品,不管作品的风格和作者的气质怎样,照例用那些欧化语法所带来的现成的公式套上去,以为这是顶妥当的。"上例还不太典型,典型的是有些形象表达在原文中已失去了形象性,属于"死去的比喻"(潘绍中,1982),翻译时有两种情况要意译:一是原来形象已不为人知,或时过境迁,成为习语,好比中国人说成语,不一定知其详解,但明白意思,这时要意译。如 talk turkey 译作"谈正事",have an ax to grind 译作"别有用心",на воре шапка горит 译作"做贼心虚",дело уже в шляпе 译作"万事大吉",держать нос по ветру 译作"见风使舵"等。二是形象字面上与含义相关,但多年使用时已不再考虑它的形象,不如意译,如 leave no stones unturned 译作"千方百计",pour fuel on raging inflation 译作"给严重的通货膨胀火上加油",синий чулок 译作"女学究","С кем поведёшься, от того и наберёшься"译作"近朱者赤,近墨者黑"等。但是在文学翻译中这一观点若使用过度,则会导致陈词滥调,失去文学的陌生化。

(二)意译容易导致胜似

翻译的内在规律是译文与原文的似,全译的内在规律是二者的极似,全译过程是求似的过程。似又分为近似(译作接近原文)与胜似(译文胜过原文),近似是常态,但胜似也是客观存在。(黄忠廉,2000:152)胜似导致译文读来很美很流畅,一经与原文比较,就会发现问题——或内容有所亏,或形式有所损。从单句上看,从语篇上看,都存在近似与胜似两种程度的意译,当然也涉及直译。先看汉译英,以与下文比较:

[10] 形势尚未明朗化。

意译:No clear picture has yet emerged.

直译:The situation has not yet clarified.

意译比直译生动,但意译中的形象为原文所无,直译如实地译出了原意。当然,表达一个意思既可用形象说明,也可用抽象说明,该例中意译胜过原文,直译近似原文。再看英译汉:

[11] As we were riding the waves, with eager eyes searching the horizon...

原译:游艇破浪前进,我们也放眼向水天相接处搜索……(黄邦杰 译)

原文讲的是海上观鲸之事。horizon 本义是"地平线、水平线",在作者看来指远处的海面,译作"水天相接",妙!传达出了原文的语境信息,发挥了译者的具象思维,将天与水及其相接成的地平线这一图景展示在读者眼前!语言上比原文更美。为了更准确地传达原文的信息,可改为:

试译:我们乘风破浪,两眼紧紧地搜寻着水天相接的海面……

（三）意译会失去原文的新鲜感

意译语言是译语的归化，是对译语的遵守，往往流于熟，而熟即俗，缺乏新鲜感，如同报刊语或新闻语，尤其是文学作品的翻译。不论什么作品，如果要做到准确、鲜明、生动，完全受汉语现有成规的管制，不作一点原文风格的移植，是不会有多大新鲜感的。从这个意义上说，地道的原文，地道的译文有可疑之处，有时可以做到，有时只是一种理想。若真是双地道，有时则会失去他乡文化之"异"。如：

[12] Never leave that till tomorrow which you can do today.

原译：今日能做之事，勿延至明日。（吴奚真　译）

试译：今日事，今日毕。

原译没有什么特别的形式因素，可以用"今日事，今日毕"这句名言隽语译出。倘若时时处处采用意译，会给汉语发展带来不利因素，会使其失去增强活力的一个源泉。"过分意译，就会'殊隔文体'，虽然轻松了读者，却未尽原文形式之妙，尤以经典之翻译为然。"（余光中，2002：193）最明显的是成语的汉译。成语是语言里的熟面孔，多用，显得老套，没有新意，不能带给读者新鲜感。意译突出的是原文的"意"，而非"形"，所以，一切以传达意义为重心的文体比较适合用意译法，如科学翻译，而一切以传达意义保留形式特点为基准的翻译用意译法的同时，还要关注直译法。意译与直译只是问题的两面，只有侧重，没有绝对。如：

[13] When the lady ticket-seller saw me, her otherwise attractive face turned sour, violently so. This look was so unexpected and so un-provoked I was taken aback.

原译：当那位女售票员看见我的时候，她在其他情况下很动人的面孔变了，显出愠怒，强烈的愠怒。这种脸色是那样出乎意外，而且是那样无缘无故，使我大吃一惊。

改译：那位售票员看见我，原来颇为动人的芳容勃然变色。本无冒犯，因何发火？我为之愕然。（翁显良　译）

改译少了原译的虚词，用了四字格，但在文体上与原文不对，有些偏文，偏古，过犹不及。译文地道，却非原文的味道。

第二节　汉译组构优化与直译观

直译观一直存在。直译具有保留形象、照顾语序、形意兼顾等特点;直译具有保持原文形象、引进新鲜表达式、植入原语特点、体现汉外语差异等作用。直译可有意促进超规,也可无意促进超规。而硬译则导致犯规,如意义不明、形式别扭、逻辑杂乱等。汉译组构出现的种种问题多与直译相关,在此,直译比意译就有必要多多关注。

一、直译观

（一）直译

直译,指既传达原文意义又照顾形式且为译语读者所接受的翻译。

翻译中存在逐词逐语甚至逐句翻译的现象,即使在亲属语言之间更易于逐词翻译的西方翻译界,对此也是有褒有贬的。如西塞罗(公元前 106—前 46 年)将直译称为逐词翻译,指的是理想地将原文分解为词,并同时将其一一换成译语。(Baker,2004:125)卡特福德(Catford,1965:25)视逐词翻译为直译的起点。

我们所定的直译至少符合三条标准:"传达意义"是首要的。直译是全译之一种,必然以传达意义为宗旨。意义失真的译品,形式再美,也不是原文在译语文化中的再生。"照顾形式"是顺带的。意译可以不顾形式,直译则要考虑形式因素,这是直译与意译的根本性差别。形式是运用语言单位构成的具体的言语样式,形式有时是意义的一部分,直译在消除语言的差异时,保存了言语的形式特点。"为译语读者所接受"是根本的。直译如果力求达意,又保留了形式,但不为译语读者所理解,所接受,仍不是直译,而是硬译或死译。

符合上述三条,才算是直译,否则是硬译或死译。先看汉译英,以与下文比较:

[14] 思君令人老。
To think of you makes me old.（冯世则用例）
Скучать по тебе делает меня старым.（拙译）

这是汉外直译,基本上是逐字对译。再看英汉直译:

〔15〕A:Still waiting here? Seems you have waited a long time.

B:Have to wait. C told me he would come, and I have something to tell him. It won't wait.

甲:还等在这儿呢? 好像你已经等很长时间了。

乙:要等呵。丙告诉我他会来的,我有事告诉他。事可不能等。

汉译看似照英文码字,其实是汉语表达方式与英语巧合。不过,"直译是有限度的,并不是,原文有一个字,就译一个字,而且次序也不颠倒,那不是翻译,而是编字汇"(季羡林,1951)。双语在语表形式上因巧合能对译,或者移植过来,也能理解,填补译语的空白,这在一文一书中,或在整个汉译中,逐词逐字对译并不是主体,为数较少,只是随着 1980 年代以来第四次翻译浪潮的涌起,似乎越来越多,所以,也就越来越值得研究。

(二)直译的特征

1.照顾语序

照顾语序可能是直译最明显的表征。原文的语序一般包括词序、句序等。直译强调形似,依照原文的形式逐一翻译出来。语言顺序其实是心理顺序,是认知顺序,照顾了语序,也就反映了认知顺序。典型的照顾语序的直译要数对译,仿佛是语形上对号入座。对译是一种行为,其结果是对应生成的。原文与译文之间似乎存在着无形的对称轴,双语文字又恰如这条对称轴上的对称图形,从整体的语言长度到排列形式都对号入座。如:

〔16〕I   live in Harbin.
   我 住 在哈尔滨。

原文由人称代词 I+动词 live+介词 in+地点名词 Harbin 构成,对位译出"我住在哈尔滨",恰似 ABCD 对准了甲乙丙丁,双语达到了依次对位排列。又如:

〔17〕 Thou hast made me endless, such   is thy pleasure.
原译:你 已经 使 我 永生,这样做是你的 欢乐。(冰心 译)
试译:汝使吾永生,此乃汝之乐!

例中的译文与原文虽属复句翻译,但仍属对译,字或词对应,可以从原语到译语,还可以从译语回译到原语。不过细比之后,发现 thou 是古英语,相当于"汝";hast 用于古英语诗歌,是 have 的第二人称单数现在时,与 thou 连用;thy 是古词 thou 的所有格,因此从微观上看,该译也非绝对对译。真正的语体对译似乎应为试译。

[18] Leaders make things possible. Exceptional leaders make them inevitable.

原译 A:领导者有成事之美,非凡的领导者营造成事之势。

原译 B:领袖可有所作为,非凡的领袖则造就时势。

原译 C:领袖人物创造可能性。非比寻常的领袖创造必然性。

对　译:领导成事或然,非凡领导成事必然。

意　译:一般领导或然成事,非凡领导必然成事。

原译 A、B、C 在句群对译基础上实现了句对译,部分词或语的对译,但未做到逐词对译,对译则做到了,前一句单独无法成句,但置入复句中在后一句对应下可以成句。而意译则因"非凡"而添"一般",将"或然""必然"调位,兼更具汉语与原文的对称美,也属基于对译的意译。

2.保留形象

直译可以保留原文的形象,原文形象首先由词表现,其次由短语和句子表现,均可直接译成相应的译语形象。直译重意义和表达形式,直译有助于保留洋腔洋调,有助于引进新鲜生动的词语、句法结构和表达方式,从而丰富汉语,完善汉语,发展汉语。如:

[19] Fire is the big trees' worst enemy. Most groves have been swept by roaring flames again and again.

原译:火是大树的大敌。多数树丛曾一再被怒吼着的大火烧光。（吴炜彤等　译）

roar 本义表示动物的"吼叫、咆哮",原译保留了这一形象,只是"怒吼"与大火的搭配不当,形象失真。形容大火之旺之烈,可用"熊熊"一词,这样词的对译才恰当;原文首句的对译,后一个"大"改为"死"可避重复。

试译:火是大树的死敌。多数树丛屡次被熊熊烈火烧光。

[20] Unable to change old habits, she arrived early, stayed late and quickly worked herself out of a job.

她无法改变旧习惯,总是早到迟退,迅速完成她的任务。(庄玲、贝合宁 译)

译句基本上是顺序而译。读译文,感受最深的是"早到迟退",首先是内容的不一般,这正反映了主人公的勤劳,同时与惯常说法"迟到早退"形成反差,给人以鲜明的印象。整个译文转移了内容,仿照了形式,是地道的直译。

3.形意兼顾

译文基本不改变原语的形式,更不改变原语的内容,形意相融。最完美的直译是以译语之形表达原文之意。一旦挣破原文之形,便又走向了可能基于直译的意译了。

以典型直译——对译为例,其语义逐一对应,这是语里意义上的要求。双语翻译过程是义项的选择过程,民族间的共性是义项存在共性和语义对译的基础。语义的对应是两个民族间思维模式对应体现,两种文化在交流接触过程中实现了接轨。如:

[21] Её подруга обычно веселая и разговорчивая,
    她的   女友   一向   快乐 又   爱说话,
    сегодня она молчилива и грустна.
    今天   她 沉默不语, 愁容满面。

例中,两个简单分句构成句子整体,句中各词的义项选取皆取其基本意思,句子无歧义;对译成汉语后,结构上保持两个分句并列,义项选取汉语中有对应的基本义项,语用方面传达了完整的信息,且译语符合受众规范,易于接受。而下一例基本上是逐词对译,意译成分尚未见出:

[22] Yet they boast of their tall buildings, high mountains, long rivers, big state, the best country, the best world, the best heaven. They also have the most traffic deaths, the most waste, the most racketeering.

然而他们又喜欢吹嘘他们的高楼大厦、高山大河、辽阔疆土、最好的国度、最好的世界、最好的天堂。而他们又有最多的交通死亡事故,最大的浪费和最多的敲诈勒索事件。(张强、陈莉 译)

二、直译的作用

直译的作用与直译的特点密切相关,直译可用的场合,并不表明这些场合必须要用。如汉语中早已引进"当……(的时候)",若是一味地用"当",就会造成余光中所讥讽的"当当不止"的后果。

(一)保持原文的形象

翻译要传达原文的形象,只要原文形象的文化色彩不是浓得不费一番解释才能弄明白,就可以直译,以保留原文的形象。以意义与声响结合的汉译为例:

[23] Ypa!
译文 1:呜啦!
译文 2:万岁!
译文 3:冲啊!

例中 ypa 汉译有三,不同译文选取的角度和达到的效果也各不相同,译文 1 采用音译法,口型也对原文的发音特点,但中国观众不习惯,有的甚至是听不懂;译文 2 是意译,语义上与原文对应了。如同对襟,两襟正如双语的语表形式,而缀连语表的语义正如纽扣,在中间将二者维系在一起。最终的译文既照顾了原文语音的特点,口型由小到大,又译出了语境意义,在战场上发起冲锋喊"万岁"符合俄苏国情,但不适应中国文化水土,中国现代文化认同"冲啊"。

(二)引进新鲜表达式

引进域外新鲜表达,以丰富汉语的表达手段,这些包括词序和句序。如五四前后,人称代词带定语突破了传统汉语的规范,后来受到批评,曾销声匿迹一段时间。1980 年代以来,这一汉译现象又出现了增长的趋势,并广泛影响汉语写作。看受影响的例子:"有了四千年吃人履历的我……"(鲁迅)"你的前辈的我,在读你的一部部小说时,感到一种心灵上的震颤。"(从维熙)"同桌的你"(歌词)。

请看成语的引进。表达"一举两得"之意,用一种工具可同时猎取一种动物,各语种有不同的说法:

[24] to kill two birds with one stone 一石二鸟
俄语:убить двух зайцев одним выстрелом 一枪二兔
汉语:一箭双雕

英语成语译作"一石二鸟",俄语成语译作"一枪二兔",中国人也能懂,且为汉语表达"一举两得"创造了更多的表达方式,也吸收了更多的异域文化。若采用归纳法,从中可总结出一种人类思维方式,形成一种结构模式,一种表达模式:

$$一 A 二 B 或一 A x B$$

这种结构模式省去了行为,只显示工具与受事的关系,据之可以造出许多短语来,如"一举多得""一举三得""一举四得""一叉四鱼""一剑二颅(武侠小说中一剑取了二人首级)""一炮二机(一发高射炮击落两架战斗机)"等。

(三)体现应有的差异

有些原语句子汉译时似乎有近似的表达,细究起来,还是有差别。这些差异主要是文化差异,如上述"一石二鸟"。再如:

[25] The early bird catches the worm.

原译:早起的鸟儿捉到虫。

试译:早鸟先吃虫。

原文表达的意思是接近某些人或物,可优先获得某种利益。宋代苏麟的诗句"近水楼台先得月,向阳花木易为春"均可用来套译,但是原文除了深层意义外,表层意义还包括勉励人们勤劳之意,所以引进来的译文,不仅传达了意思,还丰富了汉语的表达,使得同一深层意思有不同的表达手段,其间还体现了细微的文化差别。

三、直译催生汉译组构超规

"翻译中保存了原文语言上的特色,将有助于读者理解原文内容和作者。此外,直译还可介绍一点西方文化和表达方式。"(冯世则,1981)这是直译的优点,一是就原文内容而言,二是从译语文化看。季羡林(1951)曾明确说"我们赞成'直译'",大概是从引进新文化因素的角度出发的。直译让我们更真实地了解外面的世界。可以让外国人知晓中国的 kong fu(功夫),也可以让国人知道俄罗斯的"卡秋莎"(Катюша)。

直译推动汉译组构超规可分为两类:有意促进和无意促进。这仅是研究的划分,实际中有时难分彼此。

(一)直译有意促进汉译组构超规

有意直译,旨在促进新规范的确立。主张直译最力的当数鲁迅。汉语是艺术的语言,欧语是科学的语言。汉语有不精密的地方,比较模糊,这是优点也是缺点,优点是适于文学,缺点是有时不适于科学,而日常生活则二者均有用武之地。即使这样,任何语言都一样,都有必要吸收其它语言的长处,弥补短处。孙中山、瞿秋白、鲁迅、王力、季羡林等人都提出过文法需要或者可以改进的意见,可谓有意栽花花盛开。

当然,有意推动超规的直译并不是时时处处直译,应该是在基于汉语基本句法的基础上逐渐输入一些欧化句法,一来使汉语句法缜密,二来输入一些新鲜表达方式。那种指望把汉语句法推倒全盘欧化的做法是不可取的,实践证明,也是不可能的。

有意直译最能体现的是追求译作与原文风格的极似,因为风格,尤其是文学作品的风格,除了内容要素之外,更多地体现在形式上。译文追摹原文,常常从原文独特的句式、特殊的修辞手法等方面入手。有意推动并不是每种直译都能成功,所以给直译一个观察期,正如鲁迅(1984)所言:“其中的一部分,将从‘不顺’而成为‘顺’,有一部分,则因为到底‘不顺’而被淘汰,被踢开。这最要紧的是我们自己的批判。”所谓的“批判”就是规范化工作,这才是要紧的事。看实例:

[26] He walked at the head of the funeral procession, and every now and then wiped away his hypocritical tears with a big handkerchief.

他走在送葬队伍的前头,还不时用一条大手绢抹去他那虚伪的眼泪。

[27] He walked at the head of the funeral procession, and every now and then wiped away his crocodile tears with a big handkerchief.

他走在送葬队伍的前头,还不时用一条大手绢抹去他那鳄鱼的眼泪。

冯世则(1982)说,原文前一句用 hypocritical tears 是直说,后一句用 crocodile tears 作比喻,前者译作“虚伪的眼泪”,后者译作“鳄鱼的眼泪”,前者的逼真程度不如后者,如果把后者意译作“虚伪的眼泪”,结果是意译不如直译。还可以译为:

试译:他走在送葬队伍的前头,不时地用大手绢擦擦他那鳄鱼眼泪。

(二)直译无意促进汉译组构超规

无意直译,偶然促进了新规范的确立。直译,有时甚至是硬译,也会无意中给译语带来新鲜表达方式,将原语中独特的表达方式移入译语,无意中填补了译语的空白,可谓无意插柳柳成荫。这类例子不少。如文学作品人物对话的汉译引入了西方的表达方式"'……,'某某说,'……。'",这与中国传统人物对话的表达方式"某某说:'……'。"大相径庭,但它在汉语中已经生根。这种方式有其优点,"让读者先闻其言,再见其人,符合人们感知的过程,而且生动"(冯世则,1982)。当初照此译入,没想到竟改变了汉语惯用的格式,丰富了文学的表现形式。再如:

[28] "I assure you," said the cricket to the nightingale...
"我可以告诉你,"蟋蟀对夜莺说……(张春柏、陈茂庆　译)

从大处讲,这是外语对汉语的影响,从小处说,是言语形式的引进。像这类形式相异但理据可靠的言语形式是应该鼓励引进的,从无意直译中将它扶正,确立合法的地位。

四、硬译导致汉译组构犯规

直译再往前直半步,过于拘泥形式而不能为译语读者所接受,造成错误或明显的不合规范,就走向了反面——硬译,甚至死译,硬译看似直译而非直译。而硬译或死译是产生翻译腔的罪魁祸首。但是张仲实(1980)说毛泽东赞成理论书硬译,说有个好处:准确。张氏所指的"硬译"是译文生硬,不好读;与之相应的"顺译"指译文通顺,好读。他还认为,硬译,文字佶屈聱牙,读者看起来感到不"顺",但翻译理论著作时,必须坚持意思准确,不走样,就这一点说宁可"信而不顺",也比"顺而不信"要好上万倍。我们认为毛泽东主张的硬译指的应该是"直译",无非是力求内容保真,1980年代和新世纪马列全集的重译改正了不少硬译与误译便是明证。

如何区分硬译与直译?直译也强调准确,但要好懂,在意思不受损害的前提下,兼顾形式;而硬译则有可能过多照顾形式,结果译得僵硬。鲁迅的翻译文字始终没有在文学中占据重要地位,是与其翻译主张密切相关的。

(一)意义不明

想当然在翻译中时有发生,有的译者望文生义,往往上"假朋友"的当,尤其是翻译习语与成语,没有从整体上去把握,不查词典,一不小心就落入了形式的陷阱。如:

[29] Eh heh. Who do you think will win the war?
Haven't slightest idea.

原译:嗯哼,你认为谁将赢得这场战争?

没有这个概念。(徐黎鹃、黄群飞　译)

这是《北非谍影》或《卡萨布兰卡》(*Casablanca*)中的对话。译者完全受原文形式(Haven't slightest idea)的束缚,直译为"没有这个概念"。原文的意思相当于 not have the first idea about sth.(对某事一无所知),用更明白的词表达就是:know nothing at all about sth.。原文既然用了 Haven't slightest idea,表明回答者具有一定的文化水准,可以译得文一些:

试译:嗯哼,你认为谁将赢得这场战争?

毫无所知。

(二)形式别扭

译者囿于形式,或者受原语规范的制约,不敢越雷池一步。如果采取了硬译立场,"译文很难说在整体上变成了目标语,它变成一种模拟语言,最好的结果是部分地保留了原语篇章的风貌,而最糟糕时则变成一种人为语言,此时翻译作品并非真正意义上被引入目标文化,而是强加于它"(赵宁,2001)。有人甚至称之为形式主义,将它归入直译,这是对直译的误解。比如常见的欧化长句有时长得读者无法接受,夹缠不清,实则是思路不清。看例:

[30] The plane would come down and take off so often that you could hardly sleep.

原译:飞机的降落和起飞是如此的频繁,以至你几乎难以入睡。
(聂雅真　译)

"如此……以至……"几乎成了翻译套路,相应的英文是 so... that... ,表示因果关系的连词 so 往往也被套进去了,上例便是如此。试改为:

试译:飞机频繁起降,扰得你无法入睡。

[31] Today, in my first lecture, I'd like to talk about manners and customs.

原译:今天,在我的第一讲中,我想谈谈美国的风俗和习惯。(聂雅真　译)

原文是讲课的开场白,很具口语化特点,但课堂口语不同于日常口语,较之要简洁,相当于书面口语,因此不必重复"我的",也不必用虚词"在……中"。此外,"我"因面对面的交际语境也可省。

试译:今天第一讲,想谈谈美国的风俗习惯。

(三)逻辑混乱

逐词全译若是可以接受,则是典型的直译,可称之为"对译",否则也属于硬译。正如王宗炎(1980)批评的,"时下的译文,有许多是看不懂的。因为译者没有透彻的了解,只好逐字移译,……把原文照搬过来。"如:

[32] This film is dramatic treatment of a threatened stoppage in a factory.

原译:影片是对一家工厂的一场受到威胁的罢工的戏剧的处理。

读读译文,竟用了四个"的"作定语,对"处理"一"定"再"定",仿佛饶舌鬼在"的的不休"!译者拘泥于原文表语部分的限定关系,一个一个地往前倒推,一次读完,意思不一定弄得清。请看:

改译:本片用戏剧手法,表现一家工厂面临罢工威胁的情况。(黄邦杰 译)

试译:本片用戏剧手法表现了某厂罢工所面临的威胁。

第四章　汉译同义词组构优选问题

同义的魅力在于"为说话人和书写人提供了几乎是无限的选择余地,使其有可能用各种不同的形式来表达同一个思想"(王铭玉,1993:1)。翻译是组合中见聚合的艺术。从横向看是组合的艺术,从纵向看是选择的艺术,其奥秘就在于词、语、句本身及其之间丰富的同义选择,主要是同义词/语的选择和同义句的选择。

文学依靠同义选择表达丰富的意味,科学依赖同义选择表达准确的思想。词语组构艺术是整个汉译组构的基础,翻译学术语汉译组构更是其中要求极严的典型的组构。本章以 source language 的汉译"原语"与"源语"何者为译学基本术语为例,考察汉译组构同义优选的问题,确立了"原 X"类术语是翻译学的核心术语,是最常用频率最高的译学术语,应与"译语"类成对使用,构成整个翻译术语体系,由此可建相应的语言、文本、文化之间各层面的译学术语体系,以演绎译学理论体系和学科体系,促进译学本体建设。

第一节　汉译同义词组构优选概说

任何语言有同义现象,汉译宜充分利用,以应表达之需。同义词实为语义基本相同的词,不是绝对的等同,同中必然有异,绝对的等同,是语言表达的赘疣,无选用的价值。汉译就是在相对的同义词中选择最合适的一个,所以汉译同义词组构是一种优选的艺术。

一、汉语同义词概说

在周玉琨(2002)看来,"同义词是词汇系统中某个词汇意义相同语法功能一致而在语音或词素构成的形式上呈现出差异的一组词",可分为静态和动态两大类。

静态同义词即不依赖于语境而存在的同义词,指词典中具有同义功能和价值的同义词聚合。又可分为完全同义词和不完全同义词,前者指词的全部意义重合,一称"等义词",如"相互"与"互相"等,其词汇意义、语法意义和色彩意义都相同。后者指词的词汇意义和语法意义相同色彩意义不一致,或因多义词的义位对应而形成的词汇和语法意义相同的同义词,如"父母"与"双亲"等。

不完全同义词又可分为词位义相同而色彩意义不同的同义词和义项相同的同义词,前者如"维生素"与"维他命"等,后者指不是词的全部意义都相同,而是某个义项完全重合,如"经常"与"常常"等;后者占同义词的多数,是语言学习和翻译最应关注的。比如,《红楼梦》描写贾府荣衰,以宝黛爱情悲剧为轴,贯穿着悲愁。据辛加宝(1996:243)统计,主人公发"愁",有感于形而虑的"烦虑、忧虑、愁烦、忧愁、忧";有动于心而闷的"愁闷、忧闷、纳闷、气闷、烦闷、闷";有心绪不展的"悒郁、忧郁、抑郁";有心境不畅的"懑愤、懊恼、烦恼、苦恼"等。

二、汉译是同义词选择的艺术

同义词之"义"有两义:一指基本义,二指语境义。同义词之"同"也有两义:一指同于基本义或语境义,二指同于表达效果,其实更侧重于基本义。因此,同义词表现有三:1)基本义和表达效果大体相同;2)语境义大体相同,表达效果有别;3)语境义大体相同,表达效果也大体相同或有别。由上可知,汉译时面临着同义词选择,译者需在正确理解原文之后,注意从词的语体色彩、感情色彩、轻重、广义与狭义、搭配、音韵等问题及文化因素等方面进行推敲,尽可能选择译语中相对恰当的词语。

意义组构是通过词汇概念整合开始的。(张辉、杨波,2008)汉译更是如此,以本章要讨论的 source language 为例,是译作"原语"还是"源语"? 译者在翻译时甚至比在用母语表达时更具清醒的组构意识:第一步,是词汇概念的选择,包括选择与话语中每个形式相关的最合适的词汇概念,为 source 选出"原"或"源",为 language 选出"语";第二步是融合,由话语和非语言的语境来引导,这才真正是概念整合的过程,先前所选的词汇概念整合,形成新的概念,如"原"或"源"与"语"组构成"原语"或"源语"。在组构过程中,译者需据同义词区辨的规则,选出最恰当的一个。就这两个译学术语而言,可据术语定义的相似度(亦即差异度)的讨论判断二者的差别。(殷希红等,2014)既然二者是同义词,那么其定义中必有很多相同的实词。通过揭示其内涵的差异,即可区别二者的外延,可确立其在译学术语体系中的地位以及使用的多寡与范围。其定义中实词相似度若近于1,则二者趋近等义词;其

相似度较小,则属于有较大距离的同义词,甚至是近义词。再看一例:

[1] 俄语:Он играет в футбол.

英译:He plays football. / He is playing football.

汉译1:他(在)玩足球。

汉译2:他(在)打足球。

汉译3:他(在)踢足球。

汉译4:他(在)踢球。

口头有人会说"打足球",用一个泛义的"打"字替代有些运动动词;除了口译中偶尔说起,或采用不当手段利用足球达到某种目的外,一般不会说"玩足球"。从"玩足球"到"踢(球)",语义合成,语形整合,呈现的语形变化是:将俄语实词 играть、虚词 в 和词素-фут 合为汉语"踢"字,剩下词素-бол,共构"踢球"。三语比较,俄语 3 个要素:词(играет)+词(в)+词素(фут-),英语 2 个要素:词(plays/is playing)+词素(foot-),汉语 1 个字(踢),俄 3→英 2→汉 1,由繁到简的合译过程,与语言单位的数量递减甚为巧合,更体现了语言类型学特点。同义手段由繁而简的结果是"玩/打/踢足球"词化为"踢球"。

第二节　词义流变:"原语""源语"辨难

典型的翻译是语际活动,涉及双语,即原文的语言和译作的语言,简称为"原语"和"译语"。近年来坊间却常见"原语"与"源语"并用或混用,并由此衍生出其它相关术语(如"原/源作""原/源文"等),如"将这篇文章与源文和吕先生的译文一起仔细研究,可以悟出许多翻译的诀窍和翻译批评的道理。"(陈宏薇,2008:321)诸如此类成对使用"源文"与"译文"者,学界并不少见。从发生学角度看,"语"在前,"文"在后,文字是记录语言的,所以本节主要以"原语"与"源语"之辨为核心,旁涉相关术语,以期正本清源,助力译学本体术语建设。本节辨难(nán)"原语"与"源语",旨在剖析二者的使用状况与词义流变,厘清二者的关系。

一、"原语"与"源语"使用状况

source language 和 target language 本属西方译学术语的两个核心概念,却并未收入莫娜·贝克(Mona Baker)与加布里埃拉·萨尔达尼亚

(Gabriela Saldanha)主编的《翻译研究百科全书》(*Routledge Encyclopedia of Translation Studies*,2009)。新世纪以来,"源语"使用越来越频繁,起因或在使用者不清楚其与"原语"的区别与联系,或归因于 source language 汉译的影响,如"源语/译出语:(翻译)译出的语言"(Delisle *et al.*,2004:123)。俄语 исходный язык(ИЯ)大概借自英语,国内俄语界译为"原语",исходный текст 也译作"原文"(吴克礼,2009:679),未译作"源语"和"源文",更未见"始发语""译出语"之类的汉译,这或许是语言类型不同所致。

以 CNKI 中翻译学术论文关键词为考察对象,可捕捉"原语"和"源语"的使用规律(见表 4-1)。由检索结果可知,1979 年前基本使用"原语""原文"等,而 1980 年代以降,"原语"与"源语"使用比为 514:688。其中,1980 年代为 12:2,1990 年代为 65:8,2000 年代为 298:367,2010 年至 2013 年 10 月 21 日(检索截止日期)则为 140:311。纵观国内译学发展史可知,八十年代至今正是西方译学理论在国内学界从星星之火到燎原之势的时期,译学核心术语受西方译论(尤以英语类学术著作为主)影响,变化比较明显,英文单词 source 在汉语译者心理词典的首选意义为"源",故而有"源语"使用率后来居上的结果,而俄译汉者则不然。

表 4-1 "原语"和"源语"作为译学研究关键词的检索结果对比

年代与术语	年份与次数										总计
1980 年代	1980	1981	1982	1983	1984	1985	1986	1987	1988	1989	
原语						1		2	4	5	12
源语								1	1		2
1990 年代	1990	1991	1992	1993	1994	1995	1996	1997	1998	1999	
原语	7	4	3	10	7	5	6	6	6	11	65
源语	1		1		1		1	1	1	2	8
2000 年代	2000	2001	2002	2003	2004	2005	2006	2007	2008	2009	
原语	14	17	19	26	24	45	36	29	47	40	298
源语	11	6	17	12	38	37	49	54	72	71	367
2010 年代	2010	2011	2012	2013							
原语	36	54	28	22							140
源语	81	103	77	50							311

二、"原语"与"源语"组构之区分

"原语"与"源语"并用或混用,大多因"源"与"原"辨识不清,这既会影响到"源语"与"原语"之分野,也会影响到译学的发展。须知,"源清则流清,源浊则流浊"(《荀子·君道》),要厘清两者关系,尚有待于从汉语本义上辨别。

请看相关古汉语词典的区分：

原：1）水源，后来写作"源"，《墨子·修身》："原浊者流不清。"2）引申为"本原""根本"。由"源泉"引申为"事物开始发生"和"起源"，后作"源"。3）引申为"未经加工的"，如"原油"。4）引申为"原来的"和"本来的"。第3、4次引申，即可与"语"等字结合成词了。可见，"源"是从"原"流变而来的。

"原语"与"源语"二者的搭配也可分辨。"原"与"语、作、文、本、文化"均可搭配，而"源"与"语、作、文、本、文化"不常搭配，主要原因在于"原"指称事物的概念多于"源"。另外，"原语—源语"关系与"籍贯—出生地"关系极其相似。籍贯，指祖居或本人出生的地方，包括两种可能性。"祖"是比父母高一辈的人，"祖居"指世代居住的地方，因此"籍贯"包括世代居住地和自己出生地，填表时到底填哪一个，人们常发糊涂。现在各登记表很少用"籍贯"，大都改为"出生地"，因为出生地只涉本人，不指父辈和祖辈。英/俄语登记表就比较明确，只问 birthplace / place of birth 或 место рождения，不管父辈和祖辈。同样，"原语"一般可含"源语"，而且"源"多与"语"搭配，不大与"作、本、文化"等构词。综上可知，需追溯其最初起源的语言时，则用"源语"，一般情况不考虑溯源问题，仅指与"译语"相对时，只用"原语"。

三、"原语"与"源语"构组历时考察

汉语或汉译术语的创建要遵循汉语本身的历史发展规律，反之，通过汉语历时考察，可窥汉语及汉译术语发展之一斑。通过北京大学中国语言学研究中心语料库（CCL语料库）可以发现二者的关系或规律（详见表4-2）。

表4-2　"原语"与"源语"CCL语料库检索结果对比

CCL 语料库	原语（条数）		源语（条数）	
	全部	实含	全部	实含
现代汉语	14	0	36	0
古代汉语	2	0	2	0

注：1）全部——指所有含"原语""源语"字样的条目总数；
　　2）实含——指实际含译学术语"原语""源语"字样的条目数。

关于"原语"，CCL语料库现代汉语部分共14条，其中因与人名、机构名等搭配偶合而成者7条，如"陈原语、戴东原语、原语言研究所、原语法结构体"等。其中有一例"从原语义为大写字母'O'的希腊文'奥米加'"，"原语义"也是偶合，应断为"原/语义"。该例有语病，"原语义"与"为大写字母'O'"和"希腊文'奥米加'"三者搭配，有杂糅之嫌。其它各例用了"原语"，实为"原话"，如"《电子报》在第23期第2版上就'磁能发动机'问题致读者

的原语""尽可能直接译引各派代表人物的原著、原语""始终坚持用大量的原著、原语""这里所记是否与原语一字无改""马克思所引用的普罗米修斯这句话,在悲剧中的原语为……"。而古代汉语部分共 2 条:"李老曰:'吾儿原语明日方出访尔,适馆师音来,云波今晨已自馆起程,不知去向矣'""当是时,日渐西夕,而豫原语侵制府益急,门者缩颈",其中的"原语"与语言之意无关。

关于"源语",CCL 语料库现代汉语部分共 36 条,其中属于逻辑学的"源语句"者 31 条,如"本文拟将语句 p 称作'源语句',将其所蕴涵的语句 q 称作'蕴涵语句'"。另有 1 例虽涉及语言学,但属偶合而成,如"您对同源语言演变史学(glottochronology)或其它任何类";2 条与人名偶合而成,如"(周培源语)"和"(余联源语)",用于表示话语的出处;1 条偶合构成词典专名,如"《辞源语词编》";1 条是两个词语的偶合,如"许文对自由观念的历史渊源语焉不详"。而古代汉语部分共 2 条:"渊源语不超诣简至,然经纶思寻处,故有局陈";"帝闻源语,大喜道",其中的"源语"也与语言之意无关。

由"原语""源语"所产生的相应术语在 CCL 语料库中也呈同样的发展规律,仅以"原文"和"源文"为例(详见表 4-3):

表 4-3　"原文"与"源文"CCL 语料库检索结果对比

CCL 语料库	原文(条数)		源文(条数)	
	全部	实含	全部	实含
古代汉语	2565	不定	25	0
现代汉语	2471	不定	20	0

注:同表 4-2。

据 CCL 语料库古代汉语部分可知,"源文"共 25 条,但无一条表示"未加工的作品"之意,除 2 条乱码外,14 处为人名(如源文宗/孙源文/王源文等),4 处为文集名(如《义源文本》《五源文集》等),5 处巧合而成,如:"衢港二源:南源文溪,即江山港,自其县入;北源……""文字溪发源文字山,合前江""此外为根源文字言语无之。若尔者取之为能生位文字""其辩博为天下第一,遂为金源文宗""然皆宋儒,难以金源文派论之"。后两例中"金源"为历史专名,源自"金源文派""金源文化"。而古代汉语部分"原文"共 2565 条,占绝对优势,因数量大,无法确定,有偶合而成的,但绝大部分表示"未加工的作品"之意,只不过多数不关涉翻译语境。

从 CCL 语料库现代汉语部分可见"源文"20 条,但无一处表示"未加工的作品"之意,不论是成因为何,其总数比古代汉语还少,非常值得思考。细查可知,2 条为地名或专名,如"凌源文化、金源文化";7 条由前后词语偶合为"源文",如"来源文件""本源文化""同源方言化""根源文明""财源文思并涌";仅 1 条真含"来源"义,但非"源文"之义,如"博物馆,拉丁语源文字大抵写作 Museum,源自希腊神话中司文艺和科学的女神 Muse"。其余 10 条为人名,如"周源文、刘绪源文"等。而现代汉语文献部分"原文"共出现 2471 条,除极少数是前后偶合为"原文"(如"草原文化""中原文化")外,多数表示"未加工的作品"之意,指翻译中的原文,如"在翻译长诗《阿诗玛》的探索阶段,他更是将原文翻得卷了页,译文修改了数十遍",确当的说法应是"原文"或"原著"。

第三节　循义选词:"原语""源语"辩难

辩难(nàn)"原语"与"源语",旨在对二词的辩护和问难,重在说理。二者的辩难实际上涉及术语本土化问题,即"本土化后的术语就成为本族语的术语,因此术语翻译必须考虑本族语的语言特点和已经形成的术语体系。从语言特点看,汉语偏重意译和含有意译的方式。"(李宇明,2003)由第二节可知,"原语"为汉语常用词,也是译学界在大量引进西方译论前所常用的词。

一、"原语"可定为译学基本术语

"原"表示"最初的,开始的,未加工的",可与"语、文、作、本、句、词、(短)语、著、刊"等搭配,"源"则不能,它表示"水流起头的地方"。"源"似乎更有一种动感,尤其是与相关字构成词之后,如"源于""源自""发源于"等。先请看语文词典(见表 4-4),因为语文词典最能反映一个民族对某个词的基本接受与认可。《现代汉语规范词典》(2004)仅收录了"源流、源泉、源头、源于、源源不断、源源而来、源远流长"等,无一是与表语言文字或出版的文字之意的字(词)相搭配。《现代汉语词典》(2012)也是如此,所收的有"源流、源泉、源头、源源、源源本本、源代码、源远流长"等。"原"字与相关字词构成的词语共收 90 个,其中与表语言文字或出版的文字之意的字(词)相配而成的词语有 7 个,包括"原版、原本、原稿、原话、原文、原著、原作"等;"源"字与相关字词构成的词语共收 95 个,其中与表语言文字或出版的文字之意的字(词)相配而成的词有"原版、原本、原稿、原文、原著、原作"等 6 个。

表 4-4 "原 X"与"源 X"构词数量比较

字	《现代汉语规范词典》(2004)	《现代汉语词典》(2012)
原	90	95
源	7	7

由表可知,以促进汉语规范化为宗旨的两部词典均倾向于用"原"与表语言文字或出版的文字之意的字(词)构成词语,用"源"者多数可换作"原",而用"原"者不能随便换作"源",如:"他可以把一个人的一生,来龙去脉,前因后果,源源本本地告诉读者。"(汪曾祺,1999:382)其中的"源源本本"可换作"原原本本",甚至是"元元本本"。但是下例的"原"就不能换作"源":"一般情况下,出版翻译著作(特别是学术著作)还应向读者交代如下信息:原著者姓名、原书名和原出版社名称及版本信息。这里的'原'指的是原著的语言(文字),即原文。我把这几项合称为'三原'信息。遗憾的是,在这个中译本的出版信息页(含版权内容)只能见到原著者的中文译名,没有提供该书作者的原英文名、原书名和原出版社及出版年份等,即'三原'信息全无。"(陈满华,2013)

除语文词典的通解之外,某些词还有专解,即行业内用作术语的专业解释,因此一个词能否作为术语收入专业词典,即可否收入译学词典,还取决于译学界的态度。请看中国译学界三大词典对二词的收录对比(见表 4-5)。

表 4-5 国内三大译学词典对"原语"和"源语"的收录对比

条目	词典名		
	《中国翻译词典》(1997)	《译学大词典》(1999)	《中国译学大词典》(2011)
原语	—	＋	＋
源语	＋	＋	＋

三部辞书出版先后有序,相距不长,却反映了译学界对两个术语的认识发展。《中国翻译词典》是我国首部大型译学词典,只收录了"原语",未收录"源语";换言之,只将 source language 译成了"原语",未译作"源语",代表了此前的传统观点,其具体定义为:

> 原语(source language):指原作者传递信息所用的语言,而译者正是根据原语来翻译的。(林煌天,1997:893)

《译学大词典》则取二者并用态度,但"原语"在前,"源语"在后;对二者略作了区分,但不十分准确:无形中点明以翻译为主的语境,列出了"源语"

使用的条件,一是文化交流中的借词,二是外语教学,其界定如下:

> 原语、源语:翻译中作为依据的原作的语言或从中借词的源语。在外语教学中源语指的是用于教授外语的本族语言。(孙迎春,1999:182)

《中国译学大词典》进了一步,首先从英语上区分,"原语"遵循传统,限于双语翻译,原语即源语。"源语"除双语翻译外,还涉及三语翻译,前者是源语=原语,后者则要分出一二三种语言,第一种(而非"第三国")语言才算作源语,那么第二种呢? 编者没有指出。现将具体解释引述如下:

> 原语:original language 指原作者传递信息所用的语言。当译者从原作(而不是第三国语言的译作)翻译时,原语即源语。
> 源语:source language 亦称"译出语",与"译入语"相对,是译者翻译依据的语言。如果译者直接从原作译出,则源语即原语;如间接地从第三国语言译出,则源语为第三国语言。(方梦之,2011:154)

三部词典相映成趣,第一部只收"原语",第二部两词合在一起并收,第三部则列为两个词条,分头界定;自始至终"原语"的地位稳立,而"源语"逐渐析出,另有所指。用"原语"对应 original language,用"源语"对应 source language,可以启发译学界区分"原语"和"源语"。在英语中,source language 多与 target language 对应;如果说 original 作为名词与 translation、version 或 rendition 对应,强调译前与译后的文本,那么,source language 和 target language 这对概念现在多半涉及文化因素,而将语言视为文化的载体。现将"源语"留待下文讨论,先将"原语"的内涵归纳如下:

> 原语指翻译中作者创作所使用的语言。

一般而言,原语包含源语。双语间的回译既有原语,又涉源语;多语转译之间,客观存在"源语",既"第一种"或"最初始的"语言,具有绝对性。而双语单向翻译用"原语"与"译语"相对,具有相对性。

二、"源语"用于回译、转译和变译

其实,从"原语"到"源语"反映了译学界对翻译认识的变化,从将之视为单纯的语际变化,拓展到更为广阔的性质认识,比如跨文化交流阐释等,说明译学界考虑到了文化交流因素,切合了翻译研究的文化转化,反映了译学界的学术进步。一般情况下,"源"与"原"不在一处并用,二者必取其一。那么,"源语"与"原语"何时可以并用? 何时单用? 目前来看,大概有三种情形。

(1)回译

回译,即将甲语文本译成乙语,又从乙语义本译回甲语,终点又回到了起点。(见图 4-1)其中第一个甲语文本可称为"源文",乙语文本相对于第二个甲语文本可称为"原文",这时"源语"和"原语"可以并用。回译时有时可以据译文进行,直取文本。如 2010 新年伊始,俄罗斯独立电视台在报道中国新年时使用了 год Белого Железного Тигра(白铁虎年)这一说法。如何回译成汉语,译成"白铁虎年"? 汉语无此说法! 需找到源头——源文,更需追索到原语里的表达法! 我们知道,2010 年是农历"庚寅年","庚"在五行中属金,色白,"寅"指十二生肖中的"虎",所以 2010 年又称"白虎年";而"铁虎年"来自藏历,藏历纪年法与农历的干支纪年法一脉相承,略微不同的是藏历用铁代替庚、辛,用虎代替寅,2010 年即为藏历年的"铁虎年"。可能是俄译者译错了,混淆了汉历与藏历。杨静(2012)认为,本次回译面对汉语读者或听者可译为"白虎年",面对藏语读者或听者可译为"铁虎年",唯独不能译成不伦不类的"白铁虎年"!

上例只涉及个别词语的回译,若是长文甚至是经典,回译实际上成了回查,查到最初文本——源文,直接抄用,如表 4-6。

表 4-6　源文、原文与译文比较

源文(原文₁)	译文₁(原文₂)	译文₂
伯父家盖房,想以它垒山墙,但苦于它极不规则,没棱角儿,也没平面儿;用錾破开吧,又懒得花那么大气力,因为河滩并不甚远,随便去捃一块回来,哪一块也比它强。(贾平凹)	When Uncle's family was building a house, we thought of using it to pile up a side of the house wall. This proved to be impossible, however, since the rock was of an extremely irregular shape, possessing neither sharp right angles nor any smooth, flat surfaces. We could have used a chisel to break the rock up, but no one could be bothered to expend such a great deal of effort over it; the riverbank was only a short distance away, and any old rock that we brought back from there would have been easier to use than this one.	伯父家盖房子时,我们曾想到用它垒一面墙,但最后还是没能用上,因为这块岩石外形太不规则,既没有尖利的直角,又没有光滑的平面。我们用凿子凿开它吧,可是没人愿费那么大气力。河边没多远,我们随便从那儿搬运一块石头回来都比用这块岩石省劲。(王克非 2003)

　　表4-6再次显示回译最好是溯源,不然往往出入较大。表4-6的流程是:汉语原文—英语译文/英语原文—汉语译文,进而可得回译的模式,原文₁—译文₁/原文₂—译文₂,译文₁与原文₂正好扣合。(见图4-1)

图4-1　回译模式　　　　　**图4-2 转译模式**

(二)转译

　　一见"源语"与"原语"并用,脑海里下意识地闪现的是转译或跨文化视域问题。所谓转译,"指以一种外语(媒介语)的译本为原本,将之翻译成另一种语言"(方梦之,2011:133)。在此至少涉及三种语言,产生三种语言的文本(见图4-2左),第一个文本是源头,其它文本均是其演绎产品,是源之后的"流"。源流,比喻起源与发展,双语或多语间的翻译,起译的第一种语言应是"源语",其它语言则属于"流"。这三种辗转关系成立,那么源语—原语—译语的关系相应也成立(见图4-2右)。

　　关于转译的地位与价值,图里认为,当转译成为常规翻译实践反复出现时,具有重要的文化意义。转译研究需要回答:允许/禁止/忍受/青睐翻译哪种语言/文本类型?允许/禁止/忍受/青睐哪些中介语言?既然转译常涉两个以上的对象,至少可以将之作为线索,了解某一文学与其它文学的关系(Toury,2012:161;166)。

　　(三)变译

　　变译,指人或/和机器用乙语摄取甲语文化信息以满足特定条件下特定读者的特殊需求的智能活动和符际活动。(黄忠廉,2012)如果说全译的原文为一,变译则可能涉及多种原文,甚至是找不到有形的具体的原文,却可找到源头。这便涉及"源语""源文"问题。变译共有12种方法,其中涉及多个原文的有编译、综述、述评、译评、译写、改译、阐译、参译、仿作等。

　　以中国文化译出的典范林语堂的《吾国与吾民》变译为例。(黄忠廉,2013)他"著"《吾国与吾民》,实在是作综述,译介了中国生活艺术的方方面面。全书14章,写享乐者8章,涉及观山、玩水、吟风、看云、听雨、赏雪、弄月、养花、蓄鸟、品茗、鉴石、酒令等。庄子幽默独立,孟子崇尚性善,老子清静无为,子思信守中庸,陶渊明热爱人生,不一而足,均集于《谁最会享受人生》一章。其余各章,林语堂则选自蔡襄之《茶录》、许次纾之《茶疏》、田艺蘅之《煮泉小品》、李渔之《闲情偶寄》、沈复之《浮生六记》、蒋坦之《秋灯琐忆》、袁宏道之《瓶史》、张潮之《幽梦影》、屠隆之《冥寥子游》。书中专辟一章写妇女的生活、本质和社会价值等,林氏据《杜十娘怒沉百宝箱》编译成《杜十娘》,据中国唐宋传奇故事编译成《英译重编传奇小说》,对各个故事加以阐释和转述。其中还有许多信息是林语堂曾读过的或见过的事或人,而前者不一定能找到具体的出处,却全是来源于中国或汉语世界的信息。上述译与作的关系可以图示为:

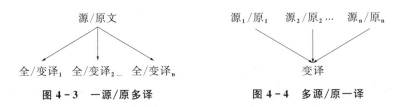

图 4-3　一源/原多译　　　　　图 4-4　多源/原一译

　　由图 4-3 可知,翻译有时是"一源/原多译"的行为,即面对一篇/部原文可以全译成不同的译作,呈一源多流式格局,如《红与黑》的多个译本;也可以变译成不同的译作,如摘译文、编译文、译述文、缩译文、改译文等。由图 4-4 可知,翻译有时是"多源/原一译",即多篇多部原文变译为一篇/部译作,呈多源一流式格局,如几篇原文编译成一篇译作、几十篇原文综述或述评成一篇/部译作等。如《天演论》的按语多次提及达尔文《物种起源》、斯宾塞《综合哲学》、马尔萨斯《人口论》以及苏格拉底、亚里士多德、伊壁鸠鲁等人的学说,在不少地方加以介绍和阐释。严译穆勒《名学》欲将培根、洛克开创的英国经验论搬过来,在按语中常提培根、洛克及其学说。这是译中有写,译中有编,译述与综述结合,原著已不再是原本,"源文"也不再是"原文",而是多本的融合。综上可知:

　　　　源语指回译时原文的原文所使用的语言,转译时原文所译出的第N(N≥3)种语言,变译时信息来源所使用的语言,多指广义的原语。(黄忠廉,2015)

　　变译时,编译、综述、述评、译评、译写、改译、阐译、参译、仿作等可能涉及多语种多篇/部的信息来源,甚至是存于译者脑海却无法明确其来源的信息,此时可用"源语信息"或"源文"。但在现实中双语互译比回译、转译和上述几种变译形式的使用频率要高,且"原语"用得最多,"原"与"文、作、著、版、词、句、短语、段、篇"组配大大超过"源"。

第五章　汉译短语组构标记增删问题

不少汉语短语结构具有标记,如偏正结构的"的、地",联合结构的"并、和、且"等。汉译时这些标记用与不用,用多用少,值得讲究。一般情况下,汉译比本土汉语表达用得多,如何避免滥用、误用或不当使用?

本章以汉译定中组构标记"的"字的隐显为例。汉译长龙式的句子明显多于本土作品,构成了汉译特色,而汉译定中结构的长定语便是表现之一,其环环相扣的纽结正是那不起眼的虚词"的",造成了"的的不休"的现象。在此仅考察汉译定中结构"的"字使用情况,不涉及"的、地、得"合用现象,也不涉及"的"字的修辞作用。如:

> [1] 而主要的是现在、现在、是现在啊!喔,现在、现在、现在,唯一的现在,压倒一切的、无与伦比的、最为重要的、独一无二的、一马当先的、独占鳌头的、当务之急的、首先需要的现在啊。(《战地钟声》,地质出版社,1982,515 页)

例文中表示最高程度的同义词或近义词反复运用,旨在强调"现在"的极端重要性,多次用"的"再现原文的修辞特色。此类现象,不在讨论之列。

第一节　汉译短语组构标记增删概说

汉语短语结构有的带标记,有的无标记;英/俄语也是如此。双语翻译转化时,常用再现以有对有、以无对无、以无对有、以有对无四种情况,总体上表现为汉译组构标记的显与隐两种状态,会决定汉译是采取增还是删的行为。

一、汉语短语结构标记

标记理论由布拉格学派的特鲁别茨柯依和雅各布森于 1930 年代提出,

用以分析音位的区别特征,具有某种特征者为有标记项,无特征者为无标记项。据滕延江和张晓梅(2006),该理论认为:1)形态结构上有标记项结构更复杂、形态变化更丰富,无标记项结构则较简单、变化形式较少。2)据出现频率判定,无标记项使用频率一般较高,有标记项则较低。

就汉语短语而言,也不是每个短语均有标记。根据短语内部结构,可知其基本结构可分为:联合结构,如"手与脚"等;偏正结构,如"江南春""欣然同意"等;动宾结构,如"遛马"等;中补结构,如"跑得快"等;主谓结构,如"体壮"等;连动短语,如"滑板回家"等;兼语短语,如"支使我去上海"等。

另外,还有非基本结构,如复指短语(如"我自己"等)、方位短语、能愿短语、数量短语、介宾短语、"的"字短语、"所"字短语、比况短语等。基本结构中只有联合组构、偏正结构、中补结构等带明显的标记,如"和、的、地、得"等。

二、汉译短语组构标记的增与删

无标记语言成分比有标记语言成分更基本、更自然、更常见,有标记成分则是比较特殊、比较罕见的。无标记项呈中性,意义上具有一般性、非特指性,分布比有标记项更广,使用范围比有标记项更大。(王宗炎,1988:225)可见,常态应该提倡,非常态该出现则出现,不该出现时则要隐没。这就决定了汉译短语组构的某些标记的增删。

其实,现代汉语短语组构中标记用量的趋增,始于五四以来的白话翻译。这取决于译者对标记理论的遵守与否。标记理论符合人类认知模式:无标记者先认知,有标记者后认知,与人类认知的经济原则一致:人对事物的熟悉度与事物的多样性成正比,与事物结构的复杂性成反比,映射在结构上就是无标记项的组合关系简单,有标记项的组合关系复杂。

由上可知,联合组构,包括 AB 和"A 和 B"两种模式,如"团结紧张""理论与实践"等,何时用"与",何时不用?偏正组构包括"A 的 B""A 地 B"和 AB 三种,如"鲜明的态度""愉快地答应""黑漆具","的、地"何时用,何时不用?中补结构,包括 AB 和"A 得 B","得"字何时用与不用,如"变得更好""变好"? 如:

[2] Each art has its own medium: the painter his pigments, the musician his sounds, and the writer, words.

原译:每种艺术都有自己的表现手段。画家的表现手段是颜料,音乐家的表现手段是声音,作家的表现手段是词语。(杨莉藜用例)

试译：每种艺术都有表现手段。画家靠颜料，音乐家靠声音，作家呢，则靠词语。

[3] A place of honor, place of valor, a place of remembrance

光荣之地、勇气之地、记忆之地（《读书》2013 年第 4 期第 14 页）

前一例原译将 the painter 理解为 medium of the painter，结果如实译作"画家的表现手段"，后面也如法炮制，显得啰唆；试译则在理解之后，置身于整个语境，将表现手段舍去，连同偏正结构的标记"的"也隐去了。而后一例则避用常见的偏正关系标记"的"，用"之"替代，显得更加庄重得体，因为这一文字见于阿林顿国家公墓。

第二节 汉译定中组构"的"字定性研究

定中结构，汉语语法界有不同叫法：定心短语、定心结构、定中短语、定中词组、偏下结构等。从已有的研究可看出，大家对汉译定中结构的"的"字问题已有关注，并提出了一些具体的处理办法，但都未从规律上作出系统研究，都只是从一些侧面或某些具体的情况提出了一些具体的解决办法。因此有必要从规律上加以研究。

一、汉语定中结构界定

定中结构是偏正结构之一种。邢福义(1996:254)在《汉语语法学》中是这样界定的：定心短语包含定语和心语两个结构成分。定语是名物性中心语前边的修饰成分；带定语的名物性成分叫作定语中心语。名物性中心语可以概括名词以外的词和短语。张爱民、韩蕾(1997)对定中结构界定如下：

语序：定语十中心语。

词类构成：定语由形容词、名词和动词性词语充当，中心语由名词性词语充当。

语法标记：定语、中心语之间的"的"字。

结构的语法意义：描写性与限制性，前者多是形容词性定语，描写人或事物的性质、状态；后者多是名词、动词性定语，限制人或事物的类型、范围。

结构的语法功能：名词性。

上述表明,结构助词"的"字通常被认作是定语的语法标志,定语和中心语之间常出现"的"字,形成"定(的)心"的格局。这也难怪外文译成中文时,一遇到限定语,就译成汉语的定中结构,且必然要拖上一个"的"字。"的"字虽小,作用可不小,用得恰当与否,影响意思的表达,行文的流畅,语言的简洁。

二、汉译定中组构"的"字定性研究概况

由于中西语系的不同,两种语言在转换过程中,需要处理的语言现象比比皆是。原文的"定语+中心语"如何译成中文就是棘手的问题之一。遇到类似情况,一般译作相应的定中结构。但由于英/俄语注重形合,中心语的定语可用多种语法手段表达,且中心语多修饰成分,多形成长句;而汉语重意合,表示定语的语法手段比较单一,且尚短句。如将原文中的定语无一例外地译成相应的前置定语,势必带出许多"的"字来,令读者"的"了半天,仍未望到终点。这也是汉译语言的特征。结果是,方便了译者,苦了读者,真是"三十六颗金牙咬不断",在一片"的"字声中,读者只有无可奈何离去。许多译者已经注意到这个问题,且提出了一些具体的解决方法。

阎德胜(1992)就俄汉两种语言修饰关系和被修饰关系的用语习惯不同,提出应按照上下文的逻辑联系将原文中的修饰和被修饰关系完全对调过来,使偏正词组中的主次二项互相易位,使汉译文句式合乎逻辑,准确地传达原文的内容。

著名作家兼译家余光中写文章,做翻译,极求简洁,他(2002:178)写道:"一位作家或学者若要使用目前的白话文来写作或是翻译,却又不明简洁之道,就很容易陷入'的的不休'"。他甚至认为"少用'的'字,是一位作家得救的起点"。我们在此也不妨推演一下,少用"的"字,也是一位译者得救的起点。余光中的中英文水平都很高,文字驾驭能力相当强,处理英译汉中的一些语言问题的能力也很强。他认为英文的修饰语,除了正规的形容词常置于名词之前之外,往往跟在名词之后,而译成中文,修饰语则换到前面,语尾要拖上一个"的"字。"如果修饰语可以分为'前饰语'与'后饰语',则英译中的一大困局,便是英文的后饰语到中文里便成了前饰语,不但堆砌得累赘、生硬,而且凭空添出一大批'的化语'来。译者若是不明此理,更无化解之力,当然就会尾大不掉,不,高冠峨峨,'的的不休'。"

余光中告诫一些作家和译者,"若是驱遣得当,它可以调剂文气,厘清文意,'小兵立大功'。若是不加节制,出现太频,则不但听来琐碎,看来纷繁,

而且可能扰乱了文意。”

香港知名翻译家思果在《翻译研究》(2000)和《翻译新究》(2002)二书中也谈到了这个问题。“白话文里的‘的’字是叫人头痛的。”他批评说现在写白话文的人不像五四时期的许多作家那样对“的”字情有独钟了，但翻译里却常常有许多“的”字。他最后对“的”字在句中的可有可无作了归纳，共有十点。如“的”是分开句中的许多单位的，所以每一个“的”都是一个短顿；短的形容词不用“的”来作词尾助字；和形容词的字数有关，单字词可不用“的”，双字词、三字词、四字词要用；最高级的形容词要有“的”；“的”后不可用动词，如有动词，删去“的”字；语调要美，可删“的”则删，两个“的”字靠得太近则删掉一个；等等。思果从语法、习惯、语调等方面谈到了“的”字的处理。

目前关于汉语中“的”字隐显问题的研究较为全面，如徐春阳(2003, 2008)、刘永生(2004)、王利峰和肖奚强(2007)、薛亚红和端木三(2018)等；而对汉译中“的”字滥用的问题则集中于英译汉及成因分析，如顿官刚(2002)、朱建祥(2003)等，涉及避免“的”字滥用的翻译方法的研究较少，仅暴笑瑜(2020)从距离象似性和凸显原则为基础初步总结出避免“的”字滥用的翻译方法(去“的”法、重组句子结构法、词性转换法及换词法)，但该研究主要以英语的前置和后置修饰语为框架，总结翻译方法时较为粗线条，也出现较多重复，其条理性、全面性和普适性有待进一步梳理、完善和拓展。

第三节　汉译定中组构“的”字定量研究

在揭示汉译定中结构“的”字处理规律之前，有必要对其使用情况作一调查。

《现代汉语八百词》135页写道：“并列的‘的’字短语修饰一个名词很自由。但是两个‘的’字短语逐层修饰一个名词——‘A的＋(B的＋名)’，在语音节律上不够协调，语义层次上也不够明确，最好尽量避免。三个以上‘的’字短语逐层组合——‘A的＋[B的＋(C的＋名)]’或‘(A的＋名)的＋(B的＋名)’几乎决不允许。”

这一结论基本符合我们的语感。为证实这一点，不妨从汉语作品、英译汉作品、俄译汉作品三个角度进行定量调查，考察汉译定中结构中“的”字使用情况。

一、英译汉定中结构"的"字最佳用量

（一）考察的缘由

"白话文的作品里，这小小'的'字诚不可缺，但要如何掌控，不任滥用成灾，却值得注意。"（余光中，2002：183）

经常接触英语的人可以发现，英语形容词词尾变化诸多，childish、artistic、ladylike、intellectual、monotonous、active、brotherly 等均为形容词。其词尾并不一致，汉译过来，很多译者不假思索地译作"孩子气的""艺术上的""淑女一般的"等。每个词后无一例外地添加"的"字，读来顿感"的"字之繁冗，全文单调且令人费神。"的"字泛滥，自五四新文化运动至今，在诸多译作中反映尤甚。"三十六颗金牙都咬不断"的句子令人难以卒读。这一现象与汉译定中结构"的"字用量有关。定中结构使用多少个"的"字，汉译文才会凝练顺畅呢？我们不妨对各类英译汉作品作一调查。

（二）调查

调查目的　了解五四以来不同年代各种文体英译汉作品定中结构"的"字最佳用量。

调查对象　五四以来不同年代不同文体汉译作品及三部汉语著作，共计 25 部（篇）。其中文学类译（著）作 10 部，科普类译作 5 部，社科类译作 7 篇，科技类译作 3 部。时间跨度为：明清→五四→1930 年代→1950 年代→1970 年代→1980 年代→1990 年代。

调查内容　不同年代不同文体汉译作品定中结构"的"字运用的总数、结构的平均数以及定中结构含 1、2、3 等若干个"的"字的定中结构数量。

调查方法　采用在每部（篇）著（译）作中随机抽样调查法，对所选内容进行相关内容的调查和统计。

（三）调查结果分析

通过逐项统计，调查结果列于表 5-1。

表 5-1　定中结构中"的"字用量

文献名称及出版单位	一个定中结构中含"的"个数		
	一个"的"	二个"的"	三个"的"
《伽俐略》，科学普及出版社	135	0	0
《我们到了月球》，今日世界出版社	143	0	1
《什么是相对论》，文桥出版社	170	11	0
《伽利略和实验科学》，商务印书馆	140	4	1
《石油勘探与开发》，石油工业出版社	110	10	0

（续表）

文献名称及出版单位	一个定中结构中含"的"个数		
	一个"的"	二个"的"	三个"的"
《地质专业英语文选》，地质出版社	82	4	0
《机械制造专业英语文选》，吉林科学技术出版社	52	7	0
《科学英语分级读物》，机械工业出版社	41	1	0
《德伯家的苔丝》，人民文学出版社	94	1	0
《杰克·伦敦短篇小说选》，今日世界出版社	21	1	0
《被出卖了的春天》，商务印书馆	53	1	0
《第三帝国的灭亡》，世界知识出版社	74	17	0
《英美近代散文选读》，商务印书馆	64	2	0
《呼啸山庄》，上海译文出版社	204	8	0
《泰戈尔文集》，安徽文艺出版社	224	16	2
《俳句在北美盛行繁荣》，英语世界	68	7	3
《广岛——最有活力的城市》，英语世界	89	8	2
《一个现代化牛奶厂》，英语世界	39	0	1
《克利欧佩特拉女王》，英语世界	52	2	0
《法车有能力竞争吗？》，英语世界	179	22	2
《证券交易所》，英语世界	73	2	0
《贝尔尼尼——伟大的巴罗克式的艺术家及其对罗马的影响》，英语世界	95	10	1
《红楼梦》，岳麓书社	74	2	0
《围城》，人民文学出版社	268	3	0
《古城春色》，人民文学出版社	116	2	0
总计（总比例）	2660(94.5%)	141(5.0%)	14(0.5%)

1. 纵向比较

将各类文体译作中同年代作品"的"字结构的平均数分别作平均值处理后，清楚地发现，含"的"字总数及结构平均数基本上随年代递增。科普类译作中"的"字结构平均数由 1970 年代的 1.007[(1.00＋1.014)/2]上升至 1990 年代的 1.062[(1.041＋1.083)/2]。同时也发现：各类文体的译作，同一时间内，后期译作比前期译作"的"字使用率有明显的增长。但同时发现也有值得讨论的地方。如社科类译作文体的总结构平均数最高(1.092)，而十几年(1985—1996)的时间跨度不大，因而变化不大，有起有伏，缺乏明显的趋势。而文学类译作则明显呈增长趋势。

曹雪芹《红楼梦》"的"字结构平均数为 1.02，钱锺书《围城》"的"字结构平均数为 1.011，康邵邦《泰戈尔文集》"的"字结构平均数为 1.083。比较后发现，前二者一个为明清时期的作品，一个为 1930 年代的作品，而最后者为

1990 年代的译作。

中国的古汉语是出了名的简练，言简而意丰。明清时期的作品，一方面承袭古代文风，另一方面已显露白话文的端倪。如这一时期的《红楼梦》，正是处于古文与白话文之间，读后明显地感觉到行文有古文特点——凝练，因而"的"字的使用率很低。钱锺书是五四新文化运动之后的作家，深受古文、旧白话文及西方文化的三重影响。由于钱的古文基础及白话文根基较深，因此他虽受西方文法的影响，但成文尚能保证文章的简练与凝聚力。钱锺书《围城》"的的率"仍近于曹雪芹。但纵观历史年代的发展，现代译者，由于年代的差距，其古汉语基础难免薄弱，成文时欠思量，少斟酌，而且书面功夫欠佳，语言过于口语化。而且众多译者，从一接触汉译文时，就开始受西方文法的影响，如果对中西文法差异的影响处理不当，文法掌握得不全面，成文时肯定会"的的"到底，不肯罢休了。

2. 横向比较

调查发现，社科类译著"的"字使用率明显高于其它文体。横向比较最明显有力的参数是"文体类结构平均数"，各类文献中结构平均数由大到小的排列顺序为：1.092（社科类）→1.062（科技类）→1.059（文学类）→1.045（科普类）。汉语著作与汉译著作相比，其结构平均数又明显地低，仅为1.018。这表明文体影响译文中"的"字使用率。众所周知，科技英文最讲究严谨、缜密，因而汉译此类作品时，译者也被潜移默化，自觉地承袭了科技文体的文风，长句多，修饰限定成分多，用"的"量较大。对于社科类和文学类作品，要求则是：可读性强，语言大众化，通俗易懂。文学类译作在上述风格的要求下，又要受中西方文化、文法差异的限制及其互渗性的影响，行文时"的"字使用率自然也较高。例如，1970 年代文学译作中，《杰克·伦敦短篇小说选》的译者既兼顾了文学作品的文体风格，又想使文章通俗易懂，多处使用了像"冰的上面""极度的寒冷"之类多余的"的"字。其实，尽可一笔简而为"冰面上""极度寒冷"。难怪该文中"的"字的结构平均数竟高达 1.046。

纵观 1950—1990 年代的七部文学译作，除 1950 年代《德伯家的苔丝》"的"字结构平均数为 1.011，低于上述译作以外，其它六部作品"的"字结构平均数均高于三部本土作品。1980 年代《第三帝国的灭亡》"的"字结构平均数竟高达 1.187。可见本国文学著作"的"字使用率远远低于同类译作。

本国作者在汉语文法的熏陶下，行文时可根据不同的文法要求，斟字酌句，掌握成词成句的最佳方法、限度，降低了"的"字使用率。所以，英语形容词、修饰语多变，定语修饰语有"前饰语""后饰语"之分，前者如 the invisible man、pretty girl，后者如 the spy behind you、the house with a lot of trees.

汉译时,前者可顺理成章地译为"看不见的人""美丽的女孩",后者可译成"你身后的间谍""多树的房屋",原来的修饰语在汉译时就被切换前置了,语尾也就拖上了一个"的"字。所以,汉译时,译者对此了解过少或处理不当,就会不可避免地弄出一大堆"的"字来,其出现频率,当然就高于本土著作了。

(四)汉译定中结构"的"字最佳用量

一个定中结构含"的"字的几种情况统计见上表 5 - 1。由表 5 - 1 可知:英译汉作品定中结构含一个"的"字居多,含三个"的"字最少。文学类译(著)作三个"的"字的使用基本上为零,作品多使用短句,这符合了文学作品通俗易懂的要求。一个定中结构中含 1、2、3 个"的"字的总计比值为:94.5∶5∶0.5。

总之,汉译定中结构无论定语有多长,其"的"字使用数不得超过 3,2 个正常,1 个最好。复杂长句"的"字使用必不可少,少则不可传意,多则定语过长,易生歧义。汉译时,定中结构"的"字用量必须控制在 3 个以内(X≤3),否则就会像"懒婆娘的裹脚布"一样,又长又臭,不知所状何物!

二、俄译汉定中结构"的"字定量研究

(一)调查原因

英译汉定中结构"的"字最佳用量调查表明,造成汉译定中结构"的"字泛滥和句子冗长的原因多多,"的"字使用过多过频是译文恶性欧化的一个关键因素。汉译时力求言简意丰,根据不同的文体风格,能不用"的"尽量不用。汉译定中结构"的"字最佳用量应控制在 3(X≤3)个以内。违反了这一规律,有些在学术界或文学界认为多么伟大多么重要的作品,读者一读,简直看不出伟大之处,原因之一就在于译文佶屈聱牙。请看例:

[4] 而且在这里恩格斯被硬加上了巴柴罗夫所惯于信奉其语句的而为狄慈根所公正地叫作僧侣主义和信仰主义的有学位的奴仆的哲学教授们的观点。(曹葆华译,《列宁唯物主义与经验批判主义》,1956年,106 页)

[5] 我将只限于论述我们的哲学上的黑色百人团员洛巴廷先生的一篇对于我的题目很重要的论文。(同上,307 页)

上述两句译文,均 40 字以上,其中"的"字就有 5 个。这种译文十分夹缠,不堪卒读,后一句还可以修改,前一句要修改不看原文则无从下手。早在 1950 年,蔚林(1950)做过小范围调查,发现人们对译作的阅读多半是虎头蛇尾,头两天翻翻,过两天就不读了,"每一行字,须要咬文嚼字再三地看,

才懂,有的地方甚至猜半天也捉不住意思。"

为了比较全面地了解汉译定中结构"的"字使用情况,我们再以俄苏文学翻译为例,对这一问题从多个角度进行更为全面的定量研究,以探清汉译定中结构"的"字运用现状,为其规范运用提供理据。

(二)调查说明

调查目的 考察现代汉译中同一原文不同译者、同一译者不同译作、同一作品的转译与直接翻译、汉译作品与汉语作品运用"的"字的规律。

调查对象 五四以来汉译作品和本国汉语作品共计 38 部篇,以俄汉文学翻译为主,兼涉其它作品。

调查内容 汉译定中结构含 1～6 个"的"字的情况。"地、得"与"的"合用和具有修辞作用的"的"字使用也不在调查之列。

调查方法 对大部头作品随机抽样,对单篇文章或短篇小说全篇统计,得出相应的数据,并以表格形式列出。数据包括:1)含"的"定中结构的比例(＝含 n 个"的"字定中结构数/含"的"字定中结构总数,n≥1);2)含"的"字平均数(＝所有定中结构中"的"字总数/含"的"字定中结构总数);3)含"的"字总平均数(所有调查对象含"的"字平均数的平均数)。

应当说明的是,抽样调查的结果是一种近似值。

(三)定量分析

1.同一原文不同译者"的"字运用比较

译者不同,同一原文的译文会呈现出不同风格。反映译作风格的句法因素之一是句子的长短与欧化程度,而这又取决于定中结构的长短,取决于定中结构中"的"字的多少。在此,译作的风格就是译者使用译语的个人风格,从同一原文不同译者"的"字运用比较,可以看出译作的可读性,也可见出译者运用译语水平的高低。

同是《死魂灵》,鲁迅与满涛、许庆道用"的"字的比例都很高,在表 5-2 中,鲁迅最高,达 1.26,这与其翻译主张有关:"中国的文或话,句子实在太不精密了","要医这病,我以为只好陆续吃一点苦,装进异样的句法去,古的,外省外府的,外国的,后来便可以据为己有","必须这样,群众的言语才能够丰富起来"(鲁迅,1984)。通常,翻译的主要任务是传输域外内容,借翻译而创造新的语言,只是顺带的。鲁迅过于强调借入新的表现法,有点轻重倒置,因而妨碍了主要任务,这有特殊的历史原因。与此相反,鲁迅自己的创作风格是简洁的,与中国语言传统血脉相连。由表 5-4 可知,其《阿 Q 正传》含"的"字平均数为 1.02;与鲁迅相比,满、许译本"的"字使用率高,只能解释为对"的"的运用受限于原文形式,定中结构中 3～5 个"的"字均有运用,

表5-3中满涛所译三部作品更能证明这一点,含"的"字平均数分别为1.46、1.18、1.23。由此可见,用长句,爱用"的"字表示限定关系是满涛的欧化翻译风格之一。

表5-2 同一原作不同译者"的"字运用比较

汉译作品	译者	出版者	含"的"定中结构的比例(%)					含"的"字平均数(个)
			1个	2个	3个	4个	5个	
1.《被侮辱与损害的》	李霁野(英)①	上海译文②	94.31	5.69				1.06
2.《被欺凌与被侮辱的》	南江	人民文学	94.41	3.50	2.10			1.08
3.《死魂灵》	鲁迅(德)	人民文学	80.51	16.97	1.81	0.72		1.26
4.《死魂灵》	满涛、许庆道	人 民	82.26	13.71	3.23	0.40	0.40	1.23
5.《烟》	陆蠡(英)	上海译文	79.46	17.84	1.62	0.54	0.54	1.25
6.《烟》	王金陵	人民文学	91.30	7.82	0.86			1.10
7.《战争与和平》	董秋斯(英)	人 民	82.19	14.58	2.43	0.81		1.22
8.《战争与和平》	刘辽逸	人民文学	88.29	9.81	1.58	0.32		1.14
9.《六十支蜡烛》	钱诚、吴新生	重 庆	74.29	15.24	0.95			1.08
10.《六十支蜡烛》	荣加德	上海译文	95.04	4.96				1.05
11.《复活》	汝龙	人民文学	91.50	7.19	1.31			1.10
12.《复活》	草婴	上海译文	98.02	1.98				1.02
13.《少年》	岳麟	上海译文	88.89	8.33	2.78			1.14
14.《少年》	文颖	人民文学	96.09	3.91				1.04
含"的"字总平均数								1.16

①括号内表明从何种语言转译,未注明者均为译自俄语;
②为出版社名称的简称,后面一般省去"出版社"等字。下同。

再看翻译家汝龙和草婴。同是译《复活》,草婴本定中结构使用一个"的"字达98.2%,使用两个"的"字仅占1.98%,一个定中结构所含"的"字平均数为1.02,达到国内名家经典作品的用"的"率。(比较表5-4)可见草婴本何其简练,何其地道,可读性强。其翻译作品受到国内读者的首肯,由此可见一斑。汝龙也是著名翻译家,其译文欧化程度也不高,但较之草婴本,其译文用"的"率要高一些。

《少年》一书,文颖译得简洁,一个定中结构基本上只用一个"的",占96.09%,连两个"的"也用得少,只占3.91%。岳麟译得也不错,一个"的"占88.89%,两三个"的"占11.11%。

实际阅读中发现鲁迅所译《死魂灵》和陆蠡所译《烟》读起来比较拗口,有的句子,特别是含多个(3~5个)"的"字的句子很别扭,不像中国话,这与调查结果相一致,两部译作一个定中结构含"的"字两个以上的比例分别为19.49%和17.74%,含"的"字平均数分别为1.26和1.25。

2.同一译者不同译作"的"字运用比较

同一译者不同译作"的"字运用比较可以考察译者的翻译风格,尤其是译者译不同文体作品时使用"的"字的一贯风格,也可以看出不同文体用"的"的差异。

表5-3表明,同一译者译同一文体的作品,译者用"的"的情况比较相近,含"的"字平均数相差为0.05±0.01。岳麟译《罪与罚》和《少年》,相差0.06(1.14—1.08),刘辽逸译《战争与和平》和《杜布罗夫斯基》,相差0.04(1.14—1.10);草婴译《落角》和《复活》,相差0.04(1.06—1.02);陆蠡译《烟》和《罗亭》,无论是含"的"定中结构的比例,还是含"的"字平均数,两项数据极为相近,更能体现译者用"的"的一贯风格,差别就在于《罗亭》译文一个定中结构用5个"的"字要多于《烟》。文颖译《塔上旗》和《少年》属于例外,从原作来看,《少年》写的是少年阿尔卡季青年一代,探索他们的精神生活,译者可能有意使之适合少年读者,使译文具有少儿语言特点,多用短句,少用"的"字。

表5-3　同一译者不同译作"的"字运用比较

| 译者 | 汉译作品 | 出版者 | 含"的"定中结构的比例(%) | | | | | 含"的"字平均数(个) |
			1个	2个	3个	4个	5个	
1.岳麟	《罪与罚》	上海译文	91.87	2.56	2.56			1.08
2.岳麟	《少年》	上海译文	88.89	8.33	2.78			1.14
3.陆蠡	《烟》	上海译文	79.46	17.84	1.62	0.54	0.54	1.25
4.陆蠡	《罗亭》	人民文学	78.41	19.32	1.14		1.14	1.26
5.满涛	《陀思妥耶夫斯基论》	上海译文	70.17	18.23	7.74	3.32	0.55	1.46
6.满涛	《塔拉斯·布尔巴》	人民文学	85.42	12.5	1.04	1.04		1.18
7.满涛、许道庆	《死魂灵》	人民	82.26	13.71	3.23	0.40	0.40	1.23
8.草婴	《落角》	上海译文	93.58	6.42				1.06
9.草婴	《复活》	上海译文	98.02	1.98				1.02
10.刘辽逸	《杜布罗夫斯基》	人民文学	89.90	10.10				1.10
11.刘辽逸	《战争与和平》	人民文学	88.29	9.81	1.58	0.32		1.14
12.文颖	《塔上旗》	人民教育	83.60	10.96	2.74			1.16
13.文颖	《少年》	人民文学	96.09	3.91				1.04
含"的"字总平均数								1.13

同一译者译不同文体的作品,最能体现"的"字运用的差异。通过阅读和调查,发现满涛是一位爱用"的"字的翻译家。他译《死魂灵》和《塔拉斯·布尔包》,含"的"字平均数相差为0.05(1.23-1.18),属于正常差异。但在译《陀思妥耶夫斯基论》时,含"的"字平均数异军突起,高达1.46,居所有调查作品之首。原因在于原作是文论作品,批评文字多是思辨性的,喜用长句,限定关系频频出现,加之译者爱用长的定中结构,或者对原作入乎其中,却不能出乎其外,导致全文"的的不休"。试看几例:

[6] 这些细节表现出主人公们的震动,以非凡的力量把他们所处的那种无边无际的寒冷荒漠的世界的感觉传达给我们!(满涛译,《陀思妥耶夫斯基论》,53页)

[7] 从瓦尔科夫斯基公爵的形象开始,展开了一系列恶徒、道德沦丧的堕落的"以掠夺为生的典型"的人的群像。(同上,103页)

[8] 从作者的观点看来,《手记》的主人公,……,同时又无耻地欺负一个毫无保障的卖笑妇的这种狰狞可怕的多方面的感觉。(同上,153页)

[9] 无论如何,她的反叛是对整个社会,……,对这整个丑恶的穿燕尾服和制服的蜘蛛们的世界的反叛。(同上,203页)

[10] 只要想一想小说的全部内容和事件发生的历史环境,……,就可以感觉到吞卷罗果静的用粗麻绳扎好的一包钞票的那火焰的力量。(同上,203页)

考察上述五个译句,可知它们均已成型,即具备了成句的两个必要条件:句子语气和可成句的语法单位。但在语际交流中能否生效,还需第三个必要条件:意旨的有效表述。成型的句子,不一定能存活。(邢福义,1996:25;27)这五个句子没有把原文的意旨有效地表述出来,话说得不清不楚,译文目治困难,耳治更难。

3. 同一作品转译与直接翻译的比较

翻译中"的"字处理问题是定中配置问题,与其相对应的是俄语的一致定语、非一致定语,甚至是同位语、从句等语言形式。俄苏文学作品在1920—1940年代有不少转译自英语、日语、德语等。从俄、英、德三语比较来看,俄语语法要较英语德语复杂,其中说明关系尤其难以转换。比如英语是比较灵活的语言。由于历史上英伦三岛屡遭外族入侵,原属低地德语的盎格鲁-撒克逊语几经变迁,特别是中世纪近三百年间(1066—1362),法语被列为国语,英语仅在民间口头上流传。后来,英语重新恢复为英国国语,语法现象就大为简化,如多用灵活动词的组配能力来弥补语法较为简单的不足。所以,俄语作品在译成英、德语时,也存在说明关系处理问题,译者多少会感到有些棘手,有些处理不当。俄译英、俄译德时,已经周折,再由英、德语译为汉语,又经一折,语言形式的转换变得更加纷繁复杂。

由表5-2可以看见,《死魂灵》由鲁迅转译自德文,与好用"的"字的满译本相比,含"的"字平均个数仍然很高(1.26),除了鲁迅要传输新的表达手段外,转译应该是原因之一。1951年李长之在《翻译通报》第五期"'五四'谈翻译"中说:"什么原文的书便从什么文字译,尽可能不要转译(转译是容易上当的)。"

《烟》由陆蠡从英文转译,"的"字平均数高达1.25,而王金陵译本只有1.10。具体到一个定中结构"的"字使用的比例,陆译本使用一个"的"字比例为79.46%,使用两个的为17.84%,王译本则分别为91.30%和7.82%,陆译本3~5个"的"用法常见,而王译本使用三个"的"仅占0.86%,4~5个"的"字不用。

例外的是李霁野从英语转译的《被侮辱与损害的》,与南江从俄语译出的《被欺凌与被侮辱的》相比,其使用一个"的"的比例达94.31%,使用两个的占5.69%,3个以上的没有,这可能与老翻译家李霁野的译笔有关,与其汉语功底有关,也可能与原作从俄语译成英语的水平有关。

4.汉译作品与汉语作品的比较

表5-4是对清朝以降本国汉语作品"的"字运用情况的调查。

表5-4 汉语作品"的"字运用情况

汉语作品	作者	出版者	创作年代	含"的"定中结构的比例(%)					含"的"字平均数(个)
				1个	2个	3个	4个	5个	
1.《红楼梦》	曹雪芹	北京燕山	清(1791)	100					1.00
2.《老残游记》	刘鹗	人民文学	清末	100					1.00
3.《阿Q正传》	鲁迅	人民文学	1921	98.33	1.67				1.02
4.《边城》	沈从文	花城	1934	100					1.00
5.《围城》	钱锺书	人民文学	1946	99.02	0.98				1.01
6.《二马》	老舍	四川人民	1948	97.18	2.82				1.03
7.《羊舍一夕》	汪曾祺	北京师大	1961	91.42	8.58				1.09
8.《骑兵列传》	汪曾祺	北京师大	1979	100					1.00
9.《故乡人》	汪曾祺	北京师大	1981	94.57	5.43				1.05
10.《旷野》	叶君健	中国文联	1986	96.90	2.33	0.77			1.05
11.《白鹿原》	陈忠实	青海人民	1992	93.64	6.36				1.06
含"的"字总平均数									1.03

调查结果显示,汉语白话文学作品中"的"字用量也呈增长趋势,不过,定中结构一个"的"字的使用比例仍占绝对地位。受思维的缜密发展和汉译作品的影响,"六十年来,我们的语言一直是在朝着更精密、更丰富、更适合时代要求的方向发展的,这是汉语发展的主流"(姜闻翰,1979)。所以,表5-4明显反映出一个定中结构中两个"的"字不断地增加,三个"的"字不多见,偶尔使用,四五个"的"字的现象更是罕见。这说明了中国现当代作家虽经欧风美雨,仍然信守汉语凝练的传统,含"的"字总平均数为1.03,而由表5-2和表5-3可知,汉译作品含"的"字总平均数为1.15[(1.16+1.13)/2],远高于同类汉语作品。表5-4还表明,汉语作品定中结构"的"字用量最多不超过3个,2个

正常,1个最好。这应该成为汉译定中结构中"的"字用量规范的依据。

　　比较表5-2、表5-3和表5-4,可以发现,汉译作品含"的"字平均数大都高于1.10,而汉语作品全部低于1.10,用3个"的"字的作家很少见,只有译家兼作家的叶君健在《旷野》中偶尔(0.77%)使用,可能是受其外语思维的影响,或者与其长期的翻译活动有关,因而写作略带欧化。即使这样,其译作含"的"字平均数也仅为1.05,与同期作家汪曾祺的作品《故乡人》相同。本国汉语作品用"的"率与时俱进,欧化句法不全是直接从外国语中学来的,往往是从译文中学来的。王力说:"译品、准译品和以西语为腹稿的作品实在是欧化语法的来源,青年们的欧化文章都是从它们里面辗转学来的。"(转自朱星,1988:153)

　　最有趣的现象应该是作译两栖现象,见表5-5。除鲁迅的译作《死魂灵》与创作《阿Q正传》之比为1.26:1.02属于特殊外,其余作家兼译家的作译之比基本上是1:1,如钱锺书《管锥编》中译文片断与创作《围城》之比为1.02:1.01,叶君健的译作《海的女儿》与创作《旷野》之比为1.04:1.05,许国璋的译作《论言有所为》与创作《语言的定义、功能、起源》之比为1.04:1.09,余光中的译作《梵高传》与创作《世界华人散文精品·余光中卷》之比为1.07:1.00。这说明译如其文,表明译者母语水平是决定其译作的根本性因素。余光中(2002:183)说:"我对三十年代作家一直不很佩服,这种芜杂文体是一大原因。后来读到朱光潜、钱锺书的文章,发现他们西学虽然深厚,文笔却不西化,句子虽然长大,文意却条理清畅,主客井然,'的'字尤其用得节省。我早年的文章里,虚字用得较多,译文亦然,后来无论是写是译,都少用了。近年我有一个怪癖,每次新写一诗,总要数一下用了多少个'的'字,希望平均每行不到一个。"反过来看,要避免恶性欧化,译者必须了解母语,也应是译语运用的能手和高手。

表5-5　译家兼作家翻译与创作"的"字运用比较

译家兼作家	创作/译作	几种含"的"定中结构的比例(%)					含"的"字平均数(个)
		1个	2个	3个	4个	5个	
鲁迅	《死魂灵》	80.51	16.97	1.81	0.72		1.26
	《阿Q正传》	98.33	1.67				1.02
钱锺书	《管锥编》	99.13	0.87				1.02
	《围城》	99.02	0.98				1.01
叶君健	《海的女儿》	96	4				1.04
	《旷野》	96.90	2.33	0.77			1.05
余光中	《梵高传》	93.41	5.21	0.38			1.07
	《世界华人散文精品·余光中卷》	100					1.00
许国璋	《论言有所为》	96.54	3.46				1.04
	《语言的定义、功能、起源》	90.91	8.48	0.61			1.09

三、汉译定中组构"的"字运用总则

通过英译汉和俄译汉定中结构"的"字使用情况的调查与分析,可以得出如下结论:1)从语言类型学角度看,定中结构用"的"数量俄译汉多于英译汉;2)不同译者译同一作品,"的"字使用率是其翻译风格最明显的表现之一;3)同一译者,同文体作品"的"字使用率大致稳定,不同文体作品则有所变化;4)西欧作品宜于直接翻译,因为直接翻译的定中结构"的"字使用率低于转译;5)本土汉语作品"的"字使用率低于汉译作品,说明前者比后者更地道简洁凝练;6)汉译定中结构"的"字使用率与时俱进,但速度超过了汉语作品,应放慢进程;7)善用"的"字是评判译句是否成活、译作是否恶性欧化、是否可读的一个重要参数;8)汉译定中结构"的"字最佳用量为3,2个正常,1个最佳,可作为一条规范原则;9)译者要训练破"的"意识,多从名译名作中吸取经验,加强母语写作,提高语感。

第四节　汉译定中组构破"的"律

汉译定中组构时如何避免用不当的"的"字?从"的"字本身看,可删可换;从整个定中结构来看,可采用断开、浓缩、调整、仿用等方式避用这一标记词。

一、用"的"的艺术

"的"字问题,主要出现在汉译表达阶段,但与全译的理解和转换过程密切相关,原文的语里意义和语用价值理解和转换正确与否,是表达地道与否的前提和基础,表达得再好,但言不达意,就有悖全译的宗旨了。

表达是创造性地使用译语的阶段,所以表达时要从原作中跳出来,摆脱原文的形式束缚,发挥汉语的长处。表达的着眼点不应是字、词、句数量的相等,而应是原文与译文分量的相同(就其内容、修辞手法、风格、感染力而言)。字、词、句、章是一个统一体,要斟词,还要酌句,力求语句流畅,文理通顺,眉目清楚,切忌佶屈聱牙、生硬的洋腔洋调。

概而言之,多项定语之间有三类关系:1)并列关系,即并列结构充当定语,如"美丽的静谧的白俄罗斯草原一望无垠"。2)递加关系,即定中结构充当中心词,如"一位年过七旬的精神矍铄的老教授"。3)顿加关系,即定中结

构充当定语,如"我远房叔叔家门前树上的鸟巢给人掏了"。

在这些关系中,全用"的",会造成层次不清,全不用"的",又难以成句。一般是该用时就用,尽量少用。汉语句法结构具有简约性,与英/俄语句法相比,尤其如此。汉译句子连续多项定语必须省去一些"的"字,但针对汉译长定语现象,如何破解其"的的不休"现象,需要分析"的"字使用不当与原文理解与转换的关系,从破解过程中归纳出破解的规律。

通过大量实例观察,对"的"字使用不当进行了分类描述,并提出了几种相应的破解方法:删减、替换、断开、浓缩、调整、后置仿用等。

二、"的"字删减律

汉语"定语标记不是纯句法性的,而兼有语用性(广义)。几乎所有定语后的'的'都不是强制性的,都在一定条件下可以省略,这些条件包括句法、语用和韵律等。"(刘丹青,2008)"的"字删减与表达上的省略有关,虽然按常规应该用"的"字,但是在不会造成歧义的情况下或不需要特别强调定语的作用时,可省去定语标志"的"。

(一)去"的"以减少冗余信息

英/俄语语言形式丰满,有的语义必须通过一定的语词形式显现出来,倘若照此译出,汉译必定浮化,膨化,不像中国话,或者是啰里啰唆。最明显的现象就是英/俄语代词、单音节名量词及其重叠等作定语时的汉译。如:

[11] I began to doubt whether he was a servant or not: his dress and speech were rude, entirely devoid of the superiority observable in Mr. and Mrs. Heathcliff; his thick, brown curls were rough and uncultivated, his whiskers encroached bearishly over his cheeks, and his hands were embrowned like those of a common labourer...

原译 A:我开始揣摩他究竟是不是这一家的仆人。他的服装、他的谈吐,都很粗陋,一点没有在希克厉先生跟他的太太身上所能看到的那种优越的气派。他那一头稠密的棕色鬈发像一团乱麻;他的胡子蛮横地侵占了他的两腮;他的那一双手,像普通做工的一双手一样,晒得发了黑……(方平　译)

原译 B:我渐渐疑惑起来,他究竟是不是仆人。他穿着粗劣,谈吐鄙俗,毫无能从希思克利先生和太太身上看得出来的那种神气劲儿。他那厚密的棕色鬈发乱七八糟,从未修剪,脸腮上长满乱蓬蓬的胡子,双手像普通做苦活的工人一样变成了棕黑色……(张玲、张扬　译)

原文表示所属关系,使用了五个物主代词 his,前后呼应,这是英语原文的语篇衔接方式。原译 A 不仅将 his dress and speech 中的代词分译为"他的服装、他的谈吐",多出一个"的",而且将 Mr. and Mrs. Heathcliff 译作"希克厉先生跟他的太太",又生出一个"他的",将前后两个"他的"相混,读来要辨别一番。最严重的是 his whiskers encroached bearishly over his cheeks 中两个 his 全译出"他的胡子蛮横地侵占了他的两腮",最后一个 his 也舍不得丢。原译 B 则明显汉化了,将代词处理得比较到位,但还有改进之处:

> 试译:我开始怀疑他是不是仆人。他穿着粗劣,谈吐鄙俗,毫无希思克利夫妇身上那种优越感。满头棕色鬈发厚密杂乱,不曾修剪,两腮乱蓬蓬的胡子,双手像干苦力的,晒得发黑……

(二)单音节形容词后可省"的"

汉语单音节形容词后通常不用"的",只有在强调和对比的情况下才使用。"的"字用与不用取决于韵律原则(徐阳春,2003),即要服从于韵律和谐的需要。单音节形容词作定语时,"的"一般省略,如"大眼睛""长头发""高个子"等。双音节的可拆板块,一般不能出现"的",因为两个音节刚好构成一个音步,若插入"的"字,会影响韵律的和谐。这种现象很多,如最简单的例子:

> [12] My father died two years ago.
> 译文 1:我的父亲两年前去世了。
> 译文 2:我父亲两年前去世了。

"体词+名词"单说时,中间往往加"的"字,构成"体词+的+名词"结构。一旦入句,"的"字多半可省,尤其在口语或口译中。该例的译文 1 成立,有时似含强调意味;译文 2 也成立,但更具口语特点。再看俄语的例子:

> [13] Она, несомненно, призвана теперь рядом с литературой быть интенсивным, энергичным участником процесса становления нового человека и нового быта.
> 原译:无疑地,它的使命是现在与文学一起成为形成新人和新的生活方式的过程的紧张而有力的参与者。

原译出现了五个定语标志"的"字,整个句子读起来拗口,欧化味特浓,理解起来也困难。尤其是 нового быта 译作"新的生活方式","生活方式"是四音节,使得 нового 要译作"新的",构成双音节,才能与"生活方式"韵律相配。原文俄语名词二格作后置定语,构成形式复杂的"主语＋是＋限定词(……)的＋名词谓语"西语命题句式,而汉语一般采用更简洁的"主语＋谓语(动词)＋宾语"陈述句式。若考虑到单音节形容词后省"的"的基本要求,可以改为:

> 试译:毫无疑问,它目前的使命是与文学一道,积极主动地参与培养新人,创造新生活。

(三)多项定语共用一个"的"

"的"有一种粘合作用,将众多的限定词语或短语粘合起来,共同修饰中心语,清晰突出地使众多定语与中心语发生关系,其表达式为"(A＋B＋C＋……)的＋中心词"。众多定语常常有列举的语调,读来不觉冗长。在不造成歧义的情况下,修饰同一个中心语的多项定语中,一般保留最后一个定语"的",而前面几个通常省去。有的译者遇到多个定语,会毫不犹豫译作嵌多个"的"字的结构,似乎对"的"字情有独钟,无法割舍。如:

> [14] 聂赫留朵夫,……,然后像往常一样,带着一种由健康的、自然的、生气勃勃的东西所留给她的愉快的印象,在他家的门廊上跟他分手了。(汝龙 译)
> [15] 她还把自己的正直、善良、热心、勤劳、朴素、诚实、爱花、爱清洁、守秩序、能吃苦、好强、谦让而又刚强、软中有硬的秉性传给了小儿子。(《历史在这里沉思》第三卷)

前一例使用了多个"的",有"的的不休"之感。后一例如果能按音节将多项定语排列,效果会更好。看实例:

> [16] It (The aggressor) is the one who has doomed one entire people to live on international charity, in the midst of concentration camps where sickness, squalor and desolation are rife.
> 原译:它就是害得整整一个民族在疾病蔓延、污秽不堪、满目凄凉的难民营里靠国际救济过活的那个国家。

试译 1：它就是那个害得整个民族在疾病蔓延、污秽不堪、满目凄凉的难民营里靠国际救济的国家。

试译 2：它就是那个国家，害得整个民族在疾病蔓延、污秽不堪、满目凄凉的难民营里靠国际救济。

试译 1 将原文非限制性定语从句处理成三个排比句式，句子虽长，读起来也还不费力，译者将"疾病蔓延、污秽不堪、满目凄凉"三个短语提取了公因式，用一个"的"管住，起到了简化的作用。试译 2 直接交待国家，与原文也近对译；再承前省略"国家"，译出 who、where 引导的两个从句，其流畅度比原文要大。

在多项定语"的"字前删后留的过程中，尤其要注意主谓词组之间"的"字的去留问题。因为在转换的过程中，形容词可以动词化，汉语也有这一规律，即形动兼类词，如"安定局面"，带动偏正结构向动宾结构游移，使得形容词动词化。再如英语的 peculiar customs 在译者转换中会形成"……特有的风俗习惯"，因为"特有"意为"特别具有""独有"。看例：

[17] В этом была своеобразная национальная гордость Белинского.

原译：别林斯基的特有的民族自豪感就在于此。

试译：别林斯基特有的民族自豪感就在于此。

试译"别林斯基"后"的"字省去，是因为原文形容词 своеобразная 译作汉语是"特有的"，在汉语中"别林斯基"与动词"特有"构成了主谓短语。动词"特有"可以作定语，后面必须带"的"，这就逼得前面一个定语可以去"的"。同时原文的强调在译文中得到了实现。试译读起来上口，符合中文的音律习惯，整个句子也显得紧凑明了。

（四）去"的"以消歧

一个定中结构有"的"无"的"，有时界限不定，具有模糊性，除了有意模糊者外，一般可据语义语用确定语表的准确形式。如"新的职工的薪水"可理解为"新职工的薪水"，也可理解为"新的职工薪水"，前者是限定性定中结构，后者是描写性定中结构。如：

[18] In 1960 an American psychiatrist... showed that the average individual's sleep cycle is punctuated with peculiar bursts of eye-movements...

原译：……指出，人的平均睡眠周期不时地被眼睛运动的突然发生所打断……

试译：……指出，普通人的睡眠周期常被眼球的突然闪动打断……

average individual's sleep cycle 理解成了 individual's ＋（average sleep cycle），这里应分析为（average individual's）＋ sleep cycle，可译为"普通人的睡眠周期"。

三、"的"字替换律

替换指根据多个修饰语之间的关系，使用不同的连词和指示代词来代替"的"字。

（一）用连词替代

"而""且""但""又"等均属于连词，不但可以连接小句或句子，也连接词、短语、段落，在此只研究其连接形容词的情况，汉译时可用"而""且""但"等连词替换"的"字。

1.用"而"替代

"而"在连接并列的形容词时，表示后一部分修正和补充前一部分，如"庄严而美丽"。

2.用"但"替代

"但"连接并列的修饰语，与"而"相近，表转折，引出同前面成分相对立的意思，或限制、补充前面成分的意思。如"素净但明朗（的）"。看例：

[19] Её (матери) показали по местному телевидению — счастливую и безмерно благодарную незнакомым отзывчивым женщинам.

母亲还上了地方电视，她感到很幸福，无限感激那些虽不相识但富有同情心的女人们。

译者根据原文意思，将后一个定语处理为带有转折意义的定语，运用了表转折意义的连词"但"，这比直接译为"那些不相识的富有同情心的"，显得生动且准确多了，避免了形式重复，达到了一定修辞效果。

3.用"且"替代

"且"在书面语中，可以连接并列的形容词，相当于口语中的"又……又……"。但要注意，在现代汉语中，单用一个"且"字，往往接双音节形容词，如"迅速且缭乱（的）"。

[20] Машины должны быть построены так прочно, чтобы все детали обеспечивали длительное нормальное пользование.

原译:机器制造的坚固程度应使所有的零件能保证长期的正常的使用。(何崚用例)

句末是带两个"的"字的偏正结构,两个修饰语"长期"和"正常"呈递进关系,也可用"且"字连接,当然也可不用;"长期且正常(的)",既压缩了一个"的"字,又突出强调了定语:

试译1:机器制造的坚固程度应保证所有的零件能长期正常使用。

试译2:机器应造得十分坚固,以确保所有零件长期且正常使用。

(二)用"之"替换

1.用"之"代"的"

"之"是现代汉语中存留的文言虚词之一。"之"与"的"的语法性质和作用极为相似,体现了语言的继承性。"之"有时等于"的",本身可以用"的",但用"之"显得简洁,在表方位和分数时必须用它,如"使用之前""占百分之三十"等。有时"之"字用于主语和谓语之间,使整个短语变成名词性,如"速度之快,时间之短,令人咋舌"这时不好换作"的"。要改造,就改变了句式:"速度快得令人咋舌,时间短得令人咋舌"一句变成了两句,没有原句精练。如:

[21] Failure is the mother of success.

失败是成功之母。

[22] The Greeks who laid siege to the city could not have traveled back and forth to their ships as easily as Homer says they did.

原译:围困这座城的希腊人不可能像荷马所说的那么容易地往返于城与他们的船之间。(吴炜彤等 译)

试译:围城的希腊人不可能像荷马所说的那么容易地往返于城市与战船之间。

定中结构用"的"不多时,比如一个或两个,可用"之"字替换,尤其在译文两两对应时,替换后有紧凑之感。如:

[23] He who does not punish evil commands it to be done.

原译：对罪恶不加惩罚的人，无异是在鼓励人做恶。（吴奚真 译）

试译：不惩罚有罪之人，无异于纵容。

看汉语的实际用例：

[24] 鲁迅著译与西方19世纪以来各种思潮联系之多、之细、之广泛、之复杂，常常出人意外，甚至令人吃惊。（严家炎《论鲁迅的复调小说》113页）

[25] 魏晋的“竹林七贤”之一何晏大力倡导，那个时代清谈风之盛、之烈、之荒诞，可编一大本奇谈怪论集。（邓黔生《标新立异谈——邓黔生诗文选》47页）

主张用“之”代“的”，并非放弃简洁的名词，而用烦琐代表简洁。如：

[26] If you would go up high, then use your own legs! Do not get yourselves carried aloft; do not seat yourselves on other people's backs and heads.

原译：如果你想走到很高之处，就要使用自己的两条腿！不要使你自己被旁人拥到高处；不要坐在旁人的背上和头上！（吴奚真 译）

试译：登上高处，就要迈动自己的双腿！不要被人拥到高处，更不要坐在别人的背上和头上！

2.“之”“的”互见

用“之”可以显示多个定语的层次。互见强调的是在一个定中结构中二者的互见，而不是几个定中结构中有的用“的”，有的用“之”，这样就破坏了语言形式的统一格调。如：

[27] 这是一出好戏。想象之丰富，思想的深刻，歌舞、对话、造型各方面的和谐组成了较完美的一个整体。（《人民日报》，1985年7月29日）

这一例“想象之丰富”中“之”与后两个定中结构中的“的”不协调，二者必选其一。“之”“的”互见互换主要用于顿加式多层定语中，如：

实践的观点是辩证唯物论的认识论之第一的和基本的观点。(《毛泽东选集》第一卷,261 页)

表语部分可以形式化为:$A_{的}$ + 名 + 之 $C_{的}$ + $D_{的}$ + 名。这个定中结构若用四个“的”字,一定有“的”来“的”去的累赘感,用“之”字居中,将原先顿加多层定语关系拦腰截为两段,显出层次,念起来上口,表明“之”字用得精当。运用这一规律可以修改译句。“之”一般用在多个“的”的中间,其前后“的”的数量成双成对,如果“的”的总数为奇数,多半前少后多,前轻后重,这也符合句子焦点在后的理论。试比较:

[28] 战争的伟力之最深厚的根源,存在于民众之中。(《毛泽东选集》第二卷,473 页)

如果是两个“的”字,表示领属关系,一般是前用“之”后用“的”,如“第一个阶段,是敌之战略进攻、我之战略防御的时期。”(《毛泽东选集》第二卷,430 页)也可以前用“的”后用“之”。看实例:

[29] When I start to paint I know how to place myself in a state of inwardness.

原译:当我开始做画的时候,我知道如何把自己放置在一种灵性的境界之中。(吴奚真　译)

试译:开始作画时,我知道如何置身于灵性的境界之中。

再看一反例:

[30] 原译:活跃着新奇文明与具备着各种自然富源的广大的新大陆两个洲之归入文明人的世界,扩大了文明人的经济和政治的观念。

改译:这新发现的南北两大洲,幅员广阔,处处可以看到种种奇异的文明和得天独厚的自然财富。现在这两大洲投入文明人的怀抱,这就大大地开阔了人们在经济和政治方面的眼界。(黄邦杰　译)

原译中“之”用的位置靠后,使句子失去平衡。改译不用“之”,将原译汉化,但仍显啰唆,形态化程度过高。进一步汉化为:

试译：新发现的南北两大洲，幅员辽阔，文明奇特，资源丰富。它们投入人类的怀抱，从经济和政治上开阔了人们的眼界。

（三）用指示词替代

用"这（一）"或"那（个）"代替"的"，主要是针对"同一性"定语，即原文中定语和中心语指向同一个事物，这时可以用指示代词代替定语标志"的"。如：

[31] Having rested a while, I directed my servant to inquire the way to the village; and, with great fatigue to our beasts, we managed the distance in some three hours.

译文 A：休息了一会，我叫我的仆人去打听到林里的路，于是，旅途的跋涉使我们的牲口劳累不堪，我们在三个钟头左右就到了。（杨苡　译）

译文 B：休息了一会儿，我就命我的仆人去打听到那个村子去的路。花了大约二个小时，把我们那几匹牲口也累坏了，我们才打发完这段路。（张玲、张扬　译）

译文 B 对译文 A 有改进，比方说用"那"替代了"的"字。还可改进：

试译：休息片刻，我就叫仆人打听进村的路。约摸过了三小时，累坏了那几匹牲口，我们才走完这段路。

请看俄文的例子：

[32] Критерий практики имеет всеобъемлющий характер: на оселке практики в равной мере проверяются и естественнонаучные, и социологические, философские теории и учения.

原译：实践的标准具有包罗万象的性质，用实践的试金石以同样尺度来检验自然科学、社会学、哲学的理论和学说。

改译：实践的标准具有包罗万象的性质，用实践这块试金石以同样尺度来检验自然科学、社会学、哲学的理论和学说。

试译：实践标准包罗万象，用实践这块试金石同样可以检验自然科学、社会学、哲学的理论学说。

从上下文可知，оселок 和 практика 指向同一事物，后者是前者的同一性定语。如果将 практика 的二格译成带"的"的定语，句子的意思就不太清晰。最好方法就是将"的"替换为指示代词"这"。

（四）用后缀替代

1. 后缀"化"

"化"作为后缀，可附在某些名词或形容词性的语素或语素组之后构成动词，表示转变成某种状态或性质。

"化"缀动词，按音节分，有双音节、三音节和多音节。双音节"化"尾动词一般是及物动词，可带对象宾语，如"丑化对手"等。三音节和多音节"化"缀动词不能带宾语，只能在"把"字句中充当谓语。（郭潮，1982）双音节名词＋化使用得较多，如：

[33] It is one of the world's most urbanized countries, with about 70 percent of the population living in the 10 largest cities.

原译：澳大利亚是世界上最城市化的城市之一，它的人口的 70％生活在 10 个最大的城市中。（叶定国、康建明　译）

试译：澳大利亚是世界城市化程度最高的国家之一，70％的人口生活在十大城市。

邢福义（1957）明确指出：动词作定语要带"的"字。但是"化"缀动词是受外来影响而形成的特殊动词，与汉语一般动词不同。三音节或多音节"化"缀动词作定语时，"的"字可加可不加，如"现代化企业—现代化的企业"等，加"的"似乎有强调企业的性质的作用，不加"的"似乎是一个词。多个定语并存且须用多个"的"字时，"化"缀动词后的"的"正好可以借机不用。如：

[34] As declining birth rates lead to a shortage of entry-level workers in much of the industrialized world, ...

由于出生率不断下降，导致工业化世界的许多地方缺少初级工人，……

2. 后缀"性"

"性"作为后缀，可附在某些名词、动词、形容词后面，构成抽象名词或非谓形容词，表示事物的性质、性能、范围或方式等。它们作定语时，均可以省去"的"，有时加"的"反显多余。如外语教学与研究出版社的定位就是"一个学术性教育性出版机构"。请看实例：

[35] Our college may be small, but it is in the same league as any comprehensive university in terms of academic standards and reputation.

原译：我们的学院也许很小，但就学术水平和名声来说可以与任何综合性大学相媲美。（谷约　译）

试译：我们学院也许很小，但学术水平和名声可与综合性大学媲美。

[36] Not long ago, *Asashi Shimbun*, a national newspaper with a daily circulation of 9 million...

原译：每天发行九百万份的日本全国性大报《朝日新闻》不久前……（陈翰笙　译）

试译：不久前日发行量九百万份的日本大报《朝日新闻》……

3. 后缀"型"

"型"作为后缀，可附在某些名词、动词、形容词后面，构成抽象名词或非谓形容词，表示事物的性质、性能、范围或方式等，如"流线型、超大型、开放型、学术型"。它们作定语时，均可以省去"的"，加"的"有时反显多余。如：

[37] The new circuit could be used to reduce the high cost of providing battery feed, ringing, codec, and other interface functions for each phone line.

原译：这种新型电路可用来降低向每根电话线提供电池馈电、振铃、编码译码和其他接口功能所需的高成本。（尤毓国　译）

试译：这种新型电路可降低向每根电话线提供电池馈电、振铃、编译码等接口功能所需的成本。

[38] By the late '90s, improved robots will be inexpensive enough to serve as aides for the disabled, ...

原译：到九十年代后期，改进型的机器人会变得很便宜，以致可以充当残废人的助手，……（《英语世界》，1991 年第 1 期）

试译：九十年代后期，改进型机器人会很便宜，可当残废人的助手，……

第二例，improved 本义"被改进的"，与 robot 合译为"改进的机器"，也能明白,但不简洁,一旦去"的"换"型",非常简明,术语化程度高,颇具专业特色。绝大部分译作"型"的原文并不含有 model、style 等词,但遇到类似的词自然也译作"N/V/A＋型＋N"。如下例含 model 字样,必须译成"……型"。

[39] The low profile of the model 13530 is comparable to that of other printed-circuit board components, making close board-to-board spacing possible.

原译:这种 13530 型变换器的薄外形与印刷电路板上的其他元器件不相上下,从而使电路板与电路板之间的靠近成为可能。(尤毓国　译)

试译:13530 型变换器的薄外形与印刷电路板上的其它元器件不相上下,缩小了电路板的间距。

4.后缀"式"

"式"作为后缀,可附在某些名词、动词或形容词性的语素或语素组之后构成形容词,表示事物的性质、性能、范围或方式等,如"老式、美国式、移动式、开放式"。它们作定语时,均可以省去后面的"的"。如:

[40] This is the type of family in many traditional societies.
这是旧式社会的家庭形式。(申葆青　译)

把"传统的"译作"旧式",省去了"的"字。如果译作"这是传统的社会的家庭形式"就不如译文简洁。再如:

[41] But in recent years, Italian Pizza and Kentucky Fried Chicken are becoming more and more the favorite varieties of fast food of the people.

原译:但近年来意大利式烤馅饼和肯塔基炸鸡也日益成为快餐中人们所喜爱的品种。(聂雅真　译)

试译:但是近年来意大利馅饼和肯德基炸鸡日益成为人们钟爱的快餐。

[42] Let us talk a little more about the piston-type gasoline engine. These engines have been widely used for many years, and there are millions of them in operation.

原译:让我们稍微再谈点活塞式汽油发动机的问题。这些发动机

多年来得到广泛应用,现有数百万台在使用中。(陈庭珍　译)

　　试译:再谈谈活塞汽油发动机,多年来它广为使用,达数百万。

　　前一例原译用"意大利式"译 Italian,没错,但与后面的"肯塔基炸鸡"未形成对应,前者是国名,后者是州名,似乎不好对应。说到国家、七大洲等大的地理区划单位时,可在其名词之后加上"式",如"中国式离婚""欧式风格"等,而比其次一级的单位则不常用,如"德州扒鸡""四川麻婆豆腐"等,所以试译是可行的。它以"肯德基炸鸡"一统"意大利馅饼",前后对应,语气一致,以保行文流畅。后一例,原文是句群,后一句主语 These engines 实为 the piston-type gasoline engine 的复指,原译照译为句群,也可如试译,转为多重复句,似乎更为简洁流畅。原译"稍微再谈点"信息有冗余,比原文语形多余;汉译"谈谈",汉字叠用,可表递减或略微之意。原文 piston-type 译作"活塞式",可以,原文有 type 一词;不译出"式",也行,也是一种术语表达的方式"活塞汽油发动机"。下面看两个"式""的"叠用而可去"的"的例子:

　　想象一下,将一座日本式的石园放在这个框架里去。你的思想、感觉、情绪和行动会怎样发生变化?描述这种变化。(李斯　译)

　　批判式的阅读不同于浏览式的速读,前者要求读者尽其可能地全神贯注来阅读。(尤淑雅　译)

(五)用标点代替"的"

　　标点符号有时也可以替代"的",从内容上起限定的功能。比如,冒号在汉语中具有解释说明的作用,请看如何巧妙地利用冒号反映定中关系:

　　[43] Мопассан усовершенствовал новую форму короткого рассказа, в основе которого не лежало ничего исключительного.

　　原译:莫泊桑使短篇小说不以描写任何特殊事物为主题这一新的形式更加完善。

　　试译1:莫泊桑完善了短篇小说新的形式:不以特殊事物为主题。

　　试译2:莫泊桑完善了短篇小说新的形式,即不以特殊事物为主题。

　　原文为定语从句,解释 рассказ。原译"使字句"导致使役的对象过长,可在"莫泊桑完善了短篇小说新的形式"后用冒号,也可在"形式"后用",

即",将原文的限定从句理解为"形式"的内涵,译句意思清晰易懂,更合乎汉语的表达方式。

四、定中结构断开律

定中结构断开,就是将含几个"的"字的定中结构断成若干分句或短语。由于修饰语用得多或使用了复杂的偏正结构,句子往往拖长。修饰语(定语或状语)是用来限制概念的外延或扩大它的内涵的,使用较长的句子可以达到表意严密、精确、细致的效果,但是定中结构的层次太多,反而会扰乱读者的视听,因为要搞清修饰关系,往往要花很大工夫。如果从内容和修辞上看都没有用长句的必要,最好是把长句化为短句,因为短句表意简洁、明快。

(一)添加标点符号,将定中结构断开

根据汉语求意合的特点,用逗号直接断开,或者用冒号、破折号、括号等断开,如"我的房间的窗户朝南"可加标点断开为"我的房间,窗户朝南"。(《现代汉语八百词》135 页)看实例:

[44] Before we reached home, Catherine's displeasure softened into a perplexed sensation of pity and regret, largely blended with vague, uneasy doubts about Linton's actual circumstances, physical and social...

原译 A:我们没到家之前,凯瑟琳的不快已经缓解成为一种怜悯与抱憾的迷惑的感情,大部分还掺和着对林惇身体与处境的真实情况所感到的隐隐约约的、不安的怀疑……(杨苡 译)

原译 B:还没等我们到家,凯瑟琳的那份不痛快就化解开来,变成一种说不清到底是怜悯还是愧惜的心绪,还夹杂着许许多多隐隐约约的疑虑,不知道林顿的实际情况究竟如何,包括身体上和所处环境这两个方面。(张玲、张扬 译)

试译:我们还没到家,凯瑟琳的不快心绪就消解了,说不清是怜悯还是愧惜,还隐约掺杂着疑虑,更多的是不安:她对林顿的身体和处境并不清楚。

原译 A 比原译 B 较多地顾及了原文形式,用"的"字明显多一些。原译 B 多用了些小句,用逗号将长句截短了,欧化味淡了些;不过,最后一句不像小说的语言,像是学术语言。试译则充分用了流水句,短句连用,文学性更强。再如:

［45］Сидевший рядом с Мечетным молодой румяный попик, от которого сильно потягивало коньяком, попытался тут же с ним заговорить, но нелюдимый сосед не ответил.

原译：麦切特内的邻座是一个年轻的脸色红润的神甫。他身上散发着一股浓重的白兰地酒味。此人很想同迈切特内攀谈，只是他的孤僻的邻座不接碴儿。

改译：麦切特内的身旁坐着一个年轻的神甫，脸色通红，身上散发着浓重的白兰地酒味。此人很想同迈切特内攀谈，只是他的孤僻的邻座不接碴儿。

试译：梅切特内身旁坐着个脸色通红、浑身酒味儿的年轻神甫。他很想同梅切特内攀谈，可是孤僻的邻座没理会他。

读这个句子最想知道的是谁坐在梅切特内身旁，而不是该人的外貌。改译将"脸色通红"单译成句，起到强调作用，后面"身上散发着浓重的白兰地酒味"又解释了原因，整个句子如行云流水，转承顺接自然。原译本可以，改译又进一步，但是"碴儿"指物体的小碎块，"接碴儿"不规范，现在一般不用。要说也只能说"接茬儿"，指"接着别人的话茬儿说下去"，原句中并不是指接话，而是指搭理说话人，所以应该用"理会"。相对而言，试译更地道，流水句特点更加突出。再如：

［46］Протяните друг другу руки и, объединившись, сплачивайтесь вокруг пролетариата, действительно могильщика царского правительства — этого единственного виновника бакинеких убийств.

原译：大家互相伸出手来，联合起来，团结在无产阶级周围，巴库惨案唯一祸首沙皇政府的真正掘墓人的阶级的周围。

试译：大家携起手来，团结在无产阶级周围，只有这个阶级才能真正把沙皇政府（巴库惨案的唯一祸首）葬入坟墓。

原译生硬晦涩，意义含混。汉语中破折号可以起到解释说明作用，即破折号后面的部分解释说明其前面的部分。试译则利用括号实现了与破折号一样的功能，使整个句子意思更加明了清楚，通过添加标点符号的方式，将原句顿加关系的多项定语独立出来，以同位语的方式解释说明被限定的中心语，使句子的逻辑关系清晰易懂，也更符合汉语的表达习惯。

（二）重复中心词，将定中结构断开

英/俄语常同时使用词汇形态和从句对一个名词中心语进行限定，而限定成分的词形与中心语相适应，以简明的形态手段形成复杂结构。当一个名词有复杂的定中结构时，翻译过程中将其断开，一部分作为定语，另外一部分作为谓语，同时该名词作为主语。此外，原文的定语成分不好再直接对应译成定语，这时将句子断成两部分，同时重复所修饰的中心语，以中心语作第二个句子的主语。这样整个句子就显得很均衡，不会头重脚轻，也能达到强调中心语的效果。如：

［47］Сейчас уже создно большое количество электронных вычислительных машин различных типов, принципиально по-новому решающих проблемы во многих отраслях народного хозяйства.

原译：现在已经制成大量各种类型的电子计算机，这些计算机以崭新的方式解决着国民经济许多部门的种种问题。

试译：各类计算机现已大量生产，以全新的方式解决国民经济各部门的问题。

原文句法上的主语是一格短语 большое количество，而实际语义主语是 машина，对 машина 的限定有与之同格的前置定语一般形容词 электронный 和 вычислительный 以及同格的后置定语形动词短语 решающий проблемы，构成了非常复杂的结构，若全部译为含"的"的前置定语，则会导致句子头重脚轻，原译以重复中心语（计算机）的方式，将定中结构断开，使句子结构更加均衡，也为进一步调整简化句式提供了基础。

（三）使用代词，将定中结构断开

"认知或概念上相接近的实体，其语言形式在时间和空间上也相接近，就是说，概念之间的距离跟语言成分之间的距离相对应。"（沈家煊，1993）汉语中谓语和宾语相隔不能太远，为了避免谓语和宾语相隔过远，可利用代词来代替重复中心语。如：

［48］Важной отраслью тяжёлой промышленности является машинностроение, оснащающее средствами производства все отрасли народного хозяйства.

原译：为国民经济各部门提供生产资料的机械制造业是重工业的重要部门。

试译:机械制造业是重工业的重要部门,它向国民经济各个部门提供各种生产资料。

原译将整个后置定语翻译为前置定语,虽符合原文的意思,但译句却有些头重脚轻,试译利用代词,将定中结构断开,代词的作用和重复中心语相似,起到了承上启下的作用,也避免了句子过长。

(四)介动互换,将定中结构断开

英语介词和俄语前置词,从词源学角度讲,都来自动词。在翻译思维转换中,许多介词在语义上可以转为动词。利用这一规律,可将定中结构断开。汉译不畅有如血管堵塞,导致阅读速度放慢,或者冗余信息过多,究其因是句内如血管内一样有脂质垃圾堆积,最好的办法就是清除杂余的内容。如:

[49] In fact, early biographers didn't hesitate to make up an admirable story or two about their hero.

原译:事实上,早期的传记作家都乐于为传记主人编一两个令人钦佩的故事。(汪福祥、伏力　译)

试译1:事实上,早期传记作家都乐于为传主编一两个令人钦佩的故事。

试译2:事实上,早期传记作家都乐于编一两个令人钦佩的故事,渲染传主。

原译除了hero的理解有误外,句子后半部的偏正短语用了三个"的",有些绕口。试译将about their hero译作状语,破开了长定语,译文简洁明快。原文make up意为"编造、虚构"等,原译是能接受的汉译,但是"编"未能充分揭示make up的内涵,那种"夸大"的意味未得以彰显,如何叫人"钦佩"的形象还不丰满。如果说"编造"中"编"义已有,那么编后所造的"势"还不够,不如在先说编故事之后,再将编故事的效果以及与传主的关系揭示出来,前后连贯,试译因此而行云流水,或许能略胜原译。

五、定中结构浓缩律

浓缩指的是将修饰语和被修饰语之间或是两个修饰语之间的"的"字省去,使其间的联系更加紧密。这种方法常用于科技文体中术语、定理、定义等内容的翻译。这种浓缩,实际是一种语义距离的压缩。如"黄忠的儿子"

不能单说"黄忠儿子",如果续上中心语"刚毅",则可以说"黄忠儿子的刚毅",在更大的定中结构中,"黄忠的儿子"被压缩成一个板块"黄忠儿子",语义距离缩短,是为了限定更大的中心语。以下几种浓缩方法都基于这一理据。

(一)因定中结构浓缩为合成词而挤掉"的"字

定语跟中心词之间"的"可用可不用时,根据语义,结合紧密则不用,结合松弛则用。不用或少用时,定语就渐渐失去了独立性,与中心词构成了准固定短语或固定短语,进而凝聚为名词。利用这一点可以将多层定语关系简化,汉语有一些形容词常固定地与一些名词搭配。这种搭配中间不使用"的"。汉语存在不少这样的搭配,句子的节奏读起来更符合汉语的特点。如:

[50] Способ производства является главной и определяющей силой развития общества.

原译:生产方式是社会发展的主要的决定的力量。

改译:生产方式是社会发展的主要决定力量。

原译显然是习惯性地将 главная 和 определяющая 译作定语,再加上原句由二格短语构成的后置定语 развития общества,汉译定中结构便出现了三个"的",显得"的的不休"。其中"主要的""决定性的"可删"的"构成联合短语作定语,而"决定力量"因长期搭配,有凝聚为固定短语的趋势,尤其是作为复杂定语的一部分时,可去掉其间的"的"字。类似的汉语表达还有"人民的辛勤劳动""他们的青葱岁月"等。

(二)因定中结构术语化而挤掉"的"字

科技语体中术语、定理、定义的翻译要求叙述精练,高度概括,汉语尤其如此。不可盲目固守原文的表达形式,不知变通。名词短语的内层结构可改为直接组合,如"高山上的稀薄的空气→高山上稀薄的空气"(《现代汉语八百词》135 页)。又如 электронная вычислительная машина(电子的用于计算的机器)→电子计算机,локальная вычислительная сеть(本地的用于计算的网络)→局域网。看实例:

[51] Между любыми двумя точками прямой существует бесконечное множество других её точек.

原译:在直线上任意两个点中间,存在着无穷多个直线上的其它的点。

改译:在直线上任意两个点之间,有着无数个点。

试译:直线上任意两点之间有无数个点。

[52] Если к равным числам прибавить поровну, то и суммы их будут равны. Если от равных чисел вычесть поровну, то и разности их будут равны.

原译:如果在相等的数上加上同样多的一个数,那么它们的和相等。如果在相等的数上减去同样多的一个数,那么它们的差相等。

改译:等量加等量,其和必等。等量减等量,其差必等。

试译:等量加等量和相等,等量减等量差相等。

以上两例均选自科技文章,科技语体要求语言精练概括,词句形式上不必追求和原文相等。前一例试译几乎只有原译的二分之一,后一例试译更是只有原译的三分之一。此外,后一例的改译运用代词,省略了原句的关联词和物主代词,在句子逻辑关系和意思完整的情况下,为进一步简化提供了操作性,试译的"和"起着兼语的作用,既是"等量加等量"潜在小句的结果,也是"相等"潜在小句的主语。

(三)因同义或近义并列而挤掉"的"字

两个定语并列且意义相似,可以组成一个联合短语共同来作定语,结果是"的"字被挤。类似的联合短语作定语的还有"积极主动的参与者""主要决定性的力量""活泼可爱的姑娘""温柔帅气的主角"等。又如:

[53] ... За ним (полем), с каждым мгновением надвигаясь громадными клубами, вздымался угрюмый мрак.

原译:……田野的那边,是巨大的无边的黑色团体,它正升腾过来,仿佛一步步向这边靠近……

"巨大(的)"和"无边(的)"意义相近,并为联合短语"巨大无边(的)",既省去一个"的"字,又形成四字格,取得音律美。试译为:

试译:……田野那边,巨大无边的黑团升腾过来,正一步一步向这边靠近……

(四)因译作兼语式而挤掉"的"字

兼语句是汉语特有的构句形式。兼语句有两个谓语,靠同一词语彼此连接,这个词具有双重功能——宾语和主语。汉语句子本身较短,中间不能

作停顿,自然形成了兼语句这一特殊句式。如:

[54] Участники собрания единодушно осудили газеты, которые подняли шумиху по этому вопросу.

原译 A:与会者一致谴责利用这个问题兴风作浪的报纸。

原译 B:与会者一致谴责报纸,它利用这个问题兴风作浪。

试译:与会者一致谴责报纸利用这个问题兴风作浪。

原译合译主句和从句或将从句译成修饰语放在中心语前,这两种方法均非最佳。这时可译作汉语特有的兼语式,这样整个句子短小精悍,但脉络清晰,意思也很好地得以表达,是纯粹的汉语,在言简意赅的科学语体中,这种兼语式的表达优势更加明显。

六、定中结构调整律

俄语构成定语的手段多样,除了与汉语类似的形容词前置定语,还有通过词法手段构成的后置定语(如名词二格和形动词等),以及通过句法手段构成的定语从句等。俄语多项前置形容词在排序上与汉语常常不同,如果直接按词典意思译入汉语,常常出现多个"的"字,后置定语和定语从句也译作汉语的定中结构,会使汉译句子过长,不符合汉语的表达习惯,这就需要对定中结构进行调整。调整指改变语序,主要是调换修饰成分的顺序,通过调序省去"的"字,还包括将组合式偏正短语(谓语+宾语+的+名词)转换为粘合式短语(谓语+宾语+名词或宾语+谓语+名词)。

(一)调序

调序是依据汉语语法规则调整汉译的语序。汉语多层定语的排序比较固定,从离中心语最远算起,多层定语的一般次序是:1)表示所属的名词、代词或词组(表示"谁的");2)指示代词、数量词组(表示"多少");3)动词、动词性词组(表示"怎样的");4)形容词、形容词性词组(表示"什么样的");5)表示性质的名词(表示"什么")。

许多译者由于受外语语序的影响,顺由原文语序译出,既不符合中国人的思维方式,又不可避免地要译出很多"的"来。如:

[55] Как отметил Денис Шмидт, Москва — одна из столиц оперного искусства, теперь имеет свой собственный соответствующий её статусу фестиваль.

原译:德尼斯·施密特指出,莫斯科是歌剧艺术之都,现在她有了名副其实的自己的歌剧节。

试译:丹尼斯·施密特指出,莫斯科是歌剧艺术之都,现在有了自己名副其实的歌剧节。

该例摘自新闻报道,语言应该比较严谨,但译者犯了语序错误。"自己的"表所属,应放在表示"什么样的"形容词前面,可改为地道的试译。再如:

[56] ...а на О. Христофоре были..., и кургузая пестрядинная курточка.

原译:赫里斯托福尔……还穿着一件花粗布的又短又瘦的上衣。(汝龙 译)

原译中长定语"一件花粗布的又短又瘦的"顺序为数量—质料—状态,按照与中心语关系的远近,质料应紧跟名词(上衣),一般表质料的名词作定语,其后"的"字可省。这样调整后,前后音节显得比较匀称,读起来顺口,逻辑上符合中国人的思维方式,显然也容易理解。所以可调整为:

试译:赫里斯托福尔……还穿着一件又短又瘦的花粗布上衣。

(二)将原文的限定关系变为汉语的动宾结构

在上下文中,原文的限定与被限定关系可以译成汉语的动宾结构。如:

[57] В практике обработки результатов эксперимента приходится в большинстве случаев иметь дело с небольшим числом n результатов.

原译:在实验结果的处理实际中,通常结果数 n 不大。(高枝青用例)

试译:实际处理实验结果时,结果数 n 通常不大。

有的译者习惯把俄语名词二格译成汉语的定语。实际上不带前置词的二格意义是多样的,其三种中心意义是客体意义、定语意义和主体意义。原文的 результат 具有客体意义,因为它前面出现了动词 обработать 的动名词形式,其行为指向客体 результаты,在此不应将 результатов 译成定语,而应译作宾语。

(三)将原文的限定关系调整为汉语的主谓结构

根据上下文逻辑关系和译语表达规则,原文的限定关系可调整为汉语的主谓结构。如：

[58] Но это означает лишь, что возможны гибридные литературные явления беллетристически-публицистического порядка.

原译：可是这只是表示文艺—政论方式的混合的文学现象是可能的。

改译：可是这只是表示文艺—政论方式相混合的文学现象是可能的。

试译1：可是这只表明，文艺—政论方式相结合的文学现象是可能的。

试译2：可是这只表明，在文学中文艺与政论可以结合。

改译将原文的限定关系"政论方式的混合"处理汉语的主谓结构"政论方式相混合"，它的节奏更符合汉语的规律。改译还可以改进。又如：

[59] Иона чувствует за своей спиной вертящееся тело и голосовую дрожь горбача.

原译：约纳感到他背后驼子的扭动的身子和颤动的声音。（汝龙 译）
试译：约纳感到驼子的身子在他背后扭动，声音在颤抖。

动词作定语时，它前面的"的"字一般不用，这时候表现为隐性"的"，当然也有人为了强调谓语部分表达的意思，特意这样用。原译第一个"的"字有画蛇添足之嫌，后面又紧接动词"扭动"，所以不如删去。而试译将形动词转化为动词，并用逗号将原句的两个并列名词短语断开为两个主谓短语，使句子节奏更和谐，也更生动，具有描写性。

（四）原文的限定关系调整为汉语的动状结构

根据上下文的逻辑关系，原文中修饰名词的定语成分调整为汉语的状语。如：

[60] Потребность в постоянно увеличивающемся сбыте продуктов гонит буржуазию по всему земному шару.

原译：为自己生产品找寻不断更扩大的市场的那种必要驱使资产阶级走遍全世界。

改译1：生产品的经常扩大着的销售需要驱使资产阶级走遍全世界。

改译2：资产阶级由于需要有不断增加的产品销路，乃不得不奔走于全球各地。

试译：资产阶级需要不断地扩大产品销路，不得不奔走于世界各地。

原译主语包含了太多的修饰语，句子显得头重脚轻，这是逐词翻译的结果。通过分析句意可知，将原句主语译成原因状语更佳。于是有了改译2。改译2还可以改为试译，试译将原文的限定关系又调为动状结构。从原译到试译，走过了不断修改的心路历程。

（五）原文的限定关系调整为汉语的主谓结构

原文的定语与中心语关系译作了汉语的主谓结构。如：

[61] Это вещество имеет сложное строение.

原译：这种物质有复杂的结构。

试译：这种物质结构复杂。

试译更符合科技语体简练的要求，相当于改变了原句结构：Строение этого вещества сложно，这是翻译的中介性小句。

七、定语后置仿用律

定语可以仿英/俄语而后置，这时可以保留"的"字，因其不在中心语前边，也就无"的的不休"之虞。照汉语的习惯，修饰语一般要放在被修饰语的前面，于是印欧语一旦译成中文，名词的前面往往就出现了一长串动宾短语或句子形式的修饰语，整个句子就长起来。刘宁生（1995）研究表明，汉语不合常规的定语前置语序，是汉语自身语序一致性和规则性的表现，是由参照物先于目的物这一认知规则造成的。

汉语附加语（如定语、状语和偏正复句的偏句）本来都在中心语或正句的前边，五四以后受外国语法和翻译的影响，开始后置，主要见于书面作品，主要流行于知识分子的笔端。如：

[62] 一个警察，有胡子的……走近了人堆。

[63] 一堆堆的沙，风和浪所扫来的，围住了他们。

古代也有定中关系倒序句。（杨合鸣，1996:155）数量词作定语可以后置，如"武王有臣三千而一心"（《管子·法禁》）。形容词作定语可以后置，如

"蚓无爪牙之利,筋骨之强"(《荀子·劝学》)。如果说古代是一种倒置,那么现代汉语则是为了突出定语,或者表示一种补充的语气,也将定语后置,但后置定语均独立于中心语之外,且带助词"的"字,如:

[64] 一切人,先进的和后进的,都将在竞赛中受到严格的考验。

翻译是一种外因,将古代就有的定中倒置的用法发扬光大,译者可充分调用汉语定语后置的资源,与外语的特点相吻合,一举两得。如:

[65] (This master of a ship) I remember first as a slim lad, with a shy smile, and large hands that were lonely beyond his outgrown reefer jacket.

原译:我最初记得他是一个面带羞怯的笑容的,(有着)在已经太短小的对襟上衣外面显得寂寞无奈的两只大手的瘦削的小伙子。

改译:我最初记得他是一个瘦削的小伙子,面带羞怯的笑容的,两只大手在已经太短的对襟上衣外面显得寂寞无奈。(朱文振 译)

汉语传统句法结构上也有稍长的、不太长的前置定语;不过,绝大多数场合总是不太长的,很不容易出现如当代白话体某些文章作品中那样好几十个字组成的前置定语。朱文振(1987:144)说改译是更灵活的译法,适当采取定语后置的译法,是可能的,并且也更适应汉语传统的句法结构形式,因而也更可以避免些"洋化"的嫌疑。不过,原文中后置定语调整为主谓结构、转换为小句最好:

试译:我最初记得他是个瘦小伙,面带微笑,有些羞怯,一双大手搁在过短的对襟上衣上面,一副寂寞的样子。

第六章　汉译组构特点抑扬问题

汉译组构一般情况下要求遵守汉语结构的特点，但汉译时有遵循不够和过度遵循两种情况，于是产生了汉语结构特点在汉译中的扬与抑的问题。

本章以汉译"一量名"组构问题为例。"一量名"组构指外译汉时产生的"一＋量词＋名词"的组构及其过程。"一量名"结构是汉语量词结构的常用结构，该结构如何使用也是汉译难点之一。针对汉译"一量名"组构的种种现象和问题，有必要对其梳理和系统研究。据张小川（2012a，2012b，2014）的研究，汉译"一量名"组构与汉语本土的"一量名"结构既有相同之处，也有明显区别，对汉译"一量名"组构的研究，要着眼于译文，在事实中调查汉译"一量名"组构与汉语"一量名"结构的区别，以期充分研究汉译"一量名"组构。

第一节　汉译组构特点抑扬概说

汉语与世界多数语言，不论是语音、词汇、语法，还是口语或书面语均属于不同类型，李如龙（2014）用"特立独行"来概括它，在汉译中更是显得十分充分。既然汉语具有特点，汉译组构时对各种特点就须保持超常的敏锐性，又须小心过度使用，主观上要抑制一种超额使用心态。

一、汉语的宏观特点

汉语的特点分宏观与微观，宏观特点需仰视或俯瞰，微观特点需细察，相对容易发现。据戴庆厦（2014），能制约语言系统变化的宏观特点包括：

第一，汉语属于超分析性语言。根据语言类型学，分析型语言形态不甚发达，主要靠语序和虚词表示各种语法意义；循此，汉语具有分析性强的特点，主要表现为词类无形态变化，词类的区别主要靠意义和句法功能。汉语形态变化极少,必须从别的方面寻找表达力,以实现语言表达的和谐与平衡。

第二,汉语属于隐性特征丰富的语言。总体上,分析性语言隐性特点较多,而黏着语或屈折语的显性特点较多。汉语隐性特点丰富,更多靠语义和语用体现,而不全靠语形呈现。

第三,汉语是语义伸张力超强的语言。语义对语法控制能力的大小,在词的义项多少上有反映。汉语语义变化多样,在句法构造中尽量发挥语义多变的表现力,使语义的作用不断扩大。这种张力使得某些固定的语序可以松动,而不至于改变意义。

第四,汉语是特别注重韵律的语言。语言都有韵律,差别在于韵律的多少、强弱等特点。汉语的韵律在词、短语、句子的构造上均有反映,典型的如双音化、对称、重叠、四音格等。

二、汉译组构特点的抑与扬

语言的特点是通过比较或对比得出的。翻译过程尤其能触及两种语言的特点,只有比较才有鉴别。只有将母语与其它语言比较,才能真正懂得母语。"一种事物的特点,要跟别的事物比较才显示出来……语言也是这样。要认识汉语的特点就要跟非汉语比较,要认识现代汉语的特点,就要跟古代汉语比较,要认识普通话的特点,就要跟方言比较。"(吕叔湘,1977)

宏观决定微观。前述汉语的宏观特点须落实在微观层面上,就会出现连动句、兼语句、"把"字句、量词、语气助词等语法现象,轻声、儿化、单音节性强等语音现象,这些都是汉译不可忽视的特点,否则会产生不自然或不规范的汉译。

现代汉语语言学,特别是语法学,是受印欧语强力影响而形成发展的,因此英/俄汉译,首先应在汉语和印欧语之间进行对比。相对于俄语,现代英语的形态变化大大简化了,很多方面与汉语几乎相近,汉语虽然缺乏严格意义的形态变化,是汉语的根本特点或最大特点,但比英语则更要缺乏,汉语这一特点与俄语相比较,尤为突显。相对而言,俄语是典型的综合语,汉语则是典型的分析语,英语居中。

汉译过程中原文的优势或强势,如带被标的被动、长句、关联词多用等特点就不一定如实照译,要适当抑制,适当选译或转化;而原文形式上所含的特点则要比较充分地启用汉主的特色手段,如语气词、量词的选用等。以语气助词为例,有时作者若未能充分显示语气的魅力,译者完全可以锦上添花。如:

〔1〕Ah, money, money, money! What a thing it was to have. How plenty of it would clear away all these troubles.

原译：啊，钱，钱，钱哪！有钱多好啊！得有多少钱，才能将这一切烦恼扫得一干二净啊！

试译：啊，钱，钱，钱哪！有钱多好哇!! 得要多少钱才能将这烦恼一扫光啊!!!

原文三句，第一句用了感叹号，后两句反而未用，而作为小说结束句，语气应该是逐步抬升才是，试译用了一、二、三个三层级的感叹号以再现这一气势。原译第一个语气助词"哪"用得对；第二个语气词"啊"用得不对，应用"啊"的变体"哇"（"啊"的变体见表 6-1）；第三句应加上语气助词"啊"。

表 6-1　"啊"的变音

前字的韵母或韵尾	"啊"的发音	相应的写法
a, e, i, o, ü	ia	呀
u, ao, ou	ua	哇
-n	na	哪
-ng	nga	

第二节　汉译"一量名"组构概说

根据汉译"一量名"组构的内涵，可将汉译"一量名"组构分为常体结构和变体结构。"一量名"组构考察的核心是量词，量词的各种功能也给予了"一量名"组构以丰富的表达能力。

一、汉译"一量名"组构的分类

汉译"一量名"组构的常体结构指英译汉过程中汉语译文里的"数词'一'＋量词＋名词结构"。变体结构是指通过重复、删减、调序等手段从常体结构中衍生出的汉译"一量名"组构。根据衍化的手段不同，变体结构可以分为三种。

概念包括内涵和外延。概念的内涵指概念所反映的客观对象的本质属性，它从质的方面去揭示客观事物。概念的外延指概念所反映的具有同一内涵的客观对象的范围。概念的外延从量的方面去揭示客观事物。根据汉译"一量名"组构的外延，可将汉译"一量名"组构分为常体（如例 2）和变体

（如例3）。如：

> [2] have something to eat　吃一点东西
> [3] have a bath　　　　　　洗个澡

（一）汉译"一量名"组构常体

汉译"一量名"组构常体指英译汉过程中汉语译文里的"数词'一'＋量词＋名词结构"，是使用频率最高的汉译"一量名"组构。如：

> [4] a dozen socks　一打袜子
> [5] a book　　　　一本书

英译汉中名词的选择受原文支配性强，因此名词对汉译"一量名"组构的分类几无影响。根据数词"一"的类别，可将常体结构继续细分。

1.汉译"数量＋量名结构"

由于数词"一"在"一量名结构"高频出现和"一量名结构"本身所具有的修辞性功能，"一"的内涵常发生变化。其一为数量上的"一个"，其二为虚化了的"一"，意为"满"或"周遍"。在汉译"数量一量名结构"中，"一"是表数量的"一个"，可以被"二""三"……替换，"数量一量名结构"的功能是表达实际上的数量。如：

> [6] a bike　　一辆自行车
> 　　two bikes　两辆自行车

2.汉译"虚化＋量名结构"

汉译"虚化＋量名结构"中，数词"一"不可被其它数字替换，其意义已经发生了转变，产生了"满""周遍"的含义。"虚化＋量名结构"的功能不表实际数量，而具夸张、比喻等功能，用于表达主观大量或主观小量。如：

> [7] I pick up a handful of letters and began to open them.
> 我抓起一大把信，便开始启封。（马丽用例）

通常，人拆信应一封一封地拆。但是原文中名词词组 a handful of 的意思为一只手所能握住的量，其中后缀-ful 具有"满"的含义。因此，原文用 a handful of letters 不但表达抓信的数量,还表达了"我"急切的心理。译者准确把握了作者的意图,没有直译为"一把信",而是增加了一个"大"字。这样一来,将"数量一＋量名结构"中表达确切数量的"一"转变为了虚化的"一",意为"满"。按照国人的心理,"满把"为没有丝毫空间,"一把"应尚有些许余地,因此"满把信"的数量既大于"一把信","满把信"的翻译方法也恰好对应上了原文后缀-ful"满"的含义。"一大把信"所表达的数量大于字面表现出的数量,这样的主观大量表达方式,既表达了量,也表达了急切的心理,符合作者的意图。如若直译为"一把信",则只有了"一把"的量,全然没有了"我"焦急的心态。

(二)汉译"一量名"组构变体

汉译"一量名"组构变体是指通过重复、删减、调序等手段从常体结构中衍生出的汉译"一量名"组构。汉译"一量名"组构变体虽然数量有限,只占汉译"一量名"组构中的少数,但作用重要。根据衍化的手段不同,变体结构可分为:重复型变体、省略型变体和倒装型变体。

1.重复型变体

重复型汉译"一量名"组构变体指通过重复"一量名结构"中的部分结构从而衍生出的汉译"一量名"组构变体。如:

[8] A breeze blew through the room, blew curtains in at one end and out the other like pale flags.

一阵轻风吹过屋里,把窗帘从一头吹进来,又从另一头吹出去,好像一面面白旗。(巫宁坤　译)

2.省略型变体

省略型汉译"一量名"组构变体指通过省略"一量名"组构中的部分结构从而衍生出的汉译"一量名"组构变体。"省略型变体"根据前后语境的变化,"一""量""名"三个部分分别可以省略。如:

[9] I had a woman up here last week to look at my feet and when she gave me the bill you'd of thought she had my appendicitis out.

上星期我找了个女的来看看我的脚,等她把账单给我,你还以为她给我割了阑尾哩。(巫宁坤　译)

3.倒装型变体

倒装型汉译"一量名"组构变体通过颠倒名词和"一量"的顺序而产生。

倒装型汉译"一量名"组构变体只有一种,即名词位于"一量结构"之前,形成"名一量"的结构。倒装型变体的作用是突出名词,起到强调的作用。如:

[10] Excited young officers from Camp Taylor demanded the privilege of monopolizing her that night.

泰勒营那些兴奋的青年军官一个个都要求那天晚上独占她的全部时间。(巫宁坤 译)

二、汉译"一量名"组构的功能

"一量名"组构的核心是量词,量词的各种功能给予了"一量名"组构以丰富的表达能力。汉译"一量名"组构的多种功能促使汉译"一量名"组构广泛使用。通过汉译"一量名"组构中量词与名词的关系,可以总结出汉译"一量名"组构的三种功能:表量功能、修辞功能、感情色彩功能(见表6-2)。

表6-2　汉译"一量名"组构的功能

一级功能	二级功能	三级功能
表量功能	实指数量	表个体量
		表集合量
		表部分量
	虚指数量	表满
		表主观大量
		表主观小量
修辞功能	具体性	
	形象性	
感情色彩功能	褒义色彩	
	贬义色彩	
	中性色彩	

(一)表量功能

表量功能是"一量名"组构的基本功能,根据"一量名"组构表达的数量是实际数量还是虚指数量,可分为实指数量和虚指数量。

1.实指数量

实指数量指汉译"一量名"组构所表达的数量为实际的数量,即"所写即所意"。如:

[11] a doctor　一位医生

2.虚指数量

虚指数量指的是在语言的运用中，"一量名"组构中的数词"一"的意义发生转移，从数字的"一"转为"满""周遍"的含义，或者是虽"一"的数量没有发生转移，但重点变为用汉译"一量名"组构表达主观小量或主观大量，即"所写非所意"。例如：

[12] ... on seeing the rapid disappearance of the frogs,
转眼之间，岸上已没有一只青蛙。（黄杲炘 译）

原文的意思是所有的青蛙都跳入了水中，消失不见。从译文的字面上看，对"没有一只青蛙"有两种解释：其一，所有的青蛙都跳入了水中。其二，岸上不是一只青蛙，可能两只、三只。第一个解释是国人的正常思维习惯，也可说是汉语习惯。第二个解释虽有强词夺理的嫌疑，但在逻辑上确实成立。因此，汉语舍弃第二种而只取第一种解释的行为就是国人在"一量名"组构上主观量的体现。例12的思维过程是这样的：一只青蛙是所有青蛙中的最小量，对最小量的否定，即为对全体的否定。因此，岸上没有一只青蛙就是岸上没有青蛙。汉译"一量名"组构同样可以表达主观大量的用法。

（二）修辞功能

汉译"一量名"组构的修辞功能，指通过汉译"一量名"组构中量词对名词运用的比喻、夸张等修辞手段而传达出汉译"一量名"组构整体的具体性和形象性的效果。

修辞功能是"一量名"组构相对于英语表量结构的独特之处。英语虽然没有量词，但其相对于汉语量词的功能是由名词、冠词等来充当的，因此两种语言只是对量词概念的叫法和语法体系划分不同罢了。然而汉语"一量名"结构的修辞功能却是英语相对应的结构所不具备的。如：

[13] the bright moon
意译：一轮明月
直译：明亮的月亮

意译"一轮明月"表达出了漆黑的夜空中明亮的月亮挂在天上，给漆黑的夜晚洒下一片光亮，意境之美立刻浮现在读者的眼前。直译"明亮的月亮"客观地描述了月亮的明亮，全无汉译"一量名"组构体现出的意境之美和联想之力。原文是个名词结构，在缺少上下文语境的情况下无法判断两个译文的优劣,但是汉译"一量名"组构的修辞功能却可以通过两个译文的对比淋漓尽致地表现出来。可以说,汉译"一量名"组构的修辞功能是其最具特色的功能。

量词与名词的搭配是约定俗成的,但不是固定不变的,这是"一量名"组构修辞功能的前提。然而并不是所有的"一量名"组构都具有修辞功能,因此对"一量名"组构修辞功能的总结将利于译者更准确地使用汉译"一量名"组构。

(三)感情色彩功能

量词是实词,实词都有一种与概念相联系的核心意义——理性义,此外还可能有附着于理性义的色彩义。理性义是词义的主要部分,色彩义在词的理性义之上表达人或语境所赋予的特定感受。色彩义包括感情色彩、语体色彩和形象色彩。形象色彩已在修辞功能部分讨论,语体色彩尚未发现翻译实例,因此,以量词为核心的汉译"一量名"组构暂时只具有感情色彩功能。

感情色彩功能是指通过汉译"一量名"组构中量词对有关事物的赞许、褒扬之情或厌恶、贬斥之情或不赞许也不厌恶之情给读者传达的整体汉译"一量名"组构的感情。感情色彩功能分为褒义色彩、贬义色彩和中性色彩。如:

> [14] I pledge you the honor of a gentleman, and of a Frenchman,…
> 原译:我拿一名君子和一个法国人的人格向你担保,……(王星　译)
> 试译:我用一名君子和一位法国人的人格向你担保,……

原文有两个"a+NP"结构。冠词 a 并无感情色彩,但 gentleman 和 Frenchman 在文中都带有褒义色彩,如何运用汉语传达原文的感情色彩是本句翻译的关键。量词"名"在汉语中是褒义词,因此"一名君子"传达出了对"君子"名称的尊敬,也传达出了遵守承诺的决心。量词"个"在汉语中是中性词,"一个法国人"并无任何褒贬色彩,此处建议将"个"换为褒义量词"位",通过对"法国人"名称的尊敬来加强遵守承诺的语气。再如:

> [15] …and wandered around rather ill-at-ease among swirls and
> eddies of people I didn't know.
> 很不自在地在一群群我不认识的人中间晃来晃去。(王星　译)

在英语中,swirls and eddies 用于形容水的旋转与搅拌,该例中作者用其传达对宴会的厌恶和陌生之情,如何传达好这种感情是翻译的难点。译者选择了汉语的贬义量词"群",通过重复叠用加强了厌恶的语气,传达了作者的初心。

第三节　汉译"一量名"组构译源分析

译源,即"译文的来源",指汉译中某一表达方式在原文中的对应表达方式,如将 a book 译为"一本书",a book 为"译源"。那么,汉译"一量名"组构译源有哪些? 现作一分析。

一、各种译源结构

通过语料的整理分析,发现汉译"一量名"组构译源有两大类:名代词译源和形动词译源。

名代词译源包括英语名词、代词结构。形动词译源指译者根据表达的需要,将原语译为汉译"一量名"组构的各种形容词、动词等结构。

汉语"一量名"组构是名词结构,因此名代词译源从语法、语义角度与"一量名"组构相似度较大,翻译时相对容易,而形动词译源的翻译难度相对较大,是体现译者的翻译特点和翻译能力的标志之一。

（一）名代词译源

名代词译源包括三种结构,即"限定词＋NP 结构""限定词＋N_1＋of＋N_2 结构""代词结构"。在英语中,使用名词词组的方法主要有两种,即特指和泛指。限定词用于区分特指和泛指,可分为特指限定词和泛指限定词。特指限定词包括定冠词 the,指示代词 this、that、these、those 和形容词性物主代词。泛指限定词包括不定冠词 a(an),泛指限定词 some、any、another、every、no 等。(Sinclair,1999:53－75)根据限定词和名代词译源的三种结构类型,名代词译源共 13 种分类(见表 6－3)。

表 6－3　名代词译源

限定词分类		译源结构		代词结构
		NP 结构	N_1＋of＋N_2 结构	
特指	定冠词	the＋NP	the＋N_1＋of＋N_2	
	指示代词	this＋NP	this＋N_1＋of＋N_2	
	形容词性物主代词	my＋NP	my＋N_1＋of＋N_2	
泛指	不定冠词	a(an)＋NP	a(an)＋N_1＋of＋N_2	
	泛指限定词	some＋NP	some＋N_1＋of＋N_2	
	零冠词	0＋NP	0＋N_1＋of＋N_2	

1. 表泛指的 NP 结构

表泛指的 NP 结构包括"不定冠词＋NP 结构""泛指限定词＋NP 结构""零冠词＋NP 结构"。

1)不定冠词＋NP 结构

"不定冠词＋NP 结构"[下文用"a(an)＋NP"表示]是指不定冠词和名词搭配的译源结构。英语不定冠词包括 a 和 an。数词 one 是 a(an)的强化形式。英语名词可与数词直接结合,并无量词词类。a 意为"一",因此,"a(an)＋NP 结构"自然会顺译为汉译"一量名"组构。在强调的情况下,原文会用 a(an)的强化形式 one 与名词结合,形成"one＋NP 结构"。翻译时,"a(an)＋NP 结构"主要采取增译法,即根据名词和汉语的习惯以及表达的需要增译量词。量词的选择需要参考以下几点:1)与名词的搭配习惯;2)感情色彩的选择;3)数量的需要;4)修辞的需要。如:

[16] That man looking at us and smiling. A nasty dog.
那个人看着咱们还笑呢。一个恶棍。(电影《乱世佳人》)

A nasty dog 字面意义是"一条讨厌的狗",那么直译为"一条讨厌的狗"有何不可呢? 原因在于原文出自两人的对话,英语口语经常称呼不喜欢、厌恶的人为 dog,本句的 dog 指人,表达贬义的感情色彩。因此,译为"恶棍"较为准确,在确定名词后,对量词的选择有三点考虑,第一,该量词应该能够与人搭配,如:位、个、名;第二,该量词应表达贬义的感情色彩,去掉"位、名";第三,应为单数。综上考虑,表达随意色彩的量词"个"是最佳选择。

2)泛指限定词＋NP 结构

"泛指限定词＋NP 结构"(下文用"some＋NP"表示)是指用泛指限定词和名词结构相搭配的译源结构。泛指限定词在词典中的义项往往与"一量名"组构中的"一量"部分相一致,因此泛指限定词常汉译为"一量名"组构。泛指限定词包括 some、any、another、every、no、other 等,限定性词组包括 a little 和 a few。比如,最典型的 some 在多数汉英词典中,第一义项即为"一些",这使 some＋NP 结构成为汉译"一量名"组构的主要译源之一。当 some 意为"某一个"时,也常常被译为"一量名"组构。如:

[17] I should certainly have committed some indiscretion...
肯定会闹出一些小小的乱子……(刘炳善　译)

汉译"一量名"组构"一些小小的乱子"译自"some＋NP"结构 some indiscretion。

3)零冠词＋NP 结构

英语复数结构分为可数名词复数形式和复数名词两个种类。零冠词用于泛指的可数名词复数、复数名词和泛指的不可数名词前。"零冠词＋NP 结构"(下文用"0＋NP"表示)即为泛指情况下的可数名词复数、复数名词或泛指的不可数名词。(Sinclair,1999:9－63)泛指的英语名词复数结构往往译为"名词＋们"或表复数的"定语＋名词",但偶尔也可根据表达的需要译为"一量名结构",运用"一量名结构"后会缩小复数系统的范围。如：

[18] ... he had been trying to comfort himself with all guesses,...
虽然他一直在试图使自己相信这只是一场虚惊,……(刘炳善　译)

原文 all guesses 字面义为"所有的猜测",是名词复数结构,译为"所有的猜测"未尝不可。但综观上下文,guess 在本句不仅为猜测,更有猜测所带来的担心与害怕。因此译者译为"虚惊",可谓传达出了原词的言外之意,但是客观上"一场虚惊"造成了缩小 guesses 数量的后果,因为"一场"在汉语中是有明确数量的色彩的。

综上所述,"零冠词＋NP 结构"译为"一量名结构"有以下几种考虑：1)运用"一量名结构"缩小复数系统的范围;2)如原文复数的数量恰为二,译为"一对""一双";3)将上下文暗含的数量增译出来;4)将原文的抽象含义具体化。

2.表特指的名词结构

表特指的名词结构包括"定冠词＋NP 结构""指示代词＋NP 结构""形容词性物主代词＋NP 结构"(下文分别用"the＋NP""this＋NP""my＋NP"表示)。其中,名词可以为单数或复数。三种结构由于形式一致,意义相似,可以采用同样的翻译方法。翻译时主要运用增译"一量"的翻译方法,增译时需考虑以下几种因素：1)与名词的搭配习惯;2)感情色彩的选择;3)数量的需要;4)修辞的需要。如：

[19] Two men were traveling together, when a bear suddenly met them on their path.

两个人结伴旅行,正走在一条小路上,忽然碰见一头熊。(黄杲炘　译)

"一条小路"译自 their path，path 为小路，可直译。但译者减译 their，增译"一条"的目的较为隐讳，根源在英汉表达方式的区别上。英语说 their path，即"他们的路上"，因英语有习惯用语 on one's way to...（在谁去哪的路上），但汉语本土原本无"在谁的路上"这一说法，最多可表达为"在谁做什么的路上"。因而此句直译不妥，译者的翻译处理地道、准确。

3. 表泛指的 $N_1 + of + N_2$ 结构

"$N_1 + of + N_2$ 结构"可以分为两种，即顺序结构和倒序结构。"$N_1 + of + N_2$"顺序结构与汉语的语序结构一致，语言的意义自左向右排列。"$N_1 + of + N_2$"倒序结构即为英语中由介词 of 构成的表量结构，与汉语语序相反，语言的意义自右向左排列。另外，倒序结构中 N_2 前可以有其它限定词或形容词。如：

[20] a package of towels
一大包毛巾
[21] a special, a unique, impression of pleasure
一种特殊的，独一无二的愉快印象（刘炳善　译）

前一例，语言的意义自左向右排列，译文与原文语序一致。后一例，原文"$N_1 + of + N_2$ 结构"语序自右向左排列，译文"一量名结构"语序自左向右排列。

虽然"$N_1 + of + N_2$"的顺序结构和倒序结构语表形式一致、语里意义不同，但二者都可译为汉译"一量名"组构，而且"$N_1 + of + N_2$ 结构"通常只译为"一量名结构"，可以说与"一量名结构"对译性最强。

二者区别在于，顺序结构中，英语通过借用 N_1 来表达汉语量词的部分含义，N_1 充当汉语中的量词成分，N_2 充当汉语中的名词成分。翻译过程中采用减译的方法，减去介词 of。倒序结构中，N_1 是结构的核心，"$of + N_2$"修饰 N_1，翻译过程中采用增译的方法增译量词。如

[22] a/cup/of/water
一杯水（顺序结构）
[23] a cup/of water
一个水杯（倒序结构）

表泛指的"$N_1 + of + N_2$ 结构"包括"不定冠词＋$N_1 + of + N_2$ 结构""泛

指限定词＋N_1＋of＋N_2 结构""零冠词＋N_1＋of＋N_2 结构"。其中"限定词＋N_1＋of＋N_2 结构"和"零冠词＋N_1＋of＋N_2 结构"译源较少。

1）不定冠词＋N_1＋of＋N_2 结构

"不定冠词＋N_1＋of＋N_2 结构"［下文用"a(an)＋N_1＋of＋N_2"表示］与汉译"一量名"组构对译性最强，是汉译"一量名"组构的主要译源。在强调的情况下，原文的 a(an) 可换为 one，形成"one＋N_1＋of＋N_2 结构"。N_1 充当汉语中的量词，N_2 充当汉语中的名词。如：

［24］At last, having long waited in vain, he laid aside his flute, and casting his net into the sea, made an excellent haul of fish.

最后，他收起笛子，把网撒到海水里，打到了满满一网鱼。（黄源深　译）

其中，"一网鱼"译自"a(an)＋N_1＋of＋N_2 结构"an haul of fish。

2）泛指限定词＋N_1＋of＋N_2 结构

"泛指限定词＋N_1＋of＋N_2 结构"（下文用"some＋N_1＋of＋N_2"表示）中，N_1 多为可数名词复数。N_1 是可数名词复数时，可为顺序结构，也可为倒序结构。如：

［25］some maps of China

一些中国地图（顺序结构）

［26］some pieces of paper

一些纸（倒序结构）

3）零冠词＋N_1＋of＋N_2 结构

在"零冠词＋N_1＋of＋N_2 结构"中（下文用 $0＋N_1＋of＋N_2$ 表示），N_1 可能为可数名词复数或不可数名词。目前发现的语料中只有可数名词复数的情况。如：

［27］... the left-off finery of poetic extravagance, transmitted down through successive generations of barren pretenders.

那像陈年留下来的锦绣碎片一样，是经过一代一代无才思的冒牌作家承袭下来的诗歌破烂儿。（刘炳善　译）

其中，"一代一代无才思的冒牌作家"译自"零冠词＋N_1＋of＋N_2 结构"

generations of barren pretenders。

4）表特指的 N_1 ＋of＋N_2 结构

"表特指的 N_1 ＋of＋N_2 结构"包括"定冠词＋N_1 ＋of＋N_2 结构""指示代词＋N_1 ＋of＋N_2 结构""形容词性物主代词＋N_1 ＋of＋N_2 结构"（下文分别用"the＋N_1 ＋of＋N_2""this＋N_1 ＋of＋N_2""my＋N_1 ＋of＋N_2"表示）。其中，N_1 可以为单数或复数。三种结构出于形式一致，意义相似，可以采用同样的翻译方法。翻译时，主要运用减译的翻译方法，减译介词 of。如：

[28] ...these attacks of howling were inflected on me as a judgment for my crimes,...

我得受这种惩罚，时时来这么一阵突发性的嚎叫，……（刘炳善　译）

"一阵突发性的嚎叫"译自 these attacks of howling。其中 of howling 作后置定语修饰 attacks。此句为倒序的"N_1 ＋of＋N_2 结构"，因此译文的关键在于将复数结构 these attacks 减译为"一阵"，减掉了 of 和 attacks。根据上文，这种嚎叫是不时发生的，发生过程中，受害者不断地发出狼似叫声。因此，每一次发作，可以被理解为一阵，这种情况下运用"一量名结构"来突出表现复数的确切量，减掉了不符汉语表达习惯的地方，明确译出暗含在文中的数量。

"限定词＋N_1 ＋of＋N_2 结构"可以被视为英语的表量结构，英语表量结构与汉语"一量名结构"非常相似，但二者也有明显的区别。区别如下：汉译"一量名"组构分类详细；而"限定词＋N_1 ＋of＋N_2 结构"分类有限；汉译"一量名"组构有表量、修辞、感情色彩三大功能，"限定词＋N_1 ＋of＋N_2 结构"只有表量功能。

5）代词结构

代词是英语的重要词类，使用频率非常高，但并非所有代词都可译为"一量名结构"。综合考虑，两种情况下代词通常被译为"一量名结构"：第一，当代词代替上文某一个或一些人或物时；第二，当英语中用 he 指代某一个人或所有人时。常见代词有：人称代词、some、another、one、this 等。如：

[29] ... one who goes touring on foot with a single volume in his knapsack reads with circumspection,...

一个徒步旅行的人，背包里若是仅仅只带了一本书，他必定读得特别仔细，……（刘炳善　译）

one 是代词,代指某一个人,译文综合了代词 one 和后面的定语从句,将定语从句的前半部分译为"一量名结构"的定语,将定语从句的后半部分分译为一个分句。当英语中用 he 指代某一个人或所有人时,常把 he 译为"一量名结构""一个人"。如:

[30] ... suppose he could take one meal so compact and comprehensive that he should never hunger any more.

假如一个人一顿饭能吃下许多浓缩而全面的食物,使他永远不再感到饥饿。(刘炳善 译)

(二)形动词译源

形动词译源指译者根据表达的需要,将原语中译为汉译"一量名"组构的各种非名代词译源结构。形动词译源中经常出现的成分有动词、形容词、动名词等。对形动词译源通常采用意义策略。

形动词译源来源广泛,对译者的汉语能力和英语能力要求很大,一个好的汉译"一量名"组构往往可以达到言简意赅、传神的表达效果。综观形动词译源的例子,可以发现,运用汉译"一量名"组构翻译形动词译源,目的有以下几种:1)意译不适合直译的英语表达方式;2)言简意赅,使译文流畅;3)通过"一量名"组构中量词、名词的语用、语义功能,增强表达效果。如:

[31] be quite strong
有一把力气

strong 是形容词,如采用直译法,将译为"非常强壮"。采用意译法,保留原文的含义,改变原文的形式,可使译文更加形象化,口语化。如:

[32] The crow put an end to the dispute by saying:...
最后,乌鸦的一句话结束了这场纷争:……(黄杲炘用例)

一句话译自 by saying,直译应该是"通过说……而结束了这场纷争"。直译的译法能说明白道理,却是明显的英语句式,黄杲炘的译文将动名词处理成"一量名结构",表达清楚流畅、简洁明了,更符合汉语习惯。

113

二、译源结构定量分析

语言研究建立在语言事实之上,要全面了解汉译"一量名"组构的译源情况,对译源结构的定量分析必不可少,只有事实数据才能更有力地揭示现有汉译"一量名"组构的英语译源结构的存在现状和变化轨迹。

汉译"一量名"组构英语译源结构的定量分析是指通过在汉语译本中产出的"一量名结构"数量考察,反推出原文中汉译"一量名"组构的译源结构的类型和数量,从而了解汉译"一量名"组构英语译源结构的分布和现存问题。定量分析的直接目的是揭示汉译"一量名"组构英语译源结构的分布情况,根本目的是为汉译一量名结构欧化现象寻找原因、提出解决方法。

定量分析的方法首先运用归纳法,统计随机抽取的一本英汉双语对照语料。对其汉译"一量名"组构译源进行量化统计,从而找到最大译源。译源种类分为名代词译源 13 种,形动词译源 1 种,共 14 种(由于形动词译源下级结构数量过少,在此暂把形动词译源与名代词译源的下级结构并行排列)。其次采用对比法,通过对比同一作品改革开放前后 50 年内的汉译"一量名"组构译源的使用情况,描写译源的发展变化,提出建议,指导翻译实践。

所调查的三部作品为:《老人与海》,海观译,1960 年出版;《老人与海》,黄源深译,2007 年出版;《伦敦的叫卖声》,刘炳善译,2007 年出版。

经过归纳对比,三份语料数据所得结果几乎一致:名代词是主要译源。名代词中,NP 结构为主导译源,NP 结构中"a(an)＋NP 结构"是最主要译源,也是引起汉译"一量名"组构过量使用的主要原因。

海观版《老人与海》包含 11 种译源,"0＋N_1＋of＋N_2 结构"和"this＋N_1＋of＋N_2 结构"没有出现。海观版汉译"一量名"组构译源中 NP 结构占主导,共 294 个,占 70.5％。形动词译源占第二,共 58 个,占 13.91％。"N_1＋of＋N_2 结构"与代词结构旗鼓相当,分别为 33 与 32 个,占 7.92％和 7.67％。

黄源深版《老人与海》包含 11 种译源结构,"my＋N_1＋of＋N_2 结构"和"this＋N_1＋of＋N_2 结构"没有出现。黄源深版中 NP 结构占主导,共 175 个,占 67.3％。形动词译源结构第二,共 36 个,占 13.85％。"N_1＋of＋N_2 结构"第三,共 30 个,占 11.53％。代词结构最少,共 19 个,占 7.31％。

《伦敦的叫卖声》包含 14 种译源结构。名代词译源共 431 个,占

88.14％。形动词译源共 58 个,占 11.86％。名代词译源中,NP 结构共 344 个,占 70.35％,"N₁＋of＋N₂ 结构"共 60 个,占 12.27％,代词结构共 27 个,占 5.52％(见表 6－4)。

表 6－4　译源数据对比

序号	译源	海版《老》		黄版《老》		刘版《伦敦》	
		数量	百分比	数量	百分比	数量	百分比
1	0＋NP	14	3.36％	3	1.15％	12	2.45％
2	a(an)＋N₁＋of＋N₂	20	4.80％	18	6.92％	41	8.38％
3	a(an)＋NP	186	44.60％	118	45.38％	245	50.10％
4	my＋N₁＋of＋N₂	1	0.24％	0	0	1	0.20％
5	my＋NP	8	1.92％	6	2.31％	13	2.66％
6	pron	32	7.67％	19	7.31％	27	5.52％
7	some＋N₁＋of＋N₂	4	0.96％	2	0.77％	2	0.41％
8	some＋NP	30	7.19％	25	9.62％	25	5.11％
9	the＋N₁＋of＋N₂	8	1.92％	7	2.69％	10	2.04％
10	the＋NP	52	12.47％	22	8.46％	33	6.75％
11	this＋NP	4	0.96％	1	0.38％	16	3.27％
12	形动词	58	13.91％	36	13.85％	58	11.86％
13	0＋N₁＋of＋N₂	0	0.00％	3	1.15％	2	0.41％
14	this＋N₁＋of＋N₂	0	0.00％	0	0.00％	4	0.82％

对上述数据的解读发现:1)名代词译源是汉译"一量名"组构的主要译源(见表 6－5);2)名代词译源中,NP 结构是汉译"一量名"组构的主要译源(见表 6－6);3)NP 结构中,"a(an)＋NP 结构"是汉译"一量名"组构的主要译源(见表 6－7)。

表 6－5　主要译源

序号	种类	海版《老》	黄版《老》	刘版《伦敦》
1	名代词	86.09％	86.14％	88.12％
2	形动词	13.91％	13.85％	11.86％

表 6－6　名动词译源

序号	种类	海版《老》	黄版《老》	刘版《伦敦》
1	NP	70.50％	67.30％	70.34％
2	N₁＋of＋N₂	7.92％	11.53％	12.26％
3	Pron.	7.67％	7.31％	5.52％

表 6-7 NP 结构译源

序号	种类	海版《老》	黄版《老》	刘版《伦敦》
1	a(an) + NP	44.60%	45.38%	50.10%
2	my+NP	1.92%	2.31%	2.66%
3	some+NP	7.19%	9.62%	5.11%
4	the+NP	12.47%	8.46%	6.75%
5	this+NP	0.96%	0.38%	3.27%
6	0+NP	3.36%	1.15%	2.45%

不同汉译版本 50 年间的译源数据可作对比分析,发现海版、黄版《老人与海》译源数据几乎一致。形动词译源结构比重稳定,保持在 13%～14%,说明译者对汉译"一量名"组构创新性的使用仍然不够,汉译"一量名"组构的独特功能仍待发掘。由调查可知,汉译"一量名"组构的译源主要有两大类:名代词译源和形动词译源。

对名代词译源通常采用直译的翻译策略,对形动词译源主要采用意译的翻译策略。形动词译源是体现译者的翻译特点和翻译能力的标志之一。名代词译源包括三种结构,即"限定词+NP 结构""限定词+N_1+of+N_2结构""代词结构"。名代词是汉译"一量名"组构的主要译源。名代词中,NP 结构是汉译"一量名"组构的主要译源。NP 结构中,"a(an) + NP 结构"是汉译"一量名"组构的主要译源。形动词译源中经常出现的成分有动词、形容词、动名词等。

英语中 NP 结构和"N_1+of+N_2结构"的大量存在,及其与汉语"一量名"组构的部分相似性是导致汉译"一量名"组构过量使用和功能不当的主要原因。汉译"一量名"组构过量使用和功能不当是导致其恶性欧化趋势的主要原因。

第四节 汉译"一量名"组构的欧化作用

翻译是对母语补充、丰富的有效途径,但历史上汉语曾出现过度欧化、欧而不化等问题。英语有表量结构,英译汉时译语受原语影响,往往会向原语靠拢。汉译"一量名"组构具有一定的恶性欧化表现,具体表现为"过量使用"和"功能不当"。汉译"一量名"组构的种种欧化现象并不孤立,它通过译文进入汉语后,会对汉语"一量名结构"乃至量词系统产生不良影响。影响有三方面:对汉语重意合特点的影响、对汉语量词系统语感的影响、对汉语简洁凝练风格的影响。对其研究有助于针对性地调整翻译过程中汉译"一量名"组构的产出,利用良性欧化,避免恶性欧化,使译文符合汉语习惯。

一、汉译"一量名"组构欧化的表现

汉译"一量名"组构由于受到英语表量结构的影响,导致部分恶性欧化的现象,具体表现为"过量使用"和"功能不当"。

(一)过量使用

汉译"一量名"组构的过量使用指在可不用或不应用"一量名结构"的地方使用"一量名结构"。调查统计结果如下:

1)在中国对外翻译出版公司出版的《全本伊索寓言》Ⅰ中,使用271个"一量名结构"。而删掉后使译文更简洁又不改变句意的"一量名结构"共有134个,占49.4%;

2)在湖北教育出版社出版的《伊索寓言》中共有文章339篇,使用"一量名结构"297个,但删掉后使译文更简洁又不改变句意的"一量名结构"共有138个,占46.5%;

3)在现代作家刘庆邦的短篇小说《看秋》中,作者共用"一量名结构"61个,但可删掉的只有17个,占27.9%。

通过以上现象可以断定,汉译"一量名"组构存在滥用、不会用的问题(见表6-8)。

表6-8　汉译"一量名"组构过量使用

作品名称	"一量名结构"数量	可删数	可删比
全本伊索寓言	271	134	49.40%
伊索寓言	297	138	46.50%
看秋	61	17	27.90%

(二)功能不当

功能不当指汉语"一量名"组构功能丰富,但汉译"一量名"组构功能单一。为用语言事实揭示汉译"一量名"组构的功能问题,我们统计了黄源深版的翻译作品《老人与海》和汉语本土现代作家刘庆邦短篇作品《看秋》,发现:1)《看秋》使用了"一量名结构"的三种功能:表量功能、修辞功能和感情色彩功能。表量功能为主导,占60%。修辞功能次之,占18.57%。感情色彩功能最少,占2.86%(其余为"一量名结构"变体结构,功能特殊,本文暂不统计);2)《老人与海》使用了汉译"一量名"组构的两种功能,表量功能和修辞功能,其中表量功能占主导,占82.69%,修辞功能几乎没有,占2.31%(其余同上)。

可见,"汉译一量名"组构功能单一,几乎只表量。汉语本土"一量名"组构以表量功能为主,修辞功能和感情色彩功能为辅(见表6-9)。

表6-9 汉译"一量名"组构功能不当

功能	比值	
	本土"一量名结构"	汉译"一量名"组构
表量	60%	82.69%
感情色彩	2.86%	0
修辞	18.57%	2.31%

汉语欧化发展长久。有学者认为汉语欧化是丰富汉语的有效手段,要保持原文色彩,如五四学者。有人认为汉语欧化会混乱汉语的表达方式,应抵制欧化。有人认为要辩证地看待欧化问题,利于丰富汉语表达的欧化可以倡导使用;不利于汉语表达的欧化应抛弃,如余光中。

我们认为语言的发展是一个群体共用语言的变化结果,其发展不以个人的意志为转移。因此,要保护汉语特色,面对欧化现象,通过道地的翻译,使译文符合汉语规范,使读者通过汉语的特色领略原文的世界与精神,从而学习新的表达。对欧化应当是积极引导,维护汉语特色;利用良性欧化,丰富语汇;避免"恶性欧化",坚持汉语风格与语法结构的统一与完整。

二、汉译"一量名"组构欧化的影响

汉译"一量名"组构的种种欧化并不孤立,它通过译文进入汉语后,会对汉语"一量名结构"乃至量词系统产生影响。下面就汉译"一量名"组构欧化对汉语的影响略作分析。

(一)对汉语重意合特点的影响

汉语重意合,英语重形合,这是二者的显要区别。修辞功能是汉语"一量名结构"区别于英语表量结构的独特功能,它大大丰富了汉语的表达能力,其中量词直观地表达形象,给人联想之意,是汉语量词系统的一大特色。在汉译"一量名"组构中,由于原语对译语的影响和限制,汉译"一量名"组构的修辞功能被大大地削弱,进入汉语后,汉语本土"一量名结构"的使用意识会受到逐渐削弱。如:

[33] I wish it were a dream and that I had never hooked him.

原译:但愿这是一个梦,但愿我从来没有钓到它。

试译:但愿这是一场梦,但愿我从来没有钓到它。

例中 a dream 译为"一个梦",与梦搭配的量词可有"个"和"场"。"个"为万能量词,只表量,无任何形象联想作用。《现代汉语词典》中,"场"指戏剧中较小的段落,用作量词时,用于文娱体育活动。用"场"表梦的数量可以很形象地将做梦的过程比喻为观看一场电影。从梦中惊醒,也好似电影散场。因此,"一场梦"比"一个梦"可以更形象地传达做梦的意境,给人联想之意。

(二)对汉语量词系统的影响

汉语量词大致分为名量词、动量词,名量词大致分为个体量词、借用量词、临时量词、专职量词等。翻译时,由于大量译者翻译出过多的带有个体量词的"一量名"组构,致使译文中个体量词的使用数量急剧上升,导致"个""张"等使用过度频繁,而带有修辞色彩的借用、临时量词使用过少,这一现象直接影响读者对量词使用的语感,从而影响读者的量词系统。客观上,会使汉语量词中个体量词的使用频率上升,使临时量词、借用量词使用频率下降;也会影响汉语中专职量词与名词的固定搭配转为用万能量词替代专用量词。如:

[34] The setting of the sun is a difficult time for all fish.

原译:对任何鱼来说,太阳落下去的当儿是一个难对付的时光。

改译1:太阳落下去的当儿是难对付的时光。

改译2:太阳落下去的当儿是一段难挨的时光。

该例将 a difficult time 译为"一个难对付的时光"。这是量词的错误搭配,汉语中"时光"或用作光杆名词,或用"一段"来表达不定数量。量词"个"是个体量词,无法表达"时光"的不定数量。

(三)对汉语简洁凝练风格的影响

英汉两种语言风格截然不同,汉语讲究简洁凝练,讲究朦胧美。英语讲究条理清晰,逻辑明确,所言详细。受到英语原文风格的影响,汉译"一量名"组构也出现了过量使用的现象,从而影响了汉语简洁凝练的风格。

造成汉译"一量名"组构过量使用的原因有很多,主要原因是英语不定冠词 a(an)的使用,英语无量词,但所有名词必与限定词连用,其中不定冠词"a+N 结构"所占比例巨大,而英语又是名词占主导的语言,因此"a+N 结构"是汉译"一量名"组构过量产生的主要诱因。如:

[35] A boy is a boy.

原译:孩子就是孩子。

对比:一个孩子就是一个孩子。

如果译为"一个孩子就是一个孩子",也算没错。但汉语本土使用者凭语感都能体味出啰唆,汉语名词与量词的结合非强制,从文言文延续下来的光杆名词用法现今仍然存在。因此面对原文时,对汉译"一量名"组构的运用要多加思索,避免出现通篇"一"的现象。

总之,应当避免"恶性欧化",坚持汉语风格与语法结构的统一与完整。汉译"一量名"组构的恶性欧化既给读者带来阅读困难,也给汉语的发展带来不良影响。汉译"一量名"组构恶性表现有两种:过量使用和功能不当。译者要有意识地调控汉译"一量名"组构的翻译过程,减少产出数量、加强修辞和感情色彩功能的使用、减少万能量词的使用频率。

第七章　汉译同义句组构择优问题

句子是翻译的中枢单位,汉译同义句选择是整个翻译活动的轴心活动,向下可以辖制词和语的组构,向上可以支撑句群和更大语篇的组构,因此同义句如何组构,如何选择就成了核心问题。本章以汉译组构时同义被动句的选择为例。表被动义的句子叫被动句,被动句有的用被动标记(下称"被标"或"有标"),有的不用被动标记(下称"无标")。有标被动句又分为用动词作为标记的"动标被动句"和用介词作标记的"介标被动句"。丰富的被动句式本应为译者提供多种选择的可能,可是在汉译中"被"字使用的频率还是高于本土作品。而"被"字,是被动句式最典型的标记,汉译组构被动句"被"字运用研究,旨在研究原文的被动句汉译过程中被标的规范问题,以免滥用"被"字。

第一节　汉译同义句组构选择概说

任何语言丰富的同义手段是译者表达的宝库。一句话,百样说,百样说自然有百样色彩,较大或些微的差异仍然存在。汉语同义句非常丰富,为汉译提供丰富的选择资源。以往讨论翻译的同义问题多停留于词语和句式层面,其实"同义手段在语篇层面是大量存在的,并且具有多种表现形式"(郑庆君,2006)。邓中敏和曾剑平(2020)认为同义句是可形成互文见义的修辞手法,为避免行文的单调平板,或适应文体表达的某些要求,它可将一个意思比较复杂的语句有意识地分成两个或三个形式相同(或大致相同)、用词交错有致的语句,使语义表达更加严密化和充足化。

一、汉语同义句组构

同义句是典型的同义结构。按严格的语法观,同义结构之"义"应指语法成分之间的关系义,即语法义,如"我打破了杯子""我把杯子打破了""杯子被(叫)我打破了"具体语义相同,句法结构不同,才构成了同义结构。

同义句式并非完全同义,不同的结构形式,必定反映意义的差异。严格讲,并不存在真正的同义句式。细微的语义差别总会隐于同义句式,其隐含义或联想义不同,或者信息重点强调不同,如:1)我不吃鸡了;2)鸡我不吃了。第一句为一般表达,陈述事实;第二句意指"鸡我不吃,别的能吃"。这些表达的选择,从语用角度看,往往取决于说话人选择的意图、修辞值和语境值不同。

从句子层面看,汉译是义一形多的艺术,即原文意义不变,为"一",汉语表达形式多样,为"多"。多个汉语句子即构成同义句。狭义同义句指"句子的语序不同或构造不同而表达的内容基本相同的两组或几组句子"(赵金铭,1993),如:1)那个女人丢孩子了;2)那个女人孩子丢了;3)那个女人把孩子丢了。三个同义句,选择哪一个,必须据原文语义甚至是语用才可作出决断。

汉译时除了上述狭义同义句之外,更要重视的是广义同义句,即用不同的句子来表达同一个判断或用不同的语法形式传达同一个意思,如:1)他没有兄弟姐妹;2)他是独子;3)他是棵独苗。又如1)老虎比猫大;2)猫比老虎小。再如:1)天快亮了;2)鸡叫三遍了;3)窗户纸发白了;4)东方出现鱼肚白了;5)黎明即将到来。

二、汉译是同义句组构选择的艺术

既然同义句"同义",其同义结构就具有统一性。第一,各同义句形不同,义却相同或大致相同;第二,具有同义关系的各同义结构互补,既形式上互补,功能上更互补;第三,各同义结构间的对立或差别一定条件下可能转化,表达功能相差很小。这就为翻译提供了可选择的空间。以往比较在意翻译中的同义词选择,其实同义句是译者首先应该关注的,在此之下才可以考虑同义词选择,即后者往往受制于前者。

在语言同义句样式远多于言语同义句式时,需要语用价值和文化背景予以关照,在多种潜在的译式中选定一个或几个译案。再看第二章例15,It is better X than Y 类名言是劝诫性警句,劝诫人们权衡轻重,具有一定的警醒作用。该例语义上属于比较结构,舍 Y(欺人)取 X(被欺),汉语既可用单句,如:

A 式:X 比 Y 好/强;
B 式:X 优于/胜过 Y。

也可用复句形式,如:

C 式:要是 Y,不如 X;
D 式:与其 Y,不如 X 为好;
E 式:与其 Y,为什么不 X;
F 式:与其 Y,还/倒/真不如 X;
G 式:与其说 Y,不如说 X;
H 式:与其说是 Y,不如说是 X;
I 式:与其 Y,不如/毋宁 X。

对上述九种译式作何取舍?所谓隽语,是意味深长、耐人寻味的话。汉语隽语一般精练简短,流畅上口,易于接受。有鉴于此:第一,为求对仗,可舍 A、B 式,原文可照译为单句,但在音节铿锵和形式美感上不如对应好,从名人名言形式读记心理角度看,单句不如复句更受中国读者喜爱;第二,为求书面,可舍 C、D 式,因为二者略带口语色彩,前后形式不齐整,缺乏书面性;第三,为求简练,可舍 E、F、G、H 式,因为四种译式前后两句字数不对应,用字也过多,还需凝练求美。最后剩下的 I 式也有"与其 Y,不如 X"和"与其 Y,毋宁 X"两种,均为比较文言的说法,但后者更为文气,前者文白夹杂,可接受程度更高;另外,可采用古汉语语法,动名颠倒顺序可以表示被动含义而不用被标。最终可定:

与其欺友,不如友欺。

由上可知,翻译从甲语到乙语,实际上走过了两个同义组构过程:"义一语多"和"义一形多"。翻译首先是"义一语多"的行为,即面对大千世界不同语言表达同一对象。"义一"指原文所表达的内容;"语多"指表达这一内容的多种语言。人类思维的共性决定了能对同一事物具有大致相同的表达能力,特性决定了表达手段的差异。若用 M 指代意义,L 指代语言,"义一语多"的行为可表示为图 7-1。

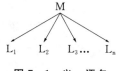

图 7-1 义一语多

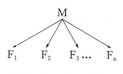

图 7-2 义一形多

翻译其次是"义一形多"的行为,即面对大千世界同一对象可用另一语言的不同手段表达。"义一"仍是原文所表达的内容,"形多"则是另一语言表达这一内容的多种形式。同一民族的思维方式决定了能对同一事物具有大致相同的表达能力,但个体差异和语言资源的丰简决定了表达手段的多样性。面对原文,尤其是文化内涵较深的词句,修养深厚的译者,沉吟之际常会想到各种译案,再多中选一,既凭理性,更凭直觉。若用 M 指代意义,F 指代形式,"义一形多"的行为可表示为图 7-2。如:

[1] Feminists feel that it is an invasion of their privacy to be obliged to indicate via the title "Mrs." or "Miss" whether or not they are married.

原译:女权运动者们认为,人们称呼她们,使用 Mrs.(太太)或 Miss(小姐)的称呼,不得不表明她们已婚或未婚,这种做法是对她们私事的一种侵犯。(黄汉生、顾孟耀　译)

试译 1:女权运动者认为,称呼她们 Mrs. 或 Miss 以表明她们婚否,这侵犯了隐私。

试译 2:女权派认为称呼"太太"或"小姐"以明婚否强人所难,侵犯了隐私。

试译 3:女权派认为"太太"或"小姐"之称区分了婚否,这种强行侵犯了隐私。

试译 4:女权派认为称"太太"或"小姐"强行区分婚否侵犯了隐私。

原译未译出 to be obliged to,行文不简,同时"女权运动者"虽已固化,但可简称"女权派","派"指立场、见解或作风、风气相同的一些人,据此"持不同政见者"可译作"异见派"。试译 1 两次译出"她们";英语原词留用,会欺负不懂外文者;同样未译出 to be obliged to。试译 2 译出了原意,符合汉语;试译 3 和试译 4 将 to be obliged to 转换视角译作"强行",前者比后者更简洁。

第二节　"被"字译用简史

被动句是受翻译影响较大的汉语句法现象。研究汉译被动句被标的选择,有必要了解"被"字运用的简史,以便将汉译过程中遇到的双语矛盾问题置于历史的过程中去把握。

一、"被"字的来源

介词"被"由动词演变而来。在洪荒年代,先民们具有的是具象思维。据张今(1980:337)假设,最初的动物般的叫声,正是原始动词最早产生的源头。"原来的一些'动物的叫声'逐渐具有了固定的意义。一定的声音和一定的意义逐渐结合起来了,形成了最早的词——原始动词。"可以说,叫一声,就是一个句子;一个原始动词,就能反映原始生活的一个场景。一个原始动词牵涉到行为的主体、客体、方式、工具、时间、地点等。

随着语言与思维的发展,从原始动词中分化出了主语和宾语,逐渐需要分化出更多的成分,如工具词、处所词、目的词、时间词、数量词等,词与词之间的关系不明,各种介词则应运而生。汉语的介词主要来自动词。有的介词同时也是动词,如"他向着我""他向着我走来"等。据李珊(1994:17)"被"字也是由动词演变来的。

1)"被"表"披"的含义,如"东方曰夷,被发文身"(《礼记·王制》)。

2)引申为动词,表"覆盖"义。"被,寝衣也"(《说文解字》)。

3)引申为及于义。及于义从覆盖义来,如"被文王之化"(《诗序》)。

4)引申为蒙受义。蒙受义也从覆盖义来,如"忠而被谤"(《史记·屈原列传》)。

王力(1985b:566)说,及于义是主动地覆盖或施及某一事物,蒙受义是被动地蒙受某一事物,被动式的"被"字来自这一意义。

二、"被"字的语法化

结构上的被动式在先秦比较少见,出现在春秋以后。有三类:一是"于"字句,如"兵败于陈涉,地夺于刘氏"。二是"为"字句,如"身为宋国笑"。三是"见"字句,如"信而见疑"。

到了汉代,有了新的发展,主要表现为两种形式:一是"为……所"式,二是"被"字句;前者由先秦的被动式"为"字句发展而来,后者大约萌芽于战国末期。中古时期又有了新的发展,用得更普遍。(王力,1985b:547-562)被字句也能插入施事者,被字句结构趋于复杂化,则是在梵语影响下形成的,这种句式初见于东汉末年。在一般口语里逐渐代替了"为……所"式。这一发展阶段,是被字句带关系语的阶段,很重要,因为它为现代汉语被动式奠定了基础;现代汉语的被动式绝大部分是带关系语的。

东汉以后的注释书中,表被动意义的主动句形式往往用表被动的形式来注解,说明先秦用主动形式表被动义的句子,在汉人看来已不够明确,要用被动式注释才能明确。"被"字实义虚化即语法化完成于13世纪,在使用上不受词汇的限制。(转自李珊,1994:19)

远古时期,汉语主被动同形,发展到被动标记的产生,乃至"被"字句成为被动语态的主导标志,体现了汉语的明确化精密化趋势,也反映了语言结构类型由屈折式向分析式发展的过程。

三、"被"字句的语义变化

汉语被动式从古至今基本表示拂意。李珊(1994:19)认为:"'被'含'蒙受'义,表示一种遭受现象,这种语义上的独特之处,使汉语被字句于被动意义之外,一开始就多了一层不幸、不如意、不愉快、有所损害的语义色彩。这个语义色彩长期存在,沿用至今,五四以后才稍稍打破。"

五四以来的欧化式翻译对"被"字语义的发展起到了外因的作用。王力(1985a:488)早就指出被动式的欧化问题:被动式所叙述的是不如意或不企望的事,并非一切的叙述句都可变为被动式。现代欧化的文章里,就不依照这一习惯了。因为西文里如意的事或企望的事也都可用被动式,于是凡西文能用的,中国人也跟着用。这一运用当然也促进了"被"字句由拂意向如意方向发展。

"被"是否只是在五四以后才开始转向如意,表承赐义呢? 邢福义(2004)进行了观察和验证,他举例说,承赐型"被"字句,从古代发展而来,如"时敦被征为秘书监,以寇难路险,轻骑归洛阳,委弃公主"(《晋书·王敦传》)。但在现代才形成模式,形成了具有较强系统性的被动称心表述的网络,使得"被"字句出现了较为特殊的承赐型。

四、"被"字运用变化的原因

"被"字使用发生变化,不外乎:语言发展的需求;增添观察事物的角度;为了表达的简练,深受翻译的影响。

(一)适应语言的发展

语言表达是不断发展的,汉语句子长度的增长是与时俱进的,在书面语句子长度受限的时代,任何虚化的形式都受到高度的制约,主动与被动同形正是受其作用的结果之一。随着汉民族对事物认识的深入与复杂化,语言形式与语言内容的矛盾日益突出,新的语言形式为适应语言表达的需要,突出传统的形式,或者将传统的隐性特征变成显性特征。

就"被"字而言,它由动词演变为介词,在被动标记中占据突出地位,成为语法化的典范,其语义由表拂意增至表如意,都是反映了语言发展的内在规律的需求。这就增加了"被"字的使用量。据劲松(2004)研究,随着语言的发展和变化,被动态表达法,特别是带标记或虚词的表达法有了明显的增加,作为被动态标记的虚词,如介词"叫、让、给"和助词"给、被"都有向"被"字集中的趋势。他们统计了1930—2004年一百多部作品,带标记的被动句占全书总句数的平均比例由1%～2%升至3%～4%,几乎增加了一倍。鲁迅《阿Q正传》(1930年代)约占1.96%,铁凝《树下》(1980年代)占4.57%,而董懿娜《斯人已去》(1990年代)则高达8.75%。

其实,这一趋势,在汉译中更明显。

(二)观察事物的角度

汉民族观察事物多少以我为中心,为出发点,反映了汉民族天人合一的哲学观。"我"是世界的主宰,世界是从我的眼里观察到的,可以物我两忘。但是世界有你我之分,有第三物的存在。如果换个观察的角度,可以丰富汉民族看问题的角度,得到相对应的结果。

以读书为例。从施事角度看,我读书,把书读破了,有"读书破万卷"一说。从受事角度看,是书被我读,书可以被我读破,一般不说"书读我",却可以说"书读破了"。两种说法,都表示拂意,但换了个角度,说"我读书",是主动态;说"书读破了",是中动态,即主动形式,被动含义;说"书被我读破了",是典型的"被"字句,施事的加入逼着"被"字出现。即便是"书被我读了"进入语境,也可表示如意,关键看参照对象。如:

[2]我不再是从前的我了,最近学习非常投入,可用功了,连书都被我读破了好几本。

从说话人的角度看,读破了几本书是值得自豪的事情,也是"我"用功的证据。由此看来,观察事物的角度有三个:拂意、无意和如意。

(三)为了表达的简练

在古代,一个词有时既可表示主动,也可表示被动。由上可知,相对于无"被"字被动句而言,用"被"字句,似乎增加形态特征,多用了一个虚字。但是表达有时还离开不了"被"字,即有的表达非用"被"不可,不用"被"字反而繁复累赘。如:

[3]爱人与被爱都是幸福的。

"被爱"即"被人爱",亦即"被人爱的人",因受前面"爱人"的音节制约,只有选用二字式的词语相配。如果说"被爱"还可改为主动句,说成"有人爱",那么施事不出现的"被"字句有时则难以用其它句式转换。如:

　　[4]周晓兰被誉为"天安门城墙"。（宋玉柱用例）

　　表达简练,还表现为句子结构的制约。如一旦话语中心确立,即在表达意念中确立一个主语,而随后的动词有几个,有的表主动,有的表被动,为了与主动在语音上、在语表上形成对仗或对应,达到形式上的美,则必须用"被"字表示。如上例"爱人与被爱都是幸福的"。

　　(四)深受翻译的影响

　　以上三点是"被"字运用变化的内因,五四以来的翻译对汉语的影响是外因。"'被'字句运用范围之所以不断扩大,主要原因是汉语内部规律的推动,外语的影响只是一个外因,而事物的发展,'外因是条件,内因是根据,外因通过内因来起作用'"(宋玉柱,1984)。英/俄语多用被动句,主要动用之一是突出受事。老舍的早年创作受西语影响,被动句用得较多。据王克非(2002)统计,《骆驼祥子》全书 221 页,结构被动句多达 100 句,平均 0.5 句/页,虽说远少于英语作品,却多于《红楼梦》的被动句(<1 句/10 页)。

　　但是,汉语的捍卫者余光中(2002:93)曾批评说,英语多被动语气,最难化入中文。中文西化,最触目最刺的现象,是这被动语气。无论在文言或白话里,中文当然早已有了被动句式,但是很少使用。还有两点值得注意:其一是除了"被""经""为"之外,尚有"受、遭、挨、给、教、让、任"等字可以表示被动,不必处处用被。其二是中文有不少句子是以(英文观念的)受词为主词,如"机票买好了"等。中文里被动观念原来很淡,西化之后,凡事都要分出主客之势,也是自讨麻烦。其实英文的被动句式,只有受者,不见施者,一件事只呈现片面,话说得谨慎,却不清楚。

　　这一现状在下文的调查中可见一斑。

第三节　汉译组构"被"字运用调查

　　汉译被动句组构常用"被"字,但还有其它被标可以采用。通过英译汉和俄译汉被动句的比较,各有千秋。而本土作品"被"字语义调查表明,被字有向表承赐义的倾向,但汉译还不常用。汉译"被"字文体调查结果则是,不用"被"字的被动句仍是主体。

一、汉译"被"字与其它被标比较

"被"字及其它被标均属于主事介词,即这些被标后面介引的是行为的施事者。据陈昌来(2002:172)总结,汉语的主事介词还包括:挨(捱)、叫(教)、让、由、归、任、一任、任凭、任着、听、听任、听凭、随、于、为(为……所……)、令、给等,其中绝大多数可用来表示被动观念。

在实际翻译中,这些被标的运用情况如何呢? 可选不同时期不同译作进行比较(见表7-1),被字短语(如"被骗的钱")中的"被"字不在调查之列。请看劲松(2004)对本土不同作家作品被动句被标的统计,结果见表7-1:

表 7-1　中国作家作品被动句被标统计

作家作品	创作年代	被动句总数	被	给	叫	让
冰心《两个家庭》	1919	3	3	0	0	0
鲁迅《阿Q正传》	1921	26	23	3	0	0
老舍《骆驼祥子》	1936	117	99	1	15	2
王蒙《组织部来了个年轻人》	1956	16	16	0	0	0
浩然《新媳妇》	1957	13	11	0	0	2
蒋子龙《乔厂长上任记》	1979	31	28	0	3	0
莫言《拇指铐》	1980	30	29	1	0	0
铁凝《树下》	1980	8	7	0	0	1
董懿娜《斯人已去》	1990	68	63	2	0	3

二、英/俄语被动句汉译处理比较

英语将被动句分为结构被动句和意义被动句,前者是用动词被动形式的被动句,相当于汉语的有标被动句,后者是不用动词被动语态的被动句,相当于汉语的无标被动句。*Red Star Over China*(《西行漫记》,董乐山译)使用的结构被动句共1381个,据周志培(2003:449)调查,其汉译情况见表7-2。

表 7-2　英语结构被动句汉译处理比较

数据	汉译情况			
	英译结构被动句译作汉语有标被动句	英译结构被动句译作汉语无标被动句	英译结构被动句不改动词,译作汉语主动句	英译结构被动句改变动词谓语,译作汉语主动句
句子数	184	229	866	120
%	13.3	16.6	62.7	7.4

由表 7-2 可知,英语的结构被动句与汉语的比例非常悬殊:1381:184,将近八倍。英语结构被动句译作汉语主动句占主体地位,达 70.1%,汉语主动句比英语用得要多,要广。译作汉语无标被动句的比例比译作有标被动句的比例要大:16.6%>13.3%。另外,据申小龙(1989:112)研究,汉语的无标记被动句占 90%左右。

俄译汉不必研究俄语结构被动句译作汉语的处理比较,只须引证俄汉语篇中被动句运用比例,即可见一斑。见表 7-3:

表 7-3　俄汉语使用被动句抽样比较

语种	作品	句子总数	被动句数	百分率
汉语	《物理》	630	8	1.30%
俄语	Общая химия(《普通化学》)	1240	230	18.51%

表 7-3 据王利众(2001)修改而成。调查表中《物理》是全国通用的高级中学课本第一册,抽样调查了第 1—50 页。俄语《普通化学》是苏联化学出版社出版的科学作品。两相比较可知,俄语科学语言被动句远高于汉语。

三、本土作品"被"字语义调查

"被"字自古基本用于表拂意,后来逐步用于中立义,近来才多见于表承赐义。详见表 7-4。

表 7-4　本土创作"被"字语义变化调查

年代	汉译与本土作品"被"字用量			
	本土作品名称及作者	"被"字用量		
		拂意	中立	承赐
清末	吴趼人《恨海》	30		1
1930	老舍《骆驼祥子》	80	22	
1980	从维熙《雪落黄河静无声》	28	13	5

由表 7-4 可知,从时间上看,1930 年代老舍创作的《骆驼祥子》被字句用了 102 句,没有一句表褒义的,中性也只有 20 余条。1930 年代比其它年代使用被动句要多,用"被"字也就较多,此前被字句少用,自不用说,此后,如 1980 年代被字句用得也比较少。巴金《家》的修订正反映了这一事实。1931 年初版《家》含被动句 272 个,1957 年修订版有 116 处改掉被动句。

究其因,可找到三点:第一,1930 年代以前是欧化极盛时期。第二,欧化作用经过 1940 年代的文艺政策有所扼制。第三,1950 年代初,是规范现代汉语形成期,一批老文学家率先遵守现代汉语规范,带头修改了许多原先欧化的因素,其中包括"被"字的使用。

四、汉译"被"字文体调查

一般说来,文学作品用被动句少于科技作品。据王克非(2002)统计,毛姆《人性的枷锁》前 40 页被动句 115 个,奥斯汀《傲慢与偏见》前 30 页被动句 135 个。比较后者的不同译本,陈月菁译本前 30 页被动句使用比例为 0.5 句/页,而孙致礼译本前 30 页只用了二三处。

科技文体英语广泛使用被动语态,是其文体特点之一。包振南(1981)据 *The Structure of Technical English* 和 *English for Engineers* 各五篇文章以及 *Metalworking Production* 杂志两篇科技报道文章中谓语动词形式做过统计,使用被动语态形式的谓语动词在一篇文章中占谓语动词总数的最高百分比可达 59%。即使报道性科技文体作品,以被动语态形式出现的谓语动词所占的百分比亦达 28.1%。在所统计的 753 个谓语动词中,被动语态形式的谓语动词共 270 个,占 35.9%。

表 7-5 据王志军、杨茜(2002)的调查表修改而成。语料来源:小说选自张平《生死抉择》9—15 章,共 15 万字;新闻选自中华网 2001 年 5 月 22—24 日,共 2 万字;科技选自《科学》2001 年第 7—12 期,共 5 万字;文论选自《外国文学评论》2000 年第 3 期和《外国文学研究》2001 年第 1 期,共 3 万字。

表 7-5　汉语作品被动句使用

文体	被动句总数	无施事无被标被动句	无施事"被"字句	有施事被动句
小说	114	50(44%)	27(24%)	37(32%)
新闻	36	18(50%)	10(28%)	8(22%)
科技	146	94(64%)	27(19%)	25(17%)
文论	34	13(38%)	9(27%)	12(35%)
总数	330	175(53%)	73(22%)	82(25%)

综上所述,可得结论:第一,汉译被动句在增加,但仍以主动态为主;第二,汉译时可不改动词,转换为汉语的主动句;第三,汉译时不要被标,转换为汉语的无标被动句;第四,汉译时采用原结构,对应为汉语的有标被动句;第五,适当的时候,改变原文动词谓语,译作汉语的主动句;第六,英译汉或俄译汉,原文被动句只有少部分可译作汉语被动句。

第四节　汉译组构"被"字破解律

汉译组构"被"字破解的对象主要是"被"字的滥用、多用、生用等,可采用的破解手段有:主动句、中动句、介宾短语、介标被动句、动标被动句、省略"被"字等。

一、破解的对象

要破解的主要是"被"字句,偶尔涉及"被"字结构,包括"被 V 的 N"。"被"字结构独立成句,可构成"被"字句,只充当句子成分时不构成"被"字句。看例:

[5] The worker dismissed from this job had refused to do any work.

原译:从这个工作被解雇的那名工人拒绝做任何工作。

试译 1:从这个岗位被解雇的那名工人拒绝做任何工作。

试译 2:从这个岗位解雇的那名工人拒绝做任何工作。

试译 3:那名下岗工人拒绝做任何工作。

试译 1 和原译都用了"被"字,用的都是"被"字结构,在句中作定语。试译 2 去掉了"被",照样可以理解。试译 3 换了角度,把"被解雇"说成"下岗",只强调了离开工作岗位,而未译出原文被解除雇佣关系这一内涵,意义略有走样。

这样的"被"字结构不是本章讨论的主体,主体是被动句,具体说是汉译中的"被"字句。"被"字句,无论文言,还是白话,还是现代汉语,都用但少用,且句子很短。那么,汉译"被"字破解对象至少包括"被"字的滥用、多用和生用。

(一)滥用

滥用,指凡英/俄文表被动义的地方,汉译千篇一律、无节制地用"被"字句,不太合乎汉语习惯;其实,"被"字之外,还有"经、为、受、遭、挨、给、教、让、任"等可表被动意义。如:

[6] From the beginning all men by nature were created alike, and

our bondage or servitude came in by the unjust oppression of naughty men.

原译：开初，上帝把所有的人都造得彼此相同，我们被束缚、被奴役是恶人不公正的压迫带来的。（王德华、王卫新　译）

试译：起初，上帝造人彼此平等，我们被束缚，遭奴役，是受了恶人不公正的压迫。

原译将原文 bondage or servitude 都译着带"被"的结构，显得单一，可换成表"遭遇"义的两个被标，显出语言的多彩。

（二）多用

多用，指汉语本不该用"被"的地方，汉译用了，而且前后接连使用，处处用"被"。汉语被动观念本来很淡，用得不多。受欧化影响，凡事都分主客体，也是自讨麻烦。其实英文的被动句式，多见受事，不见施事，一件事只呈现片面，话说得谨慎，却不清楚。如：

[7] Our great wealth can be used or abused.
原译：我们美国的巨大财富可以被利用，也可以被滥用。（吴奚真　译）
试译：我们美国的巨大财富既可利用，也可滥用。

汉译复句很短，却用了两个"被"字。"利用"与"滥用"本来可入无标被动句中，只要受事居前即可。再如：

[8] As a well-spent day brings happy sleep, so a life well spent brings happy death.
原译：被充分利用过的一天，可以为人带来幸福的睡眠；同样地，被充分利用过的一生，可以为人带来幸福的死亡。（吴奚真　译）

试译：一天充实，可安然入眠；一生充实，可欣然离世。

"被充分利用"无非是说这一天或一生过得非常充实，内容丰富多彩，时间安排得有条有理，有张有弛，地道汉语仅用一个"充实"概括！将描述性的短语浓缩成概括性的词语，浓缩之中，"被"字悄然隐退。试译在语表上也显示了原语名言隽语的风格，前后对应。

（三）生用

生用，指汉译用生硬的被动语气取代自然的主动语气，或者该用其它被

标的地方偏要用"被"字。汉语有不少句子是以受事为主语,如"饭做好了"等。看实例:

> [9] Our anxiety has been lifted from our hearts.
> 原译:我们心中的焦虑已被消除。(京广英 译)
> 试译1:我们心中的焦虑已经消除。
> 试译2:我们的焦虑消除了。
> 试译3:我们不再心存焦虑了。
> 试译4:我们不再焦虑。

英/俄语被动句的标记为动词词尾的变化形式,属于词法标记,汉译被动句则添加辅助词,属于词汇标记。如试译1将原译的"被"字去掉,使汉译成为无标被动句,因为动词"消除"本身就是可进入无标被动句的双音节及物动词。试译2和4则更简单,去掉焦虑产生器官"心"(实为"脑"),去掉表完成时的"已经",添加表完成时的助词"了",译文更简洁。若是批评原文形象有所失,也可处理为试译3。

针对上述类似情况,有必要探讨"被"字破解规律。在英/俄译汉中,破解"被"字可从三个方面考虑:主动句、有标被动句和无标被动句。有标被动句又可分为介标被动句和动标被动句。根据汉语本身的特点,汉译中三种破解的比例应该是:主动句>无标被动句>动标被动句>介标被动句。

二、译作主动句

汉译在组织构建过程中会用到多个同义结构,往往要据语境选择最佳或较佳的结构。以英/俄译汉中"被"字句破解为例,其组构标记择优序列是:无标组构>有标组构。汉译时首选主动句。

(一)被动句一般可译作主动句

汉语述宾句是由述宾短语充当谓语的主谓句,包括由及物动词作述语的支配性述宾句和由非及物动词作述语的关涉性述宾句(韦世林,2000:84),前者如"我爱你",后者如"我来了"。"我"与"你"是对称关系,即对应于"我爱你",可说"你爱我",表示施爱关系的主谓句可用"施—动—受"主动句式,也可用"受—动—施"被动句式,内容相同,效果不一,完全取决于语用需要。

汉语主动态用得较英语多,发挥优势,只要被动态不成为原文的一大特色,均可用汉语的主动形式表示被动义。即使是被动句,汉语也尽量出现施事,或者可以补上施事。而英语约有五分之四的被动句不出现施事,汉语则相反。如果英/俄语被动句含有施事,只要不存在修辞作用,一般可以译作主动句。

以往强调被动句是强调受事,不可随意变为主动句。这种"被动句主语强调论"常使我们对被动句的语意重点产生误解和误译。(李引、王桂之,1996)对英语被动句大量实例研究表明,英语被动句主事多半是陈述的起点,充当话题,一般不是被强调的成分。如:

[10] The prize has been won by John.
奖品由约翰赢走了。

句中受事 the prize 传达已知信息,是话题,而施事 John 是未知信息,是表述的语意重点,体现了句末信息焦点原则。只有在被动句主语为不定冠词或零冠词的名词时,主语才传达新信息,可能成为信息焦点,这时英语被动句决不能译作汉语的被动句,否则便成翻译腔。如:

[11] A decision was arrived at yesterday.
原译:一项决定昨天被作出。
试译:昨天作出了一项决定。

由例可知,被动实际是主动的逆关系。主被转换看似语序变动,从逻辑上讲,被动句换成主动句,实际上原语主动转成被动之后,进入译语又转向事物的正常表述状态,换言之,是原句主动关系逆转的再次逆转,负负得正。在转换中,找准行为动词,再把施事放前,受事置后,即可以恢复原有的施受逻辑关系,完成转换过程。施受互易,主动与被动是动词行为的主客体,主动是从主体出发表述事件,被动则是从客体出发表述事件。主动与被动在修辞作用不明显的情况下,完全可以变被动为主动,以符合汉语的特点。如:

[12] Friction can be reduced and the life of the machine prolonged by lubrication.
润滑能减少摩擦,延长机器寿命。
[13] Doctors are required to report cases of dangerous contagious diseases like AIDS as public-health hazards.

医生发现艾滋病之类威胁大众健康的危险性传染病病例必须上报……(汪福祥、伏力 译)

初译者很容易将 Doctors are required to report 译为"医生被要求报告",这种不合汉语表达习惯的句式。原句式除"被要求"外,还有"必须、一定、应该"等意。"被要求"从被要求方来说是外在对自己的要求,从自身来说,应算是起码的职业素养等。

(二)不改变动词译作主动句

1.译作泛指人称句

如果英/俄语的被动句不出现施事,可译作汉语的泛指人称句。泛指人称句不指具体的人,而指某一种人或某一类人。汉语泛指人称句常用"人家、大家、别人、人人、人们、他们"等,汉译时加上这些词语,即可成主谓句。如:

[14] Electrons are known to be minute negative charges of electricity.

大家知道,电子是极其微小的负电荷。

[15] This type of combination of protons and neutrons with planetary electrons is found to be existing in all substances.

人们发现,质子、中子与行星般的电子所构成的这种组合存在于各种物质之中。

2.译作无主句

译作汉语无主句,即以词或主谓短语以外的短语构成的句子,以动词性非主谓句为主,有时在一般动词前还可加上"必(须)、应(该)"等动词。如:

[16] A pickpocket who steals $100 may well go to prison, but imprisonment of a person evading payment of a similar sum in taxes is almost unheard of.

一个偷了100美元的小偷很可能会坐牢,但却几乎没听说一个人因为逃税达同样金额的人入过狱。(汪福祥、伏力 译)

"没听说"?谁没听说?汉语里不必说出。再看几例:

[17] There is always excitement at the Olympic Games when a

previous record of performance is surpassed.

原译:在奥林匹克运动会上,当一项原来的运动纪录被超过的时候,人们总是激动不已。

试译:奥运会每刷新一项运动纪录,人们总是激动不已。

[18] Now ways are found to take natural materials out of rubbish and use them again.

原译:现在已经找到了从垃圾中提取天然材料并再加以利用的方法。(宋慧用例)

试译:现在找到了从垃圾中回收利用天然材料的方法。

[19] If the impeller or collar is renewed...

如更换叶轮或轴环……

[20] Provision is to be made for vibrating the unit in the three mutually perpendicular planes.

应采取措施,使组件在三个相互垂直的面产生振动。

[21] As these minute charges move along a wire, that wire is said to carry an electric current.

这些极微电荷若沿导线运动,就认为它导电。

3. 译作不定人称句

只强调动词的行为,而不强调行为的主体的句子称作不定人称句。行为主体可能无必要指出,也可能无法明确,甚至是完全不可知。常译作不定人称句的英语句型是"it＋be＋Ved",习惯译作"据＋V,……""有人V,……""业已明/探明/证明,……"等,如 It is said(据说)、It is reported(据报道)等。看例:

[22] Nuclear power plants are said to be under preparation for construction.

据说,核电站正在筹建(之中)。

[23] He is thought to have information which will be useful to the police.

据认为,他掌握了对警察有用的情况。

[24] It has been proved that a direct current is a flow of electrons that move continuously in one direction.

原译:有人已经证明直流电是不断地以一个方向运动的电流。

试译:业已证明,直流电是朝一个方向不断运动的电流。

[25] It is believed that the inflation will stimulate the development of the economy.

有人认为通货膨胀将刺激经济增长。

[26] It is well known that Tibet is a territory of the People's Republic of China.

众所周知,西藏是中华人民共和国的领土。

4. 译作"把/将"字句

把字句是一种特殊单句,把字句的动词必须是及物动词,且能支配提到前面的宾语,提到动词前头的宾语要尽量靠近动词。译作汉语把字句一般不能缺少主语,被字句可与把字句调配使用,把字句更能替代被字句。如:

[27] An object is thrown horizontally with a velocity of 10m/s from the top of a 20-m-high building as shown in figure 4-2, where does the object strike the ground?

原译:把一个物体从高为 20 米的屋顶以 10 米/秒的速度水平抛出,如图 4-2 所示。问该物体落到地面上何处?(方涛 译)

试译:物体从高 20 米的屋顶以 10 米/秒的速度水平抛出(如图 4-2 所示),该物体落在地面何处?

应该说原译将被动意义译作无主句,处理得恰到好处。试译则译作主谓句,译得更简洁。这是一种比较,请再比较:

[28] When suction strainers are located inside the reservoir, they must be removed occasionally for cleaning.

原译:当吸滤器位于油箱内时,必须间或将滤器卸下以进行清洗。

试译 1:滤器位于油箱内时,滤器有时必须被卸下来清洗。(被字句)

试译 2:滤器位于油箱内时,有时必须把/将滤器卸下来清洗。(把字句)

试译 3:滤器位于油箱内时,滤器有时必须卸下清洗。(无主句)

试译 4:滤器位于油箱内时,有时必须卸下清洗。(无主句)

上述四种试译,译作被字句,用"被"不自然;译作把/将字句,可以但不简练;可译作无主句(试译 3),但未考虑前文语境;将"吸滤器"舍去,无主句(试译 4)更简练。

5.译作判断句

英语被动语态的动词形式与系表结构形式上并无二致,表语多半是由动词的过去词转化而来的。尽管在逻辑上有动静之分,被动句强调行为及其过程,系表结构强调性质或状态,只要在语义不造成大的差别,可译作汉语判断句。如:

[29] Rainbows are formed when sunlight passes through small drops of water in the sky.

原译:阳光透过空中的小水滴形成了彩虹。

试译:彩虹是阳光透过空中的小水滴形成的。

两种译文都可以,可据上下文的连贯选其一。试译是判断句,可表达原文被动之义。再看两例:

[30] Telephone was invented by Graham Bell.

电话是格雷厄姆•贝尔发明的。

[31] Influenza was caused by two main types of virus.

流感是两种主要病毒引起的。

6.模糊动词被动含义

动词表示被动义,必然涉及施受关系,如果施事与受事密切相关,彼此地位平等,不处于一高一下的地位时,可以模糊动词的被动义。这类动词多半表示施受关系,有时还带有 with、into 等介词。如:

[32] Since the two bellows are joined with a rod between them, their movement changes the position of an arm which is linked to the rod.

原译:因为两个膜盒是通过其中一根杆子相连接的,膜盒的运动就改变了与杆相连接的一根臂的位置。

试译:两个膜盒之间有一根杆,均与之相连,膜盒运动,驱使与杆相连的臂运动。

[33] She is shocked into a confession of guilt.

她吓得承认自己有罪。

(二)改变动词,译作主动句

1.表被动义的动词向表主动义的动词转换

利用词义相对的动词进行转换,可将被动义变为主动义,如买与卖、给予与获得等。这种转换有时体现在同一动词,换言之,这个动词既可表主动,也可表被动,只是表被动时构成无标被动句。请看实例:

[34] The convict was released from prison after serving his sentence.

原译:这个罪犯在服刑之后被释放出狱。

试译:这个罪犯刑满释放了。

[35] The American ship was seen again and again.

原译:这只美国船反复被见到。(有时发现它在这儿,有时发现它在那儿。)(吴炜彤等 译)

试译:这只美国船反复出现。

前一例"刑满"是动词,指服刑期满,作为罪犯,不会自己释放自己,只能是执法部门释他。后一例"被见到"在句中听起来别扭,不如译其相反的表达"出现";括号内的文字纯属解释,也属多余,不必!

2.省略动词,将其它词译作动词,形成主动句

语际转换中,原文表被动的动词有时省略,而将动词或与动词连用的介词所涉及的名词译作相应的动词,形成主动句。比如原文动名词与某些虚义动词(弱动词)搭配构成主谓被动态时,可据逻辑义直接译出主语即动名词的动词义,在汉译中作谓语。如:

[36] The application of the resulting curve in actual computation is accomplished by table look-up.

原译:通过查表即可应用实际计算中所获得的曲线。

试译:通过查表即可使用实际计算所得的曲线。

原文主要成分是 The application is accomplished 逻辑意义相当于 The resulting curve in actual computation is applied。经过思维转换,可汉译为"可使用",请看试译。再如:

[37] Many sleepwalkers do not seek help and so are never put on record, which means that an accurate count can never be made.

　　原译:许多梦游者不想办法治疗,因此从来没有被记录在案,这就
意味着永远不可能准确地计算人数。(吴炜彤等　译)

　　试译:许多梦游者不愿治疗,从未登记在册,因此患者的确切人数
永远无法统计。

　　原文表被动的词是 put,理解之后,直接利用核心意义词 record,译作
"登记",将被动句译作主动句。省去的是动词,表达出来的是原文的介词宾
语成分。

　　3. 表被动义的动词译作名词

　　语际转换中,原文表被动义的动词可以译作名词,作汉语的主语,谓语
则由原句其它的成分充当。如:

　　[38] The operation was designed to make the public believe that
Concorde was a danger to the environment in terms of noise and air
pollution.

　　原译:制定这个行动计划是为了使公众相信,协和号飞机就噪声和
空气污染而言是危害环境的。

　　试译:这个行动计划旨在使公众相信,协和飞机的噪声和空气污染
危害环境。

　　实际上 be designed to do sth. 已是习语,意为 be made or planned for a
particular purpose or use,试译取其关键词 purpose,将原先的谓语动词译
作了名词"行动计划",消解了被动含义。再看两例:

　　[39] The electric current is defined as a stream of electrons
flowing through a conductor.

　　电流的定义是流经导体的电子流。

　　[40] 10,000 feet was read from the altimeter.

　　高度表的读数是 10,000 英尺。

三、译作中动句

　　汉语中动句,即前述的无标被动句,也叫意念被动句、受事主语句、当然
被动句,能进入中动句的动词都是及物动词,反过来,并非所有的及物动词

都能构成中动句。中动句有两个特征：不用介标，不用动标，只出现受事和行为，不出现施事，由句子本身的逻辑关系显示被动意义，语表上与一般主动句相似。可见中动句是语表主动而语里被动的句子，英、俄、汉三语中都有，但汉语要远多于英语和俄语。发挥这一优势，汉译时应当多用中动句。这类被动句的被动意义主要是靠上下文，靠语境，英/俄语表被动的谓语动词，在汉语中入句才能定下意义是否属于被动。

英/俄语被动义可用中动句表达的有五类。（见李秀香，2001）

（一）受事＋动词（＋附属成分）

此类意义被动句表示受事所处的状态，常受到一定的句法限制，使用的附属成分有"着、了、过、起来、在"等。如：

[41] It was on their mud brick walls that the slogans were chalked.

标语就刷在他们房屋的土墙上。

[42] With the pump at zero output, an idling condition is produced which is analogous to a disengaged clutch.

原译：当泵的输出为零时，即出现空转状态，与离合器脱开相类似。

试译：泵的输出为零时，出现空转，与离合器脱开相似。

[43] Unless something is moved, no work is done.

原译：除非某种东西被移动，否则功不会被完成。

试译：物体移动才做功。

（二）受事＋形容词＋动词

形容词主要用于表示行为的性状，常用的形容词有"好、难、容易"等。如：

[44] The book hardly sells.

这书很难卖。

（三）受事＋能愿动词＋动词

此类中动句表示受事的可能性、意愿、必要性等，常用的能愿动词有"能、要、会、可、愿、应该"等。如：

[45] The hydraulic power produced by the turbine or absorbed by the pump can be determined by measuring a differential pressure.

原译：涡轮所产生的液压功率和泵所吸收的液压功率可通过测量

压差的方法而测定出来。

试译：涡轮产生的液压功率和泵吸收的液压功率可由压差测定。

[46] Китайский народ не победим!

中国人民（是）不可战胜（的）!

（四）受事＋动词＋施事

此类中动句的施事与受事可自由互换，而动词不变。常用动词有"淋、晒"等，如"我淋着雨—雨淋着我"。看实例：

[47] I hope you didn't get soaked standing out in the rain.

译文1：我希望你站在外面没有被雨淋透。

译文2：我希望你站在外面没淋透。

（五）受事＋系词＋N

被动句表示受事具有的性质或特点，常使用"V起来、叫（作）、能（够）、会、可（以）"等词或结构。如：

[48] Certain substances have the property of attracting iron, this property being called magnetism.

某些物质具有吸铁的特性称为磁性。

（六）受事＋动词＋不＋附属成分

这是中动句的否定形式，附属成分包括"得、了、着、上"等。如：

[49] The door won't shut.

这门关不了。

及物动词涉及施事与受事，既可从施事角度，也可从受事角度去描写。而中动句没有词项标记，结构相对简单，习得难度较小，儿童能较早习得。有标被动句是在中动句的基础上通过扩展、替换、联结等句法手段的运用得以实现的。

由上述各例可知，可进入中动句的动词可分为单音节动词和双音节动词，据王灿龙（1998）研究，有如下一些，见表7-6。

表 7-6　可进入中动句的单、双音节动词

可进入中动句的单音节动词	可进入中动句的双音节动词
扒 拔 罢 耙 掰 摆 板 搬　拌 扮 办 绑 剥 抱 背　逼 编 拨 播 驳 捕 补 刨　憋 保 安 按 熬 拗 擦 猜　裁 采 踩 测 蹭 插 搭 拆　掺 缠 铲 抄 炒 扯 撤 锄　盛 呈 吃 春 冲 抽 除 锄　揣 锉 穿 捶 藏 查 传 唱 搭 打 垫 冻　戴 凋 吊 钓 叠 钉 订 丢 冻　抖 读 堵 煅 锻 堆 炖 夺 定　刹 带 倒 顶 封 贩 纺 焚 缝 登 定　扼 发 罚 翻 赶 擀 搞 割 勾　拂 放 分 改 刮 挂 管 勾　搁 给 耕 攻 烘 哄 花 寄 荐　关 盖 焊 喝 嫁 剪 减 捡 荐 揭　系 夹 浇 教 铰 举 圈 撅 救 卷　讲 截 借 揪 结 转 啃 抠 看 挎　钻 扛 交 烤 烙 砍 拉 拦 捞 勒 挎　扛 捆 扩 括 砍 拉 拦 捞 勒　犁 炼 撩 撂 蒙 描 摸 磨 抹　卖 埋 铆 纳 撵 抛 酿 捏 拧 抹　叫 拿 弄 捻 铺 拍 牵 泼 敲　挪 劈 拼 剖 弃 砌 签 气 嵌 敲　批 沏 弃 取 娶 迁 塞 扫 嵌 删　切 请 囚 撒 撤 塞 扫 镇 摔 摊 贴　染 绕 扔 揉 竖 晒 散 剃 踢 填 贴　烧 捎 试 伸 晒 踢 散 剃 摔 填　收 数 伸 套 眷 煜 踢 拖 脱 网 衔 想 烙 投　烫 掏 吐 挑 抬 添 吞 烙 投　捅 提 挑 抬 掀 网 衔 献 学 洗 找 遮 摅　涂 偷 挖 吓 掀 写 想 烙 投 削 裁 遮　搭 修 绣 凿 铡 削 炸 摘 捉 租　宰 诊 葬 织 煮 铸 抓 捉 租　做 种	安放 安排 安葬 安装 排除 罢免 摆弄 包扎　保藏 保存 保管 保护 拨动 败坏 保留 报道　报销 编造 编制 变成 剥夺 避免 拨弄 驳回　布置 包含 包括 准备 摈弃 播发 裁剪 测定　测量 测验 查封 查回 抄封 拆除 拆换 拆毁　抄斩 抄录 撤销 抽调 除去 传递 戳穿 辞退　摧毁 存放 铲除 处理 采用 呈报 传开 称作　打倒 打败 打开 打破 打捞 打磨 打发 点破　倒回 打扫 打听 打消 捣毁 颠倒 点燃 点缀　雕成 调查 调动 调转 丢弃 动摇 冻结 抖落　堵塞 断送 堆积 搭救 打扮 夺取 当作 翻修　翻译 翻盖 改编 改正 放大 放弃 分解 分配　封锁 缝制 缝合 缝补 发掘 发表 访问 分析　发出 反映 焚烧 孵化 贩卖 改建 改造 隔离　更改 贯彻 概括 感动 归纳 更新 更正 管理　归还 归拢 攻打 购买 合拢 恢复 化合 毁坏　毁灭 换成 焊接 消耗 划分 轰炸 回忆 划破　击败 击溃 鉴别 降低 践踏 校对 解送 解放　建设 记载 交待 搅拌 解剖 解释 解除 惊动　禁演 检验 揭露 决定 解决 解散 纠正 拘留　拒绝 加宽 寄存 检查 开动 克服 克扣 控制　扣留 扣除 刻画 勘察 考虑 捆绑 扩大 扩充　扩建 捆扎 联结 流放 掠夺 掳掠 论证 了解　埋没 埋葬 密封 描绘 描写 抹杀 没收 免除　溺死 排除 排挤 派遣 抛弃 批准 破获 炮制　配备 扑灭 抢救 清点 清除 清理 清扫 囚禁　驱散 驱逐 取消 劝降 倾倒 敲打 熔解 传染　遣送 扫除 审查 审问 审阅 释放 收藏 收拾　疏散 设计 搜查 送到 芟除 收复 收割 说服　撕毁 送还 缩小 缩短 删除 烧炼 梳拢 涂抹　探测 剔除 提炼 拓宽 调匀 搪塞 推翻　退还 退回 淘汰 洗涤 消除 涂改 提拔　挽回 完成 毁灭 涂改 提高 提升 修复　修理 修改 整理 阉割 通过 消磨 修订 邀请　验正 增补 整理 治理 照顾 照料 主持 注解　摘除 展出 召集 装扮 装潢 装修 装饰 震惊　镇压 转移 证明 掌握 找到 争取 折腾 抓住　撰写 指出 甄别 增加

以上是王灿龙以李临定《现代汉语动词》(中国社会科学出版社,1990)、娄警予和王贵文《现代汉语常用字表》(北京教育出版社,1987)、中国文字改革委员会《普通话三千常用词表》(文字改革出版社,1959)、

《现代汉语三千常用词表》(北京师范大学出版社,1987)和北京语言教学研究所《汉语词汇的统计与分析》(外语教学与研究出版社,1985)为蓝本研制而成的,具有较强的参考价值,随着语言运用的拓展,这个表还可以增加,比如说"出版、发现、平反、枪毙、战胜、照射"等。另外,有些根词加语素"成、到、作、为"等,均可进入中动句,可视为准动补式复合词,这样构成的太多,表双节音部分仅列了几个。参照上表,请揣摩下面中动句汉译的典型例证:

[50] As oil is found deep in the ground, its presence cannot be determined by a study of the surface. Consequently, a geological survey of the underground rocks structure must be carried out. If it is thought that the rocks in a certain area contain oil, a "drilling rig" is assembled. The most obvious part of a drilling rig is called "a derrick". It is used to lift sections of pipe, which are lowered into the hole made by the drill. As the hole is being drilled, a steel pipe is pushed down to prevent the sides from falling in. If oil is struck, a cover is firmly fixed to the top of the pipe and the oil is allowed to escape through a series of valves.

原译:因为石油深埋在地下,靠研究地面,不能确定石油的有无,因此,对地下岩层结构必须进行地质勘探。如果认为某地区的岩层含有石油,那就在该处安装"钻机"。钻机中最显眼的部件叫作"井架",井架用来吊升分节油管,把油管放入由钻头打出的孔中。当孔钻成时,放入钢管防止孔壁坍塌。如发现石油,则在油管顶部紧固地加盖,使石油通过一系列阀门流出。(毛荣贵用例)

原文 15 个谓语动词就有 14 个用了被动语态,译文煞费苦心,把"被"字化掉了。若再加改动,就更地道了:

试译:石油深埋地下,仅凭地表研究难以找到,因此,有必要对地下岩层结构进行地质勘探。一旦确认某地岩层含油,就布下"钻机"。钻机最突出的是"井架",井架用来吊升油管,把它放入钻出的井眼。一边钻井,一边下管,以防井壁坍塌。一旦钻出石油,就在油管顶部加盖封紧,石油就通过一个个阀门流出。

四、译作介宾短语

汉语介宾短语表达被动义很明显是舶来的。汉译介宾短语"在 N 中/下",其中的 N 实际上是动词临时获得的名词化形式,其逻辑含义具有被动意味,实质指"N 处于被 V 的状态中/下"。译作汉语介宾短语的原文多半也是英语的介宾短语,宾语是名词或动名词;或者是俄语的前置词与名词或动名词的组合。如:

[51] The murder is now under investigation.
这一谋杀案正在调查中。

原文可以改写为同义表述手段"The murder is being investigated now.",可用中动句译作"这一谋杀案正在调查"。这种译法明显是受英语 under 一类词词义的影响。据《牛津高阶英汉双解词典》(第四版增补本),under 有一义项"being in a state of(sth)在(某事物)的状态中:building under repair/construction, ie being repaired/built 修缮[建造]中的建筑物"。

俄语也有类似的现象。与 under 同义的 под 也有一义项:"указывает на то положение, состояние, в к-рое ставят кого-что. н. или в к-ром находится кто-что-н.(《俄语详解词典》俄文版,1992,546 页)将……置于某种境地或状态,处于某种境地或状态中/下 Работать п. руководством кого-н. 在……的领导下工作;взять п. свою защиту. 将……置于保护之下;Быть п. угрозой 处于威胁之中/身受威胁"。

五、译作介标被动句

现代汉语介词可分四大类:介词、动介兼类词、介连兼类词和介助兼类词。(陈昌来,2002:50-51)据观察,表达被动义的,介词有"于"和"为(为……所……)",介助兼类词有"被""给"两个,动介兼类词有"挨、捱、叫、教、经、经过、让、由、归、任、一任、任凭、任着、听、听任、听凭、随、令"等。

英/俄语的被动态多半通过动词的变化形式标示,汉语则通过添加适当的介词标示,凡用"被"之处,还可用其它介标表示。与"被"字具有相同介引功能的词见上,这些词都由动词演化而来,都经历了语法化过程,其中有的,如"挨(捱)、叫(教)、让"等仍保有动词的含义。看实例:

[52] The samarium-cobalt actuator is located along the control

surface hinge in a space that would not be large enough to contain a hydraulic unit.

钐钴促动器位于舵的铰接接头处,该处空间很小,装不下一台液压组件。

"于"用作被标,主要是表现为"V于V"和"V于N"两种结构,例如"置于、位于、定于、用于、于"等,根据语气的需要,有时要在V前加上"可、能、会"等字,表示事物的一种性能。又如:

［53］The curve appropriate for any date is used in determining discharge for that day.

原译:适用于任何日期的那条曲线可用于确定那天的流量。

试译:任何一天的曲线可用于确定当天的流量。

［54］Proven by lab tests and extensive field experience with one-inch shaft bearings, the new locking device reduces bearing displacement and shaft damage.

经实验室试验和大量与1英寸轴承相配套的现场试验证明,新的锁定装置可以减少轴承的位移和损伤。

六、译作动标被动句

表示被动义的第二种手段是词汇手段,具体说,是动词。一种是表遭受义的动词,如"受(到)、遭(受)、挨、蒙(受)"等,另一种是表获得义的动词,如"得(到)、有、获(得)"等,第三种是表给予义的动词,如"加以,给(以),予(以)"等。如:

［55］Many highly specialized and unusual applications of hydrology have been omitted in favour of detailed presentation of the more generally applicable techniques.

许多高度专业化而不常用的水文原理应用方法已删除,以便介绍更多常用技术。

［56］原译:直接参加演出的戏剧有各式各样的迷人领域,它们的丰富潜力只是在近年来才被开始探究。

试译:直接上演的戏剧魅力无穷,其潜力很大,只是近年来才得以发掘。

黄忠廉(2004)通过语料调查,"获(得)"自古至今原先多用于具体人或物,后来才逐步倾向于抽象事物,但其基本内涵一致:主体经过主观努力,得到某种抽象事物,且是令人满意的、积极的事物,如汉译"他获提名奖",同样也可见类似的汉译"他获提名"。"获"多半用于如意,这从语言接触事实中可见一斑。近年来,在受英语影响深刻的香港,"李先生已获委任为办事处搬迁主任"这种"N获+V+为+N"的格式相当普遍。李炜(1999:149)分析原因有二:一是汉语被字句大多表示消极的事情,而"获"在字面意义上是积极的,用它代"被",创造了一个积极被动用法。换为"被",语法上通了,但与句子要表达的积极意义相左。二是来自英语"to be/get+V-ed+as+sth"的格式。英语被动句既可表达消极义,又可表达积极义,把上面的句子套进这个格式似乎有量身定做的感觉。他认为欧化可能是主要原因,因为迄今为止香港从事文字工作的公务员大多是英文书面语的水平比中文书面语的水平高。它可以弥补普通话"被"字句的不足。普通话的规范也在变,说不定这种用法是有前途的。

动标被动句有别于介标被动句:1)动标被动句在意义上是被动句,在形式上是主动句,其主语是受事,如"玛丽得到了学校的表扬"。2)施事要么不出现,要出现,多半以定语形式出现,不用介词引介,如上例,施事是学校,在句中作定语。3)受事主语并非"受(到)、遭(受)、挨、得(到)、有、获(得)、加以"等词的对象,而是作宾语的及物动词的对象,如上例,玛丽是"表扬"的对象,而不是"得到"的对象。

以"受(到)"为例,"受"有"接受""遭受"之意,常用来表被动义,前者与表示如意和中性的词语搭配,后者与表拂意的词语搭配。如:

[57] The circuit is protected against reverse polarity voltages by the diode D1.

通过二极管 D1 可使电路受到保护,免受反向电压的冲击。

[58] Only objects struck by the light are visible.

原译:只有被光明照到的东西才能被看见。

改译:光照射到的物体才是可见的。

试译:物体受照射才看得见。

[59] Oh, there is! I know there is! I was raised on it!

原译:噢,有的!我知道有的!从小我就是被这么教育的!(徐黎

鹃、黄群飞　译)

　　试译:噢,有的! 我知道有的! 我从小受的教育就是这个!

七、"被"字语境省略

　　英/俄语表示被动义的语言形式,汉译时可避用"被"字。此外,还有几种当用"被"字而省用的情况。不省就显得多用,这种省略主要是连动式中的"被"字省略。所谓连动式,指同一主语连用两个及以上的动词或动词结构的句式。这两个动词也可呈现为两个及以上的被动形式,翻译时不一定"被"字频频出现,有时只是前一个动词用"被"字,后面的省去。如"小孩被扔进河里冲走了"="小孩被扔进河里,被冲走了"。请看实例:

　　[60] One by one, the members of Nina's large and wealthy family were arrested and sent to concentration camps.
　　原译:尼娜的富有的大家庭中的成员们一个接一个地被逮捕,送进了集中营。(吴炜彤等　译)
　　试译:尼娜大富之家一个个都逮进了集中营。

　　连用的表被动的动词,各个动词的关系有先后关系;有方式与目的关系,有性状与行为关系等。该例中多个被动句的"被"字前面保留,后面舍去,汉译也简洁明了。试译则去掉"被动"标记,将 arrested and sent 两个行为连起,比原译的流水句更简洁。再如:

　　[61] William Shakespeare was christened at Holy Trinity Church, Stratford-upon-Avon, Warwickshire, central England.
　　原译:威廉·莎士比亚在英格兰中部沃里克郡埃文河畔斯特拉福德圣三位一体教堂受洗礼,被命名。(裘克安　译)

　　原译"受洗礼,被命名"不错,但"受洗礼"是不常说的,常说"受洗",即基督教徒接受洗礼,本身是含有被动义的动词。因"受洗"双音的影响,后面的"被命名"也可以省去"被"字,原译进而改为:

　　试译:威廉·莎士比亚在英格兰中部沃里克郡埃文河畔斯特拉福德圣三位一体教堂受洗命名。

　　还有一种并列式中的"被"字省略。并列可能在词或短语之间,也可能在分句与分句之间。如果英/俄语句有两个及以上的被动形式,翻译时也可只给前一动词加上"被"字,后面的省去,如"庄稼被人踏马踩炮轰,百姓被烧杀抢掠"。请看实例:

　　[62] Λ wolf once decided that if he disguised himself he would be able to get plenty to eat without being hunted and shot at wherever he went.

　　原译:有一回,狼决意把自己伪装起来,这样,他就能搞到许多东西吃,而且不论走到哪儿,都不会被追赶,被射击。(吕志士　译)

　　试译:有一回,狼决意伪装起来,以便搞到许多吃的,不论到哪儿都不会被追杀。

　　"被追赶,被射击"是并列的两种行为,可共用一"被"字,且中间不再停顿,显得更紧凑。本节前面引用的译文"开初,上帝把所有的人都造得彼此相同,我们被束缚、被奴役是恶人不公正的压迫带来的"也可译为"起初,上帝造人彼此平等,我们被束缚奴役是因为受恶人不公正的压迫"。

第八章　汉译组构句长趋简问题

每种语言的发展都涉及句子的长短问题。拿英语来说，伊丽莎白时代，英文句子平均长 45 词，维多利亚时代平均为 29 词，现代英语平均为 10～20 词，整个发展过程呈递减趋势。与此相反，汉语句子越来越长，汉译句子更是如此。本章论述汉译长句组构的长短问题。长句的翻译问题不仅难倒我辈，也曾难倒翻译大家。总体上如何化长为短，值得反思。

第一节　汉译组构句长趋简概说

句有单句和复句，句长一般以句号、问号和感叹号等成句标记为考量限度。汉译组构应以汉语的平均句长为标准，现代汉语平均句长还有赖于语料库语言学的研究，一般情况下凭语感即可判定汉译句子不能超长，同时还得兼顾语体特点。

一、汉语句子长度

其实，汉语并不排斥长句，长有长的优点，如表意严密、精确、细致。文章不可能全用长句或短句。用长句还是短句，取决于原文的文体性质和汉语的特点。"话题—说明"框架比较适合汉语长句，在认知上用已知选择组配未知，以前知管控后知，这便是汉语得以形成长句的机制。汉语长句虽长，但语义连贯，整个句子呈流水状，隐性的逻辑关系主要由逻辑语义、时空语序和大小语境体现，形散意也散，唯独意不乱。

一般而言，长短并用，以短句为主是汉语的特征，据统计（刘宓庆，1990：190），汉语句子的最佳长度为 7～12 字，超过则会产生理解困难。左思民（1992）认为汉语的平均句长大约在 20 个词，分类看，书面语为 40 词左右，口语体略多于 10 个词。前者指最佳长度，后者指平均句长，应该是对单句而言。无论是散文语体还是口语语体，在现代汉语中，定语对句长影响最

大,状语次之,而补语的影响最小。(常亮,2013)

有强制使用长句表达的,即由于信息结构的限制,只能用一句表达。常见的强制性表达格式有两类,一是下定义,二是对象列举。因强调概念的完整性,定义只能用一句话表述,而不宜使用句群,否则内涵不集中。而对象列举,则需将全部对象逐个列出,不用句群,其原因在于必须指明全体对象的性质以及与其它事物的关系。

二、汉译句子组构的长与短

各语言表达手段不外乎形态变化、词序和虚词。英/俄语除此之外,偏用各种表示关系的词和连接手段,如介词(词组)、连词、关系代词、关系副词、连接代词、连接副词、非谓语动词(词组)的形态变化等,甚至是各种从句,组构而成的往往是枝繁叶茂的大树,所以英/俄语重形合,长句多。"西文毕竟有些长句是不容中国模仿的"(王力,1985a:286—287)。因为汉语无形态变化,仅靠词序和虚词构句,句子若长,承载过多,一口气说下来,会感气短,所以汉语重意合,常用短句。

由上可知,句子的长短是影响译文质量的一个重要方面。保持异国情调,尤其是文学翻译,不必过于照译原文的长句(王振平,2006)。破解长句的一般方法是:1)找出原文的主句或主干动词;2)将长句拆成多节段;3)析出原文语义重心;4)遵循汉语句法规范按语义重心重组结构;5)摆正从句与短语之间的层次关系,排好各节段的顺序。如:

[1] With his handsome face, his fiery glance, his strong body, his purple and gold cloak, and his air of destiny, he moved through the parting crowd toward the Dog's kennel.
原译:容貌英俊、目光炯炯、体魄健壮、身着紫红色镶金斗篷的国王,带着主宰一切的神态,穿过让开的人群,朝着狗窝走去。(路仙伟、蒋璐用例)
试译:国王容貌英俊,目光炯炯,体魄健壮,身着紫红色镶金斗篷,一副主宰万物的神态,穿过让开的人群,朝狗窝走去。

整个流水句将原译的顿号改为逗号,将长长的定语转化为小句,可按逻辑语义流出,按时间顺序流出,按空间顺序流出。原译"国王"拖着长长的定语,在汉译中常见,试译将"国王"提前,统帅全句,由整体而局部,由上而下，由外貌而精神，由形象而行动，由自身而周边，由人而畜，把人写透而气自由。

该例见证了长短的辩证关系。句的长与短实为人的呼吸生理规律在语言中的映射。是句就有语调，支撑语调的动力是呼吸。一般情况下，人每5秒钟呼吸1次，日常口语2次呼吸之间说出的平均词数可能超过10个（左思民，1992）。句子一旦译长了，保持语调善始善终的完整性就有困难，呼吸会产生压迫感或紧张感，生理一旦疲劳，呼吸就开始缩短，句中自然需停顿几次。

第二节　汉译长句组构失灵表现

有些不妥的长句并不在于长，而在于用的不是地方，或者长得不对。长句值得研究，只有研究清楚了，才能得心应手，能长能短，才可避免不适当和不对头的长句破坏原文的风格。

一、三语长句简说

句分长短，只是相对而言。所谓长句，指字数多、形体长、结构相对复杂的句子，而短句，则指字数少、形体短、结构相对简单的句子。长句是句，包括单句和复句，一般以复杂单句为讨论的对象，有时也指复句。

任何语言都有长句，只不过汉语的长句用得没有英/俄语多。原因在于汉语重意合，英/俄语重形合。英/俄语书面语以主谓句居多，句子成分追求完整，相关成分靠连接手段聚集在主要成分之上，直接或间接地黏附于句子结构的内外、前后、左右或中间，整个句子仿佛一座建筑。（连淑能，1993：65）

英/俄语长句之长，可理解为层叠式，即结构层层相叠。句子的长短就在于结构层次的增减，纷繁复杂的结构受一个中心制约，这个中心就是谓语动词。英/俄语长句是典型的动词核心句的扩展，句子核心一旦确立，从句和短语即可充当句子的主要成分和从属成分，即：1）定、状、补等次要成分由多个递加式短语或复杂短语构成；2）主、谓、宾等主要成分由复杂短语或复句形式充当。其中，从句常常层层相扣，从句套从句，短语其实不短，几乎可以不加限定地延长。

地道的汉语富于生命气息，多用流水句，呈线性流动。句子的长度受生理与时间的限制，积词成句主要靠词序和虚词连接，小句之间逐次右进，不常采用彼此相挂的组织方式,所以句子不容易长起来,句子的长度受到限制。郑远汉(1990:53)则认为,汉语句法结构具有单纯化倾向,具体说来是句法有单纯化的特点,习惯于用结构关系比较单纯的句子,尤其是后者,因此很少用叠床架屋的修饰,句子往往比较短小。

汉语的特点之一是语言精练,自古以来,文章精练成了评判的重要指标。现在有人喜欢写长句,人们也逐渐习惯长句,这是一种不应主张的倾向。长句受人喜欢,是因为它表意严密、准确、细致,信息量大。短句更受人喜欢,是因为短句表意简洁明快,生动有力。

长句并非不能用,而是不能用得太多。它毕竟不是汉语句子的常态,用多了自然反常。长句要用,用在必要的时候,用在特别要反映原文风格的时候。董秋斯(1958)说:"若因为反对外国说法和长句子,就宁愿用陈词滥调,或把一句话随意分割,读起来也许省一点力,可是原著的好处也就看不出来了。"汉语句子的长,可理解为句子单层单向的延长。句子的核心呈多样性,有动词核心句,有名词核心句,也有形容词核心句,并以短句形式出现,这些核心按时空和逻辑顺序逐一右向推延,呈现为流水状态。一旦某个小句有了超长形态,在众多短句中就十分突兀,会起到一定的调节作用。如果超长小句用得过多,汉语以短句为主、长句为辅的常态就会打破,此类文本就会显得与众不同。而这种现象在汉译或翻译式写作中表现得最为明显。请看欧化式汉译:

[2]原译:为什么对于这种抄袭作业的现象,至今没有引起同学们的注意?

试译:为什么抄袭现象至今没有引起同学们注意?

所以,汉译要精练,少用长句,多用短句,遇长化短,应是常规。

二、汉译长句组构失灵种种

汉译长句总是过长,必定违反汉语常规,破解原文长句若不得法,重形轻意,硬凑成句,用语累赘,导致汉译杂糅、套迭、饶舌,叠床架屋,冗杂不清,暮气沉沉,尾大不掉,最终导致汉译不流畅,不堪卒读。

(一)结构套用

结构套用是汉译长句的最大不足,是给人的第一观感。对原文的结构能入乎其中,不能出乎其外,是结构套用或不用心思的原因,也是受原文结构桎梏的结果。如:

[3]"It's difficult to lead a competitive, individual life — as we're raised in American society — without devaluating others to some extent," says Staub.

原译1："过一种既有竞争又有个性的生活是困难的——因为我们生长在美国社会里——不在任何程度上损害他人的利益"，斯道博说。

原译2："过一种既有竞争又有个性而同时又不会在任何程度上损害他人的利益的生活是困难的，因为我们生长在美国社会里"，斯道博说。

改译：斯道博说："生长在美国社会里的人，要想适应竞争，保持独立，又毫不损害他人的利益，这是难以做到的。"（徐覃荪　译）

原译1完全套用了原文的结构，属于典型的欧化译法。原译2欧化程度轻一些，将原文表原因的插入状语调出，使破折号前后的内容连贯起来，但"生活"一词的限定太长，终究有欧化之嫌。改译则改变了叙述结构，将说话人调至句首，所说的内容用口语句式灵活安排，从而将长句化短。

（二）啰唆累赘

长句之所以长，还因为啰唆累赘，层次不清，思路零乱，给人不知所云的印象。如：

[4]苏比这时敏感的心情和老教堂的潜移默化会合在一起，使他的灵魂里突然起了奇妙的变化。（《警察与赞美诗》）

什么是"老教堂的潜移默化"？后一句让人费解。再比较下例的原文与汉译：

[5]The young men were eager to engage in acts of valour, though they little thought they were going to fight for their own royal father...

原译：这两个少年都是非常恳切地想从事英雄事业的，虽然他们没有想到这个战争是为着他们自己的父亲……（奚识之　译）

试译：两个少年渴望干一番伟业，根本没想将会为父王而战……

（三）叠床架屋

修饰语层层相套，重重叠叠，给人一种叠床架屋之感。这种现象主要囿于原文的形式照原样硬搬过来。重复,从意义上讲是没有必要的修饰,从结构上说是叠床架屋的一种表现;另一种表现是修饰语太长,太复杂,意思上并不多余,但结构上不合汉语习惯,属于赘疣,有点欧化味道。汉语的特点是短句较多,长修饰语少,口语尤其如此。若非十分必要,堆砌一层层修饰语并不可取。如:

[6] Rocket research has confirmed a strange fact which had already been suspected there is a "high temperature belt" in the atmosphere with its center roughly thirty miles above the ground.

原译:用火箭进行研究已证实了人们早就有过怀疑的大气层的一个中心在距地面约 30 英里高空的"高温带"的这种奇怪的事实。

改译:人们早就有过怀疑,大气层中有一个"高温带",其中心在距地面约 30 英里高空。利用火箭进行研究后,这一奇异的事实已得到证实。(李宇庄用例)

试译:早就怀疑大气层有"高温带",离地高约 30 英里。对此火箭研究早已释惑。

原译长而乱,"事实"前的定语太长,几层限定夹杂一起,真可谓 36 颗金牙都咬不断,有碍理解,更不用说韵律了。改译比较上口,读来有节奏;试译更进一步,拆架分层,更近汉语流水句。

(四)冗长饶舌

汉译长句冗杂不清,实际上是译者思维不明确,表达不清晰,没有理出原文头绪。朱德熙与吕叔湘《语法修辞讲话》(1952)给出了一段话,其中一百字以上的长句共五句,最长的达一百七十五字。这种烦冗的句子叫人读了生厌。

汉译也有这种句子,表现之一是冗长,原文其实并不复杂,译者却不善于简洁地译出,而把意思搞复杂了,拐弯抹角,啰里啰唆,该省略处不省略。如"当一回到故乡的时候,我马上就有一种它发生了很大的变化的感觉",其实是说"回到故乡,我就感到巨大变化"。看实例:

[7] The latest note from the Soviet Union is but another in a seemingly endless series of messages which are maliciously designed to deceive people into believing that legitimate counter-measures to acts of aggression are themselves "new acts of aggression".

原译:最近的苏联照会只是目的在于诱骗人民相信任何对付侵略的正当反措施都是"新的侵略行为"的似乎没有完的一系列恶意照会之一。

改译:最近的照会只是苏联一系列似乎没有完的照会中的又一照会,这些照会都怀有一个恶意的目的,就是欺骗人民,使他们相信任何对付侵略的正当反措施本身都是"新的侵略行为"。(倜西等 译)

原译长达几十个字,内容正确,句法也没问题,念起来却叫人喘不过气来,合理合法,就是不合情。而改译照原文顺序断开,虽有进步,却仍不简练。在掌握意思之后,可将结构调整如下:最近的照会→掩人耳目→欺骗的内容→真正的目的。这样,原文在打散重组后,可进一步改为:

试译:苏联最近的照会只是无休止的系列照会之一,企图叫人相信任何正当的反侵略本身就是"新的侵略",真是居心叵测!

烦冗的表现之二是饶舌,即不直说,总是迂回曲折地表达。此类汉译句子有多余的内容,但意思仍然清楚。如"下午课后,操场上很热闹,有的同学用手打球,有的同学用脚踢球……"。另一种是句子里多了些根本不能有的成分,因而意思不通,不好理解。主、谓、宾、修饰语等都可能有多余成分。

[8] But I cannot refrain from tendering to you the consolation that may be found in the thanks of the Republic they died to save.

原译:但我还是抑制不住要向您表示慰问,这种慰问体现在您的儿子们献身拯救的共和国对您的感谢之中。(杨莉藜用例)

试译:但我还是情不自禁地要向您表示慰问,令郎一个个为国捐躯,共和国感谢您。

不长的原文就有两个从句!原文因语法关系清楚而不乱,原译将定语从句拆出翻译,与先行词所在的句干形成并列复句,已不再饶舌。试译用"捐躯"代"献身",意义更明确,更准确,为谁献身,必定要拯救或保护,"献身""拯救"叠加,有点冗余。

(五)暮气沉沉

毛泽东在《反对党八股》中指出,"要学外国语言,外国人民的语言并不是洋八股,中国人抄来的时候,把它的样子硬搬过来,就变成要死不活的洋八股了。"要死不活的汉译,就是缺乏朝气、暮气沉沉的文字,常表现为语序不当,僵而不死,主要原因是原文理解不透,过于坚持直译的方法,受原文形式束缚,照葫芦画瓢,不能将长句缩短或截短,最终走向了硬译。如:

[9] Мне хотелось хоть на минуту остановить время, оглянуться на себя, на прожитые годы, вспомнить девочку в коротком платье и вспомнить юношеские годы, так легко прошедшие мимо того, что могло бы стать судьбой.

原译:我真想把时间留住哪怕片刻来回顾自己、审视过去的岁月、回忆穿着短裙的姑娘和那些在可能成为命运的旁边瞬息即逝的青春年华。[全日制普通高级中学教科书(试验修订本·必修)《俄语》第三册,174页]

试译:我真想把时间留住,哪怕是片刻也好,可以审视自己,回顾过去,回忆身穿短裙的姑娘,回忆青春岁月。它本可以带来美好的命运,却稍纵即逝,与命运失之交臂。

原译颇似同声传译,句首依序而译,使用了长长的定语。原文的从句也舍不得断开,只是用了两个顿号列举了四个对象,保留了原文的长度,却失去了语言节奏,一口气难以说出,如同老人慢步。

(六)照顾不周

长句的优点是信息量大,表述缜密。正因为长,常常写到后面忘了前面,结果出现尾大不掉。尾大不掉的长句,指句首短、句尾长、结构庞大涣散的句子,译出来的句子前后指挥不灵,失去调控,读起来往往要前后反复,才能琢磨出内容,有时甚至理不出头绪。照顾不周还可能是修饰语与中心语搭配不当,毕竟修饰语远在天边,顾不过来;或是长长的修饰语挤对句子的主要成分,造成成分缺失;亦或是中心语前修饰语和限制成分顺序不正确。如:

[10] But without Adolf Hitler, who was possessed of a demoniac personality, a granite will, uncanny instincts, a cold ruthlessness, a remarkable intellect, a soaring imagination and — until toward the end, when drunk with power and success, he overreached himself — an amazing capacity to size up people and situations, there almost certainly would never have been a Third Reich.

原译:然而,如果没有阿道夫·希特勒,那就几乎可以肯定绝不会有第三帝国。因为阿道夫·希特勒有着恶魔般的性格、花岗石般的意志、不可思议的本能、无情的冷酷、杰出的智力、驰骋的奇想以及惊人的判断人和局势的本领。只有到最后由于权力和胜利冲昏了头脑,他才做出了不自量力的事情。

试译:若无阿道夫·希特勒,若无他恶魔般的性格、花岗岩般的意志、不可思议的本能、无情的冷酷、杰出的智慧、驰骋的奇想,若无他判断人和时局的惊人本领(只是最后为权力和胜利所致昏他才不自量力),断然不会有第三帝国。

原文的主次如下:末句为主句,前有 who 引导的非限制性定语从句表明主句的原因,从句又嵌入了由 until 引导、被破折号隔开的时间状语从句,具有相对独立的意义,对定语从句中某一内容作补充说明,所以原译先译果,后说因,再译补充,似乎十分得当。不过,如此处理语义重心有变,原本的重心"无希特勒就无第三帝国"被"希特勒的不自量"挤对,有悖于原意。试译顺着原文语序,利用排比之势,再将补充内容置于括号内说明所指的对象,这样既可保留原文语义重心,也能传达原文语势。该例的理解一般没有问题,但是 until the end...he overreached himself 如何摆放,甚是难为。借用标点符号,妙用重复手段,语势才得以保持!

(七)杂糅套叠

杂糅套叠,指一个意思,可有不同表述方法,本应据上下文选用一种恰当的说法,却把不同的说法凑到了一起。原因在于考虑不成熟,思想不明确,既想这样说,又想那样说,造成结构和意义上的混乱。

[11] The most troublesome cases involving freedom of speech, and press, and of assembly, have arisen from efforts by the national federal and state government to protect themselves against frankly revolutionary individuals and groups.

原译:由于联邦和州政府极力保持自己不受直言不讳的个人和团体的冲击而造成一些非常棘手的关于言论、出版、集会自由的案件。(谭晓丽用例)

试译:联邦和州政府极力保护自己免受个人和团体的直接攻击,引起一些棘手的案件,涉及言论、出版和集会自由。

原译未成句,"由于"使句子失去了主语,"造成"后缺少"了"字使句子在语气上不能成句。本是因果复句,合为一单句,杂糅在一起,用"而"连接,主

159

句读下来,似为单句,又像复句,单复相混,夹缠不清。

（八）译句拉长

因受印欧语丰满形态的影响,加之古汉语凝练之风淡去,英/俄语的各种衔接手段译入汉语,汉译平均句长比本土作品要长,整个译文显得臃肿。最典型的例证就是汉译外作品的回译与源作比较。譬如,王克非(2003)利用语料库对英汉互译文本的文字量对应的研究结果表明,英汉互译后译语文字量普遍扩增。这一扩增具体体现在句子长度上,回译的实验最能说明问题。

[12]原文:伯父家盖房,想以它垒山墙,但苦于它极不规则,没棱角儿,也没平面儿;用錾破开吧,又懒得花那么大气力,因为河滩并不甚远,随便去捎一块回来,哪一块也比它强。房盖起来,压铺台阶,伯父也没有看上它。有一年,来了一个石匠,为我家洗一台石磨,奶奶又说:用这块丑石吧,省得从远处手搬运。石匠看了看,摇着头,嫌它石质太细,也不采用。(贾平凹,156字)

英译:When Uncle's family was building a house, we thought of using it to pile up a side of the house wall. This proved to be impossible, however, since the rock was of an extremely irregular shape, possessing neither sharp right angles nor any smooth, flat surfaces. We could have used a chisel to break the rock up, but no one be bothered to expend such a great deal of effort over it; the riverbank was only a short distance away, and any old rock that we brought back from there would have been easier to use than this one. Then, when the house was nearly completed, and we were looking for something for the front steps, Uncle didn't think that the rock was even good enough for that. Another time, we had a stonemason come to grind a millstone for us. Grandmother again persuaded: "Why don't you just use this piece of rock, and save yourself the trouble of hauling another piece over from somewhere far away?" the stonemason took a good long look at the rock, and shook his head: he thought the rock's texture too fine, and unsuitable for making the mill. (195词)

回译:伯父家盖房子时,我们曾想到用它垒一面屋墙,但最后还是没能用上,因为这块岩石外形太不规则,既没有尖利的直角,又没有光滑的平面。我们用凿子凿开它吧,可是没人愿费那么大气力。河边没多远,我们随便从那儿搬运一块石头回来都比用这块岩石省劲。后来,房子快盖好了,我们又要找石头做房前的台阶。伯父还是觉得那块岩石不太合适。还有一次,我们请了一个石匠来给我们做磨盘。奶奶又提议说:"你干吗不用那块石头,省得从大老远的地方费劲另外弄一块来呀。"石匠把那石头看了好一阵,摇摇头说,那块石头材质太细,不适合做石磨。(246 字)

比较原文、英译与回译,不难发现英译比原文多出的句子构件单位——字或词达 39 个,回译比英译多出 51 个,比原文则多出 90 个。这还只是多用短句的文学翻译,若是惯用长句的科学翻译,则更是难以想见。

第三节　汉译长句组构条件

汉语文章也用长句,但与印欧语相比,短句多,长句少。因此长句汉译要遵循的长句规律总结得不够,也就不易把握。"句从古短,字以世增。"(明曾异《与赵十五书》)这是汉语的发展规律之一。而任何语言都是在交流中发展,汉译是对汉语的运用,也是对汉语的冲击,长句发展虽说适应了汉语言自身发展的需要,但汉译对这一内因具有催化作用。汉译时可用长句,但尽可能遵循下列运用条件。

一、长而准确

长而准确,指汉译的长句能完全符合原文意义,不曲解,更不隐瞒原文内容。长而准确至少要求长句各部分表达准确,其次要注意各部分之间的逻辑关系清晰。所译文字,从事理人情中来,应妥当明确,合乎逻辑,才能准确,然后才能加工得鲜明生动。有的汉译句子表达不清,必经猜测一番才能明白,有时能明白大意,有时不看原文则如坠云雾。

原文句子虽长,只要长而清晰,汉译也能表达清楚,以保留长度,从而保留长句的气势,幽幽的韵味,严密的逻辑,总之保留原汁原味。只要双语句型结构可以一致而不损害原意,就可全部或部分采用顺应原文结构翻译的方法。如:

[13] Her social life took a decisive turn in the summer of 1945 when James Carter, midshipman at U. S. Naval Academy and older

brother of her best friend Ruth, came home on leave.

原译:1945 年夏,她的社交生活发生了一个决定性的转折。那年,詹姆斯•卡特回家度假,他是美国海军军官学校的学员,也是罗莎琳最好的朋友罗丝的哥哥。

改译:1945 年夏,美国海军军官学校的学员,罗莎琳最好的朋友罗丝的哥哥,詹姆斯•卡特回家度假,使她的社交生活发生了一个决定性的转折。(董红钧　译)

改译力求保留原文结构,用使动句反映原文的因果关系。然而,在限定主人公身份的定语中,"美国海军军官学校的学员"比"罗莎琳最好的朋友罗丝的哥哥"的关系更近,原文也是如此反映的,因此改译还需变更一下,才能更准确地反映原文语义:

试译:1945 年夏,美国海军军官学校学员、罗莎琳的至交罗丝的哥哥詹姆斯•卡特回家度假,彻底改变了她的社交生活。

长句翻译常用汉语的短句去应对。但是不可将这一方法扩大化。以短破长,对脱离上下文相对孤立的长句或可成立,一旦进入语境,就要考虑长句的语用价值。比方说,翻译长句能否化长为短,要考虑原长句的意向性。林克难(1995)认为要尽量照顾译语读者的思维方式与表达习惯,充分发挥译文的优势。但是句序并非总是无关紧要,汉译时要考虑到原文作者采用某种句序的特定意图,体现作者的意向性。如:

[14] 原译:全世界曾经把他渲染成魔术师一般的人物,他也没有阻止人们制造这种错误印象,因为他自己也承认有一种自大狂的倾向。现在他不再像是这样一种人物了,这里有几个原因。

改译:基辛格看上去已经不像魔术师了,这里有几个原因。尽管以前世界的报纸曾经把他说成是个魔术师,当时他也未加阻止,因为他自己也承认有一种自大狂的倾向。(林克难　译)

原文强调的重心应该是"原因",而原译将重心移至句末,且译作句群,对原文作者的意向进行了改造。这种牺牲原文意向性以求汉译习用性的做法有损原文意图。改译照原文句序译出,反映了原文意图。

二、长而鲜明

长而鲜明,指汉译长句所表达的内容分明而确定,丝毫不隐晦,一点也不含糊。

易懂,是长而鲜明的第一要求。董秋斯(1958)认为,"有人看不惯外国说法,因而懒得看翻译书。也有人不喜欢长句子,以句子的短长定译文质量的高低。……一个句子是否好懂主要在于它的逻辑性是否严密,文字的安排是否妥帖,不完全在于字数的多少。"在老舍(1958)看来,"外国说法和长句子的采用一定要在本国语文的规律所许可的范围内,目的只是为了使译文准确、鲜明和生动。""明确有理的文章,有法子加工,使之生动鲜明。"明确才能清晰,清晰才能鲜明。长句本来就不及短句快捷,因此汉译长句至少要让人读后能理清脉络,明晰思路,明了意思。如:

[15] She fixed her eyes wistfully on the tower of the palace, which rose out of the lower darkness like a pillar of roughened gold. It seemed no longer a tower, no longer supported by earth, but some unattainable treasure throbbing in the tranquil sky. Its brightness mesmerized her, still dancing before her eyes when she bent them to the ground and started towards home.

译文 A:她的目光若有所思地望着那座王宫的塔楼,它像一根毛糙的金色柱子,从下面的黑暗中升起。它看上去不再像是一座塔楼,不再由土地支撑着,而是某种高得可望而不可即的珍宝,在平静的天空中颤动着。它的光辉使她像是中了催眠术一样,当她把眼光朝地下看并开始往回走时,这些光仍然在她的眼前跳动。(巫漪云　译)

译文 B:她的目光,沉思,又含着渴求,注视着广场上的殿堂的塔身。塔身像一根凹凸不平的金柱,从黑暗的低处突兀而起。它不再像一座塔,也不是借助于大地的支撑,而是在静谧的天空微微摇曳的、某种难以企及的奇珍异宝。它的光泽,让她眼花缭乱,在她把目光移到地面,并起步回返时,它依然如不灭的精灵,在她的眼前翩翩起舞。(李辉　译)

比较而言,李译理解上与巫译无甚差别,不过前者句式短,句子过多,加入解释性话语,"似乎强调流畅,却过于直白,从而失去了原文的含蓄韵味。现在想来,这种译法,显然是受到了当时我本人写作文风的影响。而巫译基

本上严格按照原文句式翻译,而接近原文风格,并且使其在中文表达方面也可圈可点。"(李辉,1997:82)

三、长而生动

长而生动,指汉译长句句形虽长,却具有活力,能感动人,长而不死,长而不闷。**具体表现为:**

第一,**长而有韵**。即汉译句子虽长,却有韵味。具体所指:1)译句在声韵上体现了意味,如富有节奏等;2)译句在形式上有情趣,或舒缓,或明快等。看例:

[16] The sentence was passed. The child must go from her — to others — to forget her. Her heart and her treasure — her joy, hope, love, worship — her God, almost!

原译:这就是她的判决书:孩子非离开她不可,他将来跟着别人,慢慢地就把她扔在脑勺子后头了。孩子是她的心肝,她的宝贝,她的快乐和希望。她爱他,崇拜他,差一点就把他当神道似的供奉起来。(杨莉藜用例)

试译:判决书下来了:孩子得离开她,跟着别人,会忘掉她。孩子是她的心肝宝贝,她的快乐希望,她的所爱所拜,快成她的上帝了!

原文用了不少短语级句,这是介于短语与句子之间的中间产物,兼具二者的语法特征,能简化长句,突出中心,汉译时均可译成小句,偶尔也可译成短语。原译也不错,节奏如原文,译出了情感;试译在节奏上更具排比功能,更简明,因而更鲜明。

第二,**长而自然**。即汉译句子长,但不造作,不勉强。如:

[17] The face she lifted to her dancers was the same which, when she saw him, always looked like a window that has caught the sunset.

原译:当她看见他的时候,她的脸总是像映着晚霞的窗子一样。现在她却把这张脸抬起来向着她的那些舞伴了。

试译:她抬头望着舞伴们,像往常一样,一见到他,脸就红得像映满晚霞的窗户。

　　原文巧妙地把历史与现在、惯常行为与此时此地的行为结合起来。原译将二者分立分说，调整了原文的重心，虽说清清楚楚，却显得结构松散，有损原文的表达意图。后一句"现在她却把这张脸抬起来向着她的那些舞伴了"为了与前文衔接，将"这张脸"重复，显得很生硬。试译先说现在，用"像往常一样"带出历史，自然妥帖，使译句具有了活力。

　　第三，长而活泼。即译文不呆板，有生气，便于上口，不仅看得进，而且念得出。好的长句应该句子简洁，多省略，少用关联词，显得灵活明快，质朴自然，为中国人所喜闻乐见。如：

　　［18］On April 6th, Mr. Clinton hosted a conference on the impact of new technology on the American economy.

　　原译：4 月 6 日，克林顿先生主持召开了一次研讨会，讨论科技对美国经济所产生的影响。（汪福祥、伏力　译）

　　试译：4 月 6 日，克林顿先生主持了研讨会，讨论科技对美国经济的影响。

　　有些译者习惯将 on 引导的介词结构译成"关于……"，介词所引导的短语对研讨会内容加以说明，将原句译成长句，如该例可译为"4 月 6 日，克林顿先生主持召开了一次关于科技对美国经济产生影响的研讨会"，也不算错。译者在此将 on 译作"讨论"，介词译作了动词，前后两句衔接自然，介动转换成功。此外，原译中"主持"本含有"召开"，研讨会肯定只有"一次"，"对……的影响"肯定是产生的，三者清除，汉译岂不是更明了?!

四、长而有序

　　万物井然，方能有序。汉译有序，译文才显得地道，看得顺眼，读得流畅，合情合理。首先应符合时间顺序。时间是事物存在的一个维度，语言反映事物，顺时或逆时都是允许的，只是不同民族会有不同的侧重，有倾向顺时的，有以顺时为主逆时为辅的。从语言类型学角度看，完全以顺时为反映法则的不乏其例，完全以逆时为反映法则的暂时未见。英/俄语就属于以顺时反映为主、逆时反映为辅的语言。汉译时，如果逆时不是作者特别强调的意向，就可采用顺时反映法则。如：

　　［19］In the winter of 1879, James Lecky, exchequer clerk from Ireland, and privately interested in phonetics, keyboard temperament, and Gaelic, all of which subjects he imposed on me, dragged me to a meeting of a debating society called the Zetetical, a junior copy of the once well known Dialectical society founded to discuss John Stuart Mill's Essay on Liberty when that was new.

原译：詹姆斯·莱基是爱尔兰人，在财政部当职员，他本人对语言学、键盘和声和盖尔语很感兴味，并把这些课题强加在我身上。1879年冬，他拉我去参加一个辩论会团体举行的会议，该团体叫探索协会。当约翰·斯图尔特·米尔刚刚发表《论自由》一文时，成立过一个辩证学会来讨论这篇文章，该学会曾名噪一时，探索协会仿照了辩证学会的模式，只是规模没有它大罢了。（甄春亮　译）

原文长句按所反映的对象可分为六个命题：1）1879年冬，詹姆斯·莱基拉我去参加某个探索辩论会的会议；2）詹姆斯·莱基是爱尔兰人，财政部职员；3）詹姆斯·莱基自个爱好语言学、键盘和声和盖尔语；4）这一切他也让我勉为其难；5）探索辩论会仿照了曾名噪一时的辩证学会，但稍逊一筹；6）辩证学会为讨论约翰·斯图尔特·米尔的新作《论自由》而成立。

六个命题蕴涵了四个时间段的关系：第一，认识詹姆斯·莱基在先，被他拉去与会在后；第二，詹姆斯·莱基自己的喜好在先，强"我"所难在后；第三，辩证学会成立在先，探索学会模仿在后；第四，辩证学会成立在先，名噪一时在后。按照这四种关系，原译可压缩为：

试译：詹姆斯·莱基，爱尔兰人，财政部职员，爱好语言学、键盘和声和盖尔语，这些他都让我勉为其难。1879年冬，他拉我去参加"探索"辩论学会的会议。该学会专为讨论约翰·斯图尔特·米尔新作《论自由》而成立，虽仿照名噪一时的辩证学会，但要稍逊一筹。

其次，要符合空间顺序。空间是事物存在的又一个维度，语言反映事物，可从上往下，也可由下往上，可由远而近，也可由近而远，等等，完全取决于视角的选取。就译者而言，一般只须顺作者视点的转移而动，不必自作主张。不过，在差别较大的语言之间，如英汉之间，由于反映事物的视点有别，印欧语取焦点式，即有一个中心视点，而汉语取散点式，即有多个视点并存。汉译有时就必须进行视点转换，旨在分清空间视点，按一定的规则一一排开。如：

[20] Славное место эта долина! Со всех сторон горы неприступные, красноватые скалы, обвешанные зеленым плющом и увенчанные купами чинар, жёлтые обрывы, исчерченные промоинами, а там, высоко-высоко, золотая бахрома снегов, а внизу Арагва, обнявшися с другой безымянной речкой, шумно вырывающейся из чёрного, полного малою ущелья, тянется серебряною нитью и сверкает, как змея своею чешуёю.

原文用了好几个名词句进行静态细描,仿佛蒙太奇拉过一个个镜头: долина—горы скалы—обрывы—бахрома снегов—Арагва,使用的都是一个个概念,有简单概念,也有复杂概念。这些概念带上限定语,其实可以转变成大小命题:1)Эта долина — славное место; 2)Стоят неприступные горы; 3)Красноватые скалы, обвешанные зеленым плющом; 4)Скалы увенчанные купами чинар; 5)Жёлтые обрывы, исчерчены промоинами; 6)Высоко-высоко висит золотая бахрома снегов; 7)Внизу Арагва обнимается с другой безымянной речкой; 8)Речка шумно вырывается из чёрного, полного малою ущелья; 9)Арагва тянется серебряною нитью; 10)Арагва сверкает, как змея своею чешуёю.

相应的命题可用译语的小句外化,上述六个大小命题可转成译语小句:1)这谷地是个可爱的地方;2)四周都是崇山峻岭;3)红彤彤的岩石上面爬满苍翠的常春藤;4)岩石顶上覆盖着一丛丛法国梧桐;5)黄色的悬崖布满流水冲蚀的痕迹;6)那边高高地挂着一条金光闪闪的雪的穗子;7)下面,阿拉格瓦河同一条无名小河汇合起来;8)无名小河从雾气迷蒙的黑暗峡谷里哗哗地奔腾而出;9)阿拉格瓦河像一根银线似地蜿蜒流去;10)阿拉格瓦河闪闪发亮,就像蛇鳞一般。

该段之前有一段描写:"我的马车来到科依索尔谷的时候,太阳刚隐没到雪山后面。赶车的奥塞蒂亚人想在天黑以前登上科依索尔山,不住地鞭马,同时引吭高歌。"由此可知,主人公应该正走在半山腰,作者以其为视点,对景色的描写采用了三个层面:平视、仰视和俯视。按照这一描写顺序,将上述各命题转来的汉语小句加以组织,即有:

这谷地真是个可爱的地方! 四周都是崇山峻岭;红彤彤的岩石上面爬满苍翠的常春藤,顶上覆着一丛丛法国梧桐;黄色的悬崖布满流水冲蚀的痕迹;那边高高地挂着一条金光闪闪的雪的穗子;往下望去,阿拉格瓦河同一条从雾气迷蒙的黑暗峡谷里哗哗地奔腾而出的无名

小河汇合起来，像一根银线似地蜿蜒流去，它闪闪发亮，就像蛇鳞一般。（草婴　译）

再次，要符合逻辑顺序。通常采用顺序翻译，即按原语句子结构和表达习惯由前往后翻译，主要涉及主从句之间的顺序，而不太关涉小句中成分的次序调整。顺序翻译的原理是三个"一致"，即汉外语句型一致、时空顺序一致、逻辑顺序一致。顺序翻译，是相对而言，指整体上依原文顺序右向翻译，也存在局部逆序。如：

[21] Neither she nor he had entered the house since that drizzly November day forty-seven years ago when the movers had cleared out their furniture, damaging the cane-backed sofa and breaking two plates of Philadelphia blueware in the process.

原译：四十七年前十一月的一天，细雨蒙蒙，搬家工人搬走了他们家所有的家具。搬运过程中，弄坏了那个藤背沙发，打碎了两只费城蓝瓷盘。从那天起，她与他再也没有踏进那所房子一步。

改译：四十七年来，她与他从来没有踏进那所房子一步。那年十一月的一天，细雨蒙蒙，搬家工人搬走了他们家所有的家具。搬运过程中，弄坏了那个藤背沙发，打碎了两只费城蓝瓷盘。（林克难　译）

照处理长句的常见办法，译者很容易选择第一种译法：先讲清原因，再说他们不再迈进老房子。然而，也不妨保存作者的表达意图，顺序而译。顺序之中，又将 November day forty-seven years ago 分作两段，"四十七年来"置前，"十一月的一天"留在原位。

顺序之外，有时还可逆序翻译，即按原语句子结构和表达习惯顺译时出现困难或不符合汉语规范时，译者对原句"倒行逆施"，先译出后面部分，再译出前面部分。如：

[22] You must fix in mind the symbols and formulas, definitions and laws of physics, no matter how complex they may be, when you come in contact with them, in order that you may understand the subject better and lay a solid foundation for further study.

原译：为了更好地了解物理学，并为进一步学习打好坚实的基础，当你接触到物理学上的符号、公式、定义和定律的时候，不管它们多么

复杂,你必须把它们牢牢记住。(朱留成用例)

试译:为了深入了解物理学,为将来学习奠定基础,在接触物理符号、公式、定义和定律之初,不管多么复杂,你都必须牢记在心。

遇见长句时,能够顺译就顺译,只要符合汉语规范即可。而有时依照原文次序译得别别扭扭,不如逆序翻译,有时甚至只有逆序翻译才像中文,才有力。所以余光中(2002:129)说,在不少情况下,英文句子拖一条受词的长尾巴,中文就拖不动,往往先解决复杂迤长的受词,再回马一枪。

五、长而得体

长而得体,指汉译长句的选用与否和破解与否取决于文体。换言之,长句因文体而决定是否要破解。句子的长短视文体而定。比如英语口语未必多用长句,而以短句为主。俄国作家契诃夫爱用短句,海明威的电报式短句更为世人所知晓。语体风格与个人偏好都决定了句子长短的选用。面对长句,只要长得能够接受,能够理解,同时又是作者的风格要素之一(尤其是文学翻译),要予以尊重,不一定见长就化短。

首先,分清书面与口语。口译,尤其是同传,不允许译员花过多的时间处理长句的翻译,他多半顺序而动,自觉可以断句,就断句,这样整个句子可能仍是长句,但句中多停顿,写在书面就是多点号,尤其是多用句中点号,如逗号、顿号和分号等。如:

[23] We believe that it is right and necessary that people with different political and social systems should live side by side not just in a passive way but as active friends.

口译:我们认为,正确和必要的是,不同政治和社会制度下的人们应该共处,不仅是消极共处,而应该是积极友好相处。

笔译:我们认为生活在不同政治和社会制度下的各国人民应该共处,不仅仅是消极共处,而是积极友好地相处,这是正确的而且是必要的。(张继革 译)

原文是口语,是书面化的口语,用了长句。口译照此全译,即使交传,一般不易做到,同传更是难以做到。所以口译将原文断为四段:We believe / that it is right and necessary / that people with different political and social systems should live side by side / not just in a passive way / but as active friends,并逐一译出。不过笔译还有修改的余地：

> 试译：我们认为政治社会制度不同的各国人民应该友好相处，而非消极相待，这是正确而必要的。

其次，分清书面语的不同类型。相对而言，长句结构复杂，内涵丰富，能严密地论述问题，有较强的逻辑力量，多用于书面语体，尤其是政论语体与专门科学语体。它是构成语言精确性、严整性和逻辑性的风格手段，又是体现丰繁风格的成分。科学长句较多，这是因为科学文体运用大量系统的概念明确、含义固定的专门术语，如政论文体旨在阐述思想，申述立场，陈述观点，辨明是非，展开争论，总体要求是周密、深刻、滴水不漏、逻辑性强。而科技文体旨在陈述客观事物及其运动过程与状态，总体要求是准确、严密、系统，如许多概念的定义常需用多层次的复杂长句来表述。

长句具有叙述性，阐发理论宜用长句，表达比较复杂的意思宜用长句，简单明了地叙述和描写事物则宜用短句。汉译时应考虑这些因素，力求长句得体，只有得体，才能恰如其分。张志公(1958)曾说："我们头脑里想事情，想法不都是很简单的，那么表现思想的句子有时候就不免复杂些。这恐怕是一种必然的现象。"复杂表现之一，就是用长句。如：

> [24] Our delegation attaches particular importance to the debate on the question of strengthening international security, which has been brought to the General Assembly for discussion on the initiative of our country.
>
> 原译：关于加强国际安全的问题已根据我国的建议提交大会讨论，我国代表团特别重视关于它的辩论。
>
> 改译：我国代表团特别重视根据我国的建议提交大会讨论的关于加强国际安全的问题。（姚念赓　译）

政论文与其它文体一样，行文中有轻有重，但在一定场合它更有侧重点，这种重心在语表形式上有反映。其它文体如果改变语序不涉及政治等问题，一般不会影响接受，而政论文体有时改变语序，可能影响政治含义，甚至引起国际争议和争端。上例是联合国代表的发言，主句是重点，是新信息，从句是旧信息。原译把已知事实前置，作为重点提出，而原文的重点后置，改变了发言的主次关系，就降低了原讲话的语用价值。改译

过长,却能反映这一语用价值,这种欧化已在国际事务翻译中广为接受。再看一例:

[25] The Government and people of Haiti offer their best wishes for prosperity and success to our brother people of Guyana, who have just attained political independence and been admitted to membership in the United Nations.

原译:海地政府和人民祝愿我们的圭亚那兄弟人民繁荣和取得成就,他们刚刚取得政治上的独立和被接纳为联合国会员国。(姚念赓用例)

照常规,who引导的从句后置表示原因,完全可以照序译出,先说果,后说因。姚念赓(1982)认为这种拆译在政论翻译中不可避免地要影响原文的政治意义,这时应多用长定语前置或者前因后果式翻译方法。于是有三种改译方案:

试译1:海地政府和人民祝愿我们刚刚取得政治独立并加入联合国的圭亚那兄弟人民繁荣昌盛,成就辉煌。

试译2:海地政府和人民祝愿我们的圭亚那(刚刚取得政治独立,加入联合国)兄弟人民繁荣昌盛,成就辉煌。

试译3:我们圭亚那兄弟人民刚刚取得政治独立,加入联合国,海地政府和人民祝愿他们繁荣昌盛,成就辉煌。

六、长而有节

长而有节,指汉语可有一定的长度,但需有所节制,有所控制。长句主要见于书面语,口语用得少。即使是书面语,一个长句也不能无尽头地长下去,整个篇章也不能无节制地使用长句,任何奉读者为神灵的作者或译者都会考虑长句使用的度,处处考虑长句使用的效果。如:

[26] The chief excellence of Rabindranath's poems of love seems to be his ability to capture this delicate thrill which disturbs men and women in the midst of their daily occupations and gives them a taste of the ineffable.

原译：罗宾德罗那特的爱情诗的主要的妙处似乎就在于他善于捕捉这种在日常生活中骚扰着男男女女并使他们感受到某种不可言喻的滋味的微妙的颤栗。（董红钧用例）

试译1：罗宾德罗那特爱情诗的高妙似乎主要在于他善于捕捉这种困扰饮食男女并使其体味而又不可名状的细腻与颤微之处。

试译2：罗宾德罗那特爱情诗的高妙，似乎主要在于他善于捕捉这种细腻与颤微之处，正是它们困扰饮食男女，使其体味而又不可名状。

原译没能摆脱原文长度的束缚，试译1比原译要简练，但一口气读下来还是困难。长句并非无懈可击，长并不等于密而无缝，汉译时见缝可以插针，这"针"就是点号，将长句分节推进，给人长而有度之感。借助标点将语流截断，给读者一次喘息的机会，如充分利用汉语主语可与谓语断开的特点，将试译1的主语独自断开，缓解一下语势。除此之外，试译2充分地体现了原文中 which 的关联作用，先照原文摆出作者的高妙之处：细腻与颤微，再说二者对男女的作用，加上"正是"二字，恰好顺接原文的语势。

七、长而简洁

长而简洁，指句子虽长，但构成复句的单句简明，组成复杂单句的短语简括。余光中（2002：90）幽默地说："英文文法有些地方确比中文精密，但绝非处处如此。有时候，这种精密只是幻觉，因为'精密'的隔壁就住着'繁琐'。"长而简洁的方法可归结为：1)可多用代词；2)适当运用古汉语；3)充分利用语言的模糊性，越想说得细说得精确，语言形式反而显得越啰唆，越影响理解与表达。具体分为两类：

（一）复句中单句简短

2002 年在重庆大学举行的第十届全国科技翻译学术研讨会上云南大学徐翠苏教授提出了英汉翻译量化教学法，其精髓是在忠实和通顺的前提下，对译文句子的长度实行字数控制，并以字数的多少作为衡量译文质量的一个标准。句长，在他看来，有广狭之分。广义的句长指两个句号间的中文字数，狭义句长指两个标点之间的中文字数。他研究认为，法律及公文翻译的句长不宜超过 25 字，科技翻译不宜超过 20 字，文学翻译等最好不超过 15 字。句长超过 15 字，译文读起来就吃力，有时甚至晦涩难懂，有违简明晓畅的准则。

这一方法具有较大的合理性和科学性，对简化长句非常有效。长句简洁的过程就是对狭义句长逐步压缩字数的过程,对句子字数做减法是使长句简短的良方。借用徐覃荪的例子,考察按字数要求句长的压缩过程。

[27] If one realizes that our time on this earth is but a tiny fraction of that within the cosmos, then life calculated in years may not be as important as we think.

原译:如果一个人意识到我们生活在地球上的时间不过是宇宙之中的一瞬间,那么,以年数的多少来衡量生命也许就不像我们想象的那么重要了。

改译1:如果一个人意识到,我们生活在地球上的一生不过是宇宙之中的一瞬间,那么,以年数的多少来衡量生命也许就不似想象那么重要了。(20字左右)

改译2:如果一个人意识到,人生一世不过是宇宙中的一瞬间,那么,以年数来衡量生命,其意义也许就不似想象的那么重要了。(15字左右)

改译3:宇宙无穷而人生有限,一旦认识到这一点,再以年数来计算生命,其意义也就不大了。(10字左右)

原译是学生的译文,用忠实与通顺衡量,都说得过去,与现行某些译本的句子非常相似。以狭义句长为20、15、10字左右为要求,分别改得上述三种译文,越改越简练,越改越明晰,越改越生动上口。

(二)单句中词语简短

单句的简练有时以词和短语的简明为前提。有的译者逻辑思维强,善于使用简明的概念,往往三言两语胜过繁言絮语。如:

[28] The examination of his poems will show the originality of his perception and the delicate art with which he portrays the minute shades of passion.

原译:仔细地阅读他的诗篇,将能看到他藉以描绘感情的种种细微色彩的独特的洞察力和精湛的艺术。(董红钧　译)

试译:细读诗篇,能领略他细描情感色彩所独具的洞察力和表现力。

"感情的种种细微色彩"实指"细腻情感色彩"。"精湛的艺术"在此指诗人精湛的语言形式表现出的艺术效果,可概括为"(艺术)表现力",正好与"洞察力"相对应。长而简洁的处理艺术在俄译汉中更能显出特色,因为英语比汉语多些形态化,而俄语比英语更具形态化。俄译汉比英译汉要复杂一些。请比较:

[29] Совершенно неправильно было бы думать, что в результате скрещивания, скажем, двух языков получается новый, третий язык, не похожий ни на один из скрещённых языков и качественно отличающийся от каждого из них.

原译:如果以为两种语言融合的结果,能得出一种新的第三种语言,不像这两种语言中的任何一种,并在本质上与其中任何一种都有区别的话,这种想法是完全不正确的。(林学诚用例)

试译:以为双语融合能得到与其不同而且全新的第三种语言,就大错而特错了。

如果算上标点,原译占 72 个汉字空间,试译占 32 个,缩小一半以上。原译"不像这两种语言中的任何一种,并在本质上与其中任何一种都有区别的话"属于典型的蓬松式汉译现象,主要原因是译者着实译出了原文的每个词,不善于提炼概念,不善于概念化,导致句子过长。

第四节　汉译组构长句趋简律

追求经济简省是语言发展的动力,汉语更是如此。汉语语法结构具有兼容性和趋简性。"汉语语法重于意而简于形","在形式选用上具有趋简性,往往显现为减法,在语义蕴含上具有兼容性,往往显现为加法"(邢福义,1997)。这是汉语发展的规律,汉译是对汉语的运用,有必要遵循这一规律。扩短为长容易,缩长为短困难。虽说长短各有利弊,短句简洁明快,长句严密周到,但汉语惯用短句,以此为前提,再顾及长句的恰当选用,在长句不宜、不便、不能汉译时,就以汉语之简驭英/俄语之繁。长句只是语表形式的一种体现,本质上为语里意义服务,如果因形害义,或因形碍义,就有必要打破形式的禁锢。

一、截长为短律

趋简性是词、短语，更是句子、句群讲究简洁的趋势。张艳玲（2006）讨论过民航缩略语汉译趋简的趋势，认为"应根据缩略语音节长短、使用频率、受众熟悉程度等采用不同的翻译方法"。除非必要，汉译应尽量简短，句子越短越有力，表意越明确，也越容易理解。长句的长处一旦不能为汉语所吸收，就不必削足适履，首选是截长为短。黎远汉（1990：79-80）认为，精练简短而含义丰富，是汉语句式特征之一。短小精悍的句子更具说服力和表现力，明显地表现为结构单纯，适度修饰，多用省略。如：

[30] Instead of attempting mass vaccination which was hardly possible in a country like India, with twenty-five million new babies a year, the authorities decided to concentrate on areas which had outbreak of the disease.

原译：大规模种痘，在像印度这样的国家是不可能的，每年出生新生婴儿2500万，当局决定把精力集中在这些地区，这些地区突然爆发这种病。

改译：在像印度这样的国家里，一年有二千五百万新生婴儿出生，要进行大规模的种痘是不可能的，当局没有这样做，而是决定把主要精力用在该病突发区。（甄艳华　译）

试译：在印度这样的国家，每年新生婴儿2500万，难以大规模种痘，因此当局决定在突发区种痘。

原译也尽量用了短句，但仍显啰唆费解，最后一句似未成句。改译虽理清了关系，但比原译还长，不能服人。试译不仅截长为短，而且条理清楚，每个句读之间的字数不超过15个。请比较：

[31] Problems with organic and inorganic contaminants in the cooling water, drawn from the Waikato River, have shown the need for sand pressure filter system on special applications such as compressor inter-cooler, millboxes and vacuum seals.

原译：从威卡托河抽来的冷却水含有有机与无机污染物的问题，已经表明有必要在用于例如压气机、中间冷却器、磨机组件以及真空泵密封设备一类的特殊用途时安装压力砂滤装置。

改译:从威卡托河抽来的冷却水,含有有机污染物与无机污染物,为了解决这个问题,对于某些特殊使用对象(例如压气机、中间冷却器、磨机组件以及真空泵密封设备),必须安装压力砂滤装置。(赵卉用例)

试译:威卡托河抽来的冷却水含有有机污染物与无机污染物,因此需要压气机、中间冷却器、磨机组件以及真空泵密封器等特殊设备安装压力砂滤器。

二、拆散重组律

如果原文结构复杂,从句多,层次多,既不能断开,又不只是前后颠倒,而可脱离原形,打散原文结构,原文意义了然于心,按汉语表达需要选择合适的表达形式。从结果上看,是拆散了原文结构,按汉语方式重新组织。吴福祥(2014)认为,"结构重组"主要指一个语言(复制语)的使用者依照另一个语言模式语的语法(句法和形态)模式来重排(或择定)自己语言里意义单位的语序。如:

[32] It may well be that the most efficient scheme that will be developed to provide a basic energy source that will last for billions of years will be to collect solar energy in power stations orbiting the Earth and to beam that energy down to Earth's surface by microwaves.

原译:首先,我们可以制订一个最高效的发展能源的计划。那就是在环绕地球运转的轨道上建立收集太阳能的空间站,然后用微波把能源发送到地球上。这样的太阳能空间站可以给地球供给数十亿年的基础能源。这个计划是完全可能实现的。(郭建中　译)

原文共用了四个 that,用作关系代词和指示代词,用汉语单句无论如何也表达不清,因此有必要拆散盘根错节的原文。请看译者重组原文思路,以原文构件为板块分项列出如下:1)the most efficient scheme that will be developed; 2)collect solar energy in power stations orbiting the Earth; 3)beam that energy down to Earth's surface by microwaves; 4)provide a basic energy source that will last for billions of years; 5)It may well be that.

在拆散原文构件后,原译在构件之间加入了一定的连接手段,重组成文,但还可修改:

试译：首先，可以制订高效的能源发展计划，在环球运转轨道上建立太阳能收集空间站，用微波将能源发送到地球，可为地球提供数十亿年的基础能源。这一计划切实可行。

三、成分外位律

据原文叙述重点，将句中相对独立的短语或从句抽出来，先行翻译，再由内及外，层层外化。这种汉译法充分利用了外位语结构或外位成分，外位结构是重要的英语句法手段，常见的外位结构有动词非谓语形式、形容词短语、介词短语、名词短语、状语从句省略形式等。（周邦友，1999）外位语结构独立于句外，相当于句首的提示成分，同时又与句中的某个代词指同一事物，代词在句中的成分决定了代词的选用，常用"这、其、之、那、后者"等指代。如"书价上涨了，这不是件好事"这种结构有助于厘清英/俄语长句复杂的层次关系，化繁为简，突出主题，或为引起注意，或为简化复杂的长句。看实例：

[33] Для новых поколений будет мрачной сказкой жизнь, когда слишком сто лет европейские и заокеанские угнетатели держали во тьме и нищете великий народ, который больше не даст ни одному поработителю вступить на всященную свою землю.

原译：一百多年来，欧洲和大洋彼岸的压迫者把这个伟大的民族置于黑暗和贫困之中。这段生活对于后代只是一个悲惨的故事，因为这个伟大的民族再也不会让任何一个奴役者踏上自己神圣的国土。（林学诚用例）

试译：百余年来，欧洲和大洋彼岸的压迫者使这一伟大民族深陷黑暗与贫困。这将成其后人的悲惨过去，该民族绝不让他们再次踏上自己神圣的国土。

原译和试译都将例中从句 когда слишком сто лет европейские и заокеанские угнетатели держали во тьме и нищете великий народ 抽出先译，使其成为外位成分，逻辑意义上与句子的主语保持一致，原文剩余部分作为本位，按序译出，外位成分与本位之间通过代词"这"或"这段生活"关联起来。

由例可知，成分外位律常用复指称代法。复指成分是六种成分之外的一种特殊成分，其功能是消除句子因修饰语过长过于复杂而造成的拖沓臃

肿,把长句变短。一般分两种情况:

第一,先复指,后详述。先对事物进行指代,再详细叙述事物。这一事物在句中多半起限定作用,常常用"这样的、这样一些、下列(的)、如下(的)"等词概括作限定成分的事物。如:

[34] We must now introduce the idea that the pressures occurring inside the earth are very considerable.

原译:现在,我们必须介绍这样的概念,即地球内部存在的压力是相当大的。(京广英 译)

试译:现在,我们必须介绍这样的观念,即地球内部的压力相当大。

"地球内部的压力是相当大的"是判断,不是概念,判断可以是一种观念。与"这样的"这类起指代作用的词配对使用的有"即"、冒号等。再看例:

[35] In twelfth grade your idea of a good friend was the person who helped you pick out a college/university, assured you that you would get into that college/university, helped you deal with your parents who were having a hard time adjusting to the idea of letting you go.

十二年级,你认为好朋友是这样的人:帮助你选择一所大学,确保你会被那所大学录取,并且帮你劝说你父母,费了好大的力气他们才同意让你走。(黎芳、武喆 译)

第二,先详述,后复指。先详细叙述事物,再对事物进行指代。这一事物在原文中可能 起限定的作用,也可能作句子的主要成分,常常用"这、这一切、上述、上述一切、这样一些"等词概括作限定成分的事物。如:

[36] [A] The pompous vanity of the old schoolmistress, [B]the foolish good humour of her sister, [C]the silly chat and scandal of the elder girls and [D] the frigid correctness of the governesses [E] equally annoyed her. (句中序号为笔者所加。)

女校长最爱空架子和虚面子,她妹妹脾气好得痴呆混沌,年纪大些的女学生喜欢说些无聊的闲话,议论别人的隐私,女教师又全是一丝不苟的老古板,这一切都同样地使她感到不悦。(杨必 译)

如果将原文的 A、B、C、D 四个短语均译作汉语短语,译作"A、B、C、D 使 E"式,不是不可,却是欧化句子。杨必先将前四个短语转化为小句译出,最后用"这一切"概括复指,译文就灵活多了。再如:

[37] To be sure, the time has passed when it could be a scientific discovery of first rank to explain by means of a telescope the spots on the surface of the moon as shadows of craters.

原译:毫无疑问,借助望远镜的观测把月球表面斑点解释为火山口的阴影,因而成了第一流的科学发现的时代已经过去了。

原译:曾几何时,人们用望远镜观测到的月球表面的斑点解释为火山口的阴影,因而成了第一流的科学发现。毫无疑问,这样的时代一去不复返了。(赵卉用例)

试译:利用望远镜将月球表面斑点解释为火山口阴影,就能作出第一流的科学发现。毫无疑问,这一时代已不复存在。

四、全句状语律

谓语的状语过长也是长句表现方式之一。谓语的状语过于复杂时,为了精练句子,避免句子主体结构臃肿,可把谓语前的复杂状语提到句首,使其成为全句的状语,这就是全句状语法。它常用"关于、对(于)、在……之后、在……方面、至于、在……时"等介词构成的介词短语,用在句首,后面有明显的停顿,因此往往具有强调作用。提至句首作状语的内容在原文中可能是其它成分。如:

[38] All that is true, but there is a lot more to know about this man who had so many useful ideas and served his country in so many different ways.

原译:这一切都是真的,可是,关于这位有那么多有益的想法并且以那么多不同的方式为他的祖国服务过的人,还是有更多的事情值得去了解的。(吴炜彤等 译)

试译:这一切千真万确,可是这个主意多、千方百计为国效力的人,还需深入了解。

原文中 about 引导的介词短语作 know 的宾语,译作"关于……"太长,便当作语段独立出来,作后面句子的状语。原文还不够简练,可改为试译。该例汉译不断修改,从原文到汉语,实为中西思维方式的调整,如何伟和伟圣鑫(2021)所言:西方民族受源于海洋文化的理性主义思想的影响,形成了重本质、重分析和重逻辑的理性思维,造就了由图形到背景等的认知方式,语言结构上先突出主要核心成分,再及非核心成分;而汉民族主要受农耕文化天人合一思想的影响,形成了重直接、重整体和重具象的悟性思维,造就了由背景到图形等的认知方式,语言结构上先突出次要成分,再及主要成分。再如:

[39] Concern is periodically pressed regarding the length of time our oil resources will last, a concern that is partially responsible for the search for and purchase of petroleum from other countries.

至于美国的石油资源尚能维持多久,美国人也在表示关心,美国之所以在其他地区探觅和采购石油,部分原因应归于这样的关心。(仲子、叶苍 译)

介词"至于"引出了话题"美国的石油资源尚能维持多久",置于句首作状语。

五、化整为零律

化整为零,在口译中体现得最为充分。句子过长,词和词的排列次序及其语法关系不明,说与写就有麻烦,听与读也有困难。一般情况下,多用口语化的短句比多用欧化的长句,效果要好一些。化整为零,可将原文长句截短,分散,广泛布局,使汉译内容布局更均衡,形式更丰富,行文更灵活。如:

[40] On the other hand, the United States has large industrial plants capable of producing a variety of goods such as chemicals and airplanes, which can be sold to nations that need them.

原译:另外一方面,美国拥有规模庞大的工厂,有能力生产各种产品,例如化学品和飞机,这些产品都可以销往需要的国家。

试译:另外,美国有众多大厂,能生产化学品、飞机等产品,远销有需求的国家。

原译在原文的后置定语(capable of producing a variety of goods such

as chemicals and airplanes)和非限定性从句(which can be sold to nations that need them)两处切开,化整为零,分译为三个小句,但在形式上还受原文的影响,成分一个都没减少,如"这些产品"。试译将原译简化,去掉了"这些产品",使之成为承前省的流水句。

六、解环脱扣律

英/俄语句长的一个原因是:多个定语(从句),一个套一个,环环相扣,右向延伸开去。汉译时,可先译出中心词语,或将中心词语与关系紧密的后置定语先译出,解开第一环,再逐次解开其它各环。如:

[41] An Amendment is a design change of [A]a minor nature [B]introduced after production manufacture [C]which does not affect any of the items listed here under — interchangeability, safety and performance.(句中序号为笔者所加。)

原译:修正是一种生产制造后实施的、不影响以下任何项目——产品互换性、安全性和性能的次要的设计更改。

改译:修正是一种次要的设计更改,这种更改是在生产制造后实施的、不影响下面所列的任何项目:产品互换性、安全性和性能。(赵卉用例)

试译:修正是对设计略作更改,改在生产之后,并不影响互换性、完全性和性能。

原文有三环,A 为第一环,是由 of 引导的后置定语;B 为第二环,是以分词形式出现的后置定语;C 为第三环,是 which 引导的限定从句。原译将三环按 BCA 顺序排列,一起做"更改"的定语;改译将第一环解开了,仍将 BC 两环相扣,做"任何项目"的定语,可是"任何项目"还需要解释,尽管有顿号和冒号帮忙,句子还是较长。试译则顺势解扣,按 ABC 三环逐一解开,译文简洁得多。

七、点号添加律

根据需要给长句添入点号,是断长为短最简便最省事的办法。长句长归长,但总有语气停顿,充分发挥逗号、顿号、分号和冒号等点号的作用,还可用上标号,如句中破折号、括号等,以调整语气,使长句不再显其长。

标点就是破解长句常用的手段。分解原文长句,语义是利器,语形是表现形式,原文长句分解、重组的手段常常借用标点符号,所借对象多为点号,

即句内表停顿的符号,常见的有句号、逗号、问号、感叹号、冒号、分号等,其中以逗号最常用。如:

[42] For convenience we divide time in such a way that there are 24 hours in a day, 60 minutes in an hour, and 60 seconds in a minutes.

原译:为了方便起见,我们是这样划分时间的,即:一天有 24 小时,一小时有 60 分,一分有 60 秒。(朱留成用例)

原译用了冒号,将原文的定语从句剥离出来,长句化短了。原译"这样""即"与冒号的作用重复啰唆了,可进一步简化,将原文的行为方式译作行为结果:

试译:为方便起见,时间可划分为:一天 24 小时,一小时 60 分,一分 60 秒。

有时可将句中点号换为句末点号,如句号、问号和感叹号,可将长句分为复句或句群,缓解长句的压力,或者互换句中点号,以更加符合汉语表达。如:

[43] Present at the Emergency Conference convened by the Security Council were the delegations of the governments concerned whose number of members varied with different countries. The Japanese delegation was composed of 15 representatives; the Soviet delegation, 20; the British delegation, 18; the French delegation, 17.

原译:有关政府的代表团参加了安理会所召集的紧急会议,这些代表团成员的数目因国别而异。日本代表团:15 人;苏联代表团:20;英国代表团:18;法国代表团:17。(殷人平用例)

原译虽说未按原文结构译作"日本代表团由 15 人组成"之类,但句中冒号与分号照搬过来没有必要。安理会紧急会议肯定是安理会召集的。语篇效应可帮助原译省去诸多重复的"代表团",不必把话说得很满。还可改为:

试译:各政府代表团参加了安理会紧急会议,人数不一:日本 15 人,苏联 20 人,英国 18 人,法国 17 人。

第九章　汉译组构以意驭形问题

英/俄语与汉语是两类不同的语言。英语偏形合,词句间凭形式手段连接,以形显义,彰显语法和逻辑关系;汉语偏意合,词句间凭词语或意义连接,以意驭形,彰显语法和逻辑关系。流水句是汉语的一大特色,最能体现汉语意合的本质特征,可以破解形与义的矛盾,因为流水句由小句与小句构成,是语义关系松散、语调上似断还连、无连词连接的言语单位,可分为复句和句群两种,以复句为主,句群为次。本章正是以汉译流水句运用问题为例,旨在通过与综合型俄语和正在从综合型转向分析型的英语的比较,彰显英/俄汉译中如何充分运用流水句的过程,考察汉译组构以意驭形的问题。

第一节　汉译组构形意矛盾

意合和形合是王力(1985a:468-472)提出的两个概念:"中国语里多用意合法,联结成分并非必需;西文多用形合法,联结成分在大多数情形下是不可缺少的。"王振福(2002)指出,隐性与显性衔接在很大程度上决定语篇理解的难易度,愈是隐性衔接,愈需读者具备语用、语义、语境的判断推理能力和广博的世界知识;从研究的角度来看,对连贯的研究重于衔接的研究,对形式衔接的研究重于语义衔接。其实,意合与形合是任何语言都具有的特点,但因语言类型而有所侧重,外译汉要面对二者之间的矛盾,寻找解决的方法。

一、意合与形合

意合指词句之间不靠关联词等语言形式手段连接,而用词句表达语法义和逻辑义。形合则相反,指词句之间依靠关联词等语言形式手段连接,以表达语法义和逻辑义。

每种语言都有意合与形合的特点,只是有所偏重。汉语重意合,兼顾形合，表达注重隐性连贯，以意统形，以神驭形，行文铺排疏放，结构不求完整，句子常缺主干，核心动词谓语往往不甚明显，不易形成信息焦点；同时句式简短，多表现为自然的线性序列，通常情况下，句中各成分的相互结合大多依靠语义的贯通、语境的映衬和词序的排列，而较少使用连接词语。

汉译应突出汉语的特点，而流水句的逻辑语义关系往往具有一定的模糊性，由此可以发现汉语意合之妙。其首要特点是句内与句间停顿较多，语气灵活多变。如：

[1] 现而今，那臭水沟埋了，修上条大马路了，那碎砖头砌的小平房拆了，修了高楼大厦，变喽，变喽！（老舍《吉祥胡同甲五号》）

第二个特点是极少用关联词，结构多变，如下面例2的前后小句都隐含了"看"的主体，后小句还承前隐含了"宝塔"，还可改为"远看宝塔显然立在山顶。可是，走近一看，才发现并不在山顶"。

[2] 远处看，宝塔明显地坐落在山顶上。可是，走近一看才发现，并不在山顶上。

第三个特点是有时共一个相对独立的话题，语义关系松散，如：

[3] 她手上生的五根香肠，灵敏得很，在头发里抓一下就捉到个虱，掐死了，叫孩子摊开手掌受着，陈尸累累。（钱锺书《围城》）

意合是一种组构法，并非汉语所独有，英语也说得明确：小句之间不用连词联结。请看 *The World Book Dictionary*（p. 1513）的解释："**Parataxis** The arranging of clauses one after the other without connectives showing the relation between them. Example: The rain fell; the river flooded; the house was washed away."。

形合也是一种组构法，英语同样说得明确：小句之间要用连词联结；并非英/俄语所独有，却为其所重用。请看 *The American Heritage Dictionary*（p. 649）的解释："**Hypotaxis** The dependent or subordinate construction or relationship of clauses with connectives; for example: I shall despair if you don't come."。

二、汉译组构的形与意

既然英/俄语重形合,行文则是依靠语法形式(包括词缀、词形变化、衔接手段等)将语言符号缀合成整体的语言组织手段。形合常用手段有:代词、副词表示的关系词和连接词,介词,词缀变化,词类的形态变化(如名词、代词的性、数、格,动词的时、体、态,语气,人称和物称,形容词、副词的比较级、最高级)等。既然汉语重意合,行文则是主要依靠意义,即依靠语言内在的逻辑语义联系组织语言单位的手段,重视语序与虚词的运用。

据上,汉译时自然要变重形为重意。英/俄译汉即是由形合为主向意合为主转化的过程,若有形合标记,词语、小句及句子之间逻辑语义关系呈显性状态,将其它形式信息转为内容信息,由整个翻译过程看,做的主要是减法,所减为原文形式彰显的语篇衔接手段,汉译形式上看似减了,却减形不减义。如例 4 的 won、them、in、but、when 等足以代表英语形合的特点。

[4] Jack: I won 100 goldfish.

Tom: Where are you going to keep them?

Jack: In the bathroom.

Tom: But what will you do when you want to take a bath?

Jack: Blindfold them!

原译:杰克:我赢了100条金鱼。	试译:杰克:我赢了100条金鱼。
汤姆:你打算在哪儿养它们?	汤姆:打算养哪儿?
杰克:在浴室里。	杰克:浴室。
汤姆:那你洗澡的时候怎么办?	汤姆:可你洗澡怎么办?
杰克:蒙住它们的眼睛。(汤先营　译)	杰克:蒙上。(拙译)

译文取自 2011 年 11 月 1 日《光明日报》,是一则幽默。原译并非不能说,但不是汉语常态,或带翻译腔。汉语对话时因语境可省去谈话对方"你","养"的对象"他们"可承前句省略,思维更轻松!直说"养哪儿"更口语化,回答直奔地点,也无须介词。不能一见 when 就"当……时候",一见 if 就"如果";原文 but 虽有转折,译作"那"不错,若用"可"既不失转折之义,又兼有反问语气!末句的 them 可减,blindfold 义为"蒙住……眼睛","蒙上"于原义似乎略有所亏,却于语境中得以补偿。"蒙谁?""蒙什么?"辗转理解之,愈幽愈默。

对话的翻译凸显了英语形合向汉语意合的转化:汉语无词形变化,少用介词、连词、代词,少用或不用关联手段,善用紧缩句,语境简省,靠语序表达语义等。

第二节　汉译组构呈形合趋势

汉语重意合,英/俄语形合占绝对地位,意合只是偶现,表达时以主谓结构为主干,以核心动词谓语为焦点,句法结构严谨完整,以形统意,以形驭神,句子各成分结合常用连接词、关系代词、关系副词等,以显其结构关系。英/俄汉译过程中,译文形合的元素越来越多,导致汉译组构具有了形合的趋势。

一、汉语本重意合

意合与形合是学界区分汉外语的主要标尺。袁毓林(2000)概括流水句时说:"在汉语中,一连串小句可以不借助关联词语、全凭意合法来构成一个复句,通常把这种复句叫作流水句。"可见流水句与意合句的区别主要在于关联词语。

王力(1943:171)通英语,说"有两个以上的句子形式,它们之间的联系有时候是以意会的,叫作'意合法'"。汉语的意合,应该指不用语言形式手段而靠词语或逻辑语义实现连接的语言组构法。换言之,意合的衔接形式空位,靠意会和推理,达到意义的理解与连贯。

不用关联词虽说是流水句与意合句的共性,但在语义紧密程度上有差别。意合句中小句与小句的语义联系紧过流水句,前者多半能补出显示紧密的逻辑关系的关联词语,后者则不宜补出,或者根本就补不出,这反证了流水句的形合特性更差,从反面说明了流水句是汉语比较突出的特色之一。

汉语无形态变化,只有少量连接词,没有英/俄语的关系代词、关系副词,主从句的关系不靠形合,而靠意合,从动词着眼,按时空顺序和逻辑顺序安排动词和小句。时间顺序就是按动作先后排列,空间顺序就是按方位处置排列,逻辑顺序就是按先因后果、先条件后结果、先目的后行为、先让步后行为的顺序安排次序。所以常有人打比方说,汉语句子可比行云流水,一朵随一朵飘过来,一浪接一浪向前流。

二、汉译组构日趋形合

学界认为形合是印欧语的典型特征。英语的复句好比一棵树,主句为干,干上从句横生,多枝共干,因此关系词和关系手段相当发达,成为语言形式的重要部分。复合关系极为分明,小句之间的关系靠形合联结。组织复句,往往先定主句,再用关系词把从句挂上。这是英/俄语组构话语的常态。中西语言组构方法的差别,由毛荣贵(2002:126)的调查可见一斑,见表9-1(有所调整)。

表9-1 汉英形合意合比较

作品	《红楼梦》(第四回,共44句)		杨戴译本(共44句)	
组织类型	形合句	意合句	形合句	意合句
原因复句	3	7	9	0
条件复句	3	18	10	1
时间复句	2	17	19	0
让步复句	5	0	5	0
总的比例	28%	72%	97%	3%

汉语的形合,指用语言形式手段实现连接的语言组构法。这些手段包括连词(如"因为""所以""而且"等)、关系副词(如"就""又""也""还"等)、助词"的话"和超词形式(如"如果说""不但不""总而言之"等)。

以此为标准,读不同年代大多数的汉译作品,汉译形合的趋势越来越突出。1986年朱德熙注意到了这一问题:"从'五四'白话文运动开始以来逐渐形成的现代书面语不断受到印欧语(特别是英语)的直接或间接(通过翻译作品)的影响,产生了一些所谓'欧化'句法。其中最为重要可是又一直没有引起人们注意的一个方面,就是要求句子在形式上有主语的趋势。""由于它涉及全部书面语句式,所以它又是欧化句法中影响最大、最重要的一个方面。"与主语齐全相伴的是定语也时时保留。请看一例:

[5] Although my grandfather died before I was born, judging from what I've heard about him, read about him, and from the books he left, I think it is possible that I inherited my curiosity from him.

原译:虽然我的祖父在我出生之前就辞世了,但是从我听说的有关他的事情和我读过的有关他的事以及他留下的那些书,我觉得很可能我从他那里继承了好奇心。(赵罡 译)

试译:还没出生祖父就去世了,他的故事我听过,也读过,看过他留下的书,觉得自己很可能遗传了他的好奇心。

原译中"我"共用六次,四次作定语,两次主语。试译只用了一次,作主语;关联词在流水句中冲掉了。

汉译正是从以形合为主的印欧语走来,一路风尘仆仆,赶到以意合为主的汉语,印欧语要求句子必须有主语,而基于意合法可以不要关联词的汉语流水句与之不合,不少译者免不了囫囵吞枣,生搬硬套,将印欧语句子中的主语译得字字着实,导致汉译句子主谓齐全,几乎成了汉语的一种常态。目前的状况是:最能反映一个民族语言生态的领域——口语受到的影响较小,而书面语深受其影响。

第三节　流水句的汉译充分利用

"流水句"首见于吕叔湘《汉语语法分析问题》(1979:27):"因为汉语口语里特多流水句,一个小句接一个小句,很多地方可断可连。"吕叔湘并没有展开深说,胡明扬、劲松(1989)也认定流水句是汉语特有的一类复句。徐思益(2002)认为"它的范围仍限定于句子,而不是超句子的句组。"综上,流水句至少是几个简单句呈现的一种汉语态势,近于鲜活的汉语口语,它所具有的各种特点,正是汉译所应光大的。

一、流水句及其特征

邢福义(1996:41)在深入研究复句之后,总结说:"这样的联结,有连有断,似断似连,断连之间有相当大的随意性。这反映汉语没有严格意义的形态变化的语言在篇章句法上的流水式特色。"流水句到底是复句还是句群,先看看它的特征。

(一)流水句的语音特征

句内与句间停顿较多,语气灵活多变。流水句由两个以上的小句组成,本身又是一个较大的语言单位,所以流水句的句间与句中均有停顿,可形成两类:句间停顿与句中停顿。胡明扬、劲松(1989)曾做过语音实验,证明句间停顿明显地长于句中停顿,大致是一倍。结论是:流水句的语音特征非常明显,足以将完整的流水句与几个前后相连而各自独立的单句或复句分开来。请看一例:

[6] 现而今,那臭水沟埋了,修上条大马路了,那碎砖头砌的小平房拆了,修了高楼大厦,变喽,变喽!(老舍《吉祥胡同甲五号》)

从语调上看,胡、劲二位认为流水句句末出现句终语调外,句中非句终句段(相当于小句)也出现句终语调,只是其后的停顿明显短于正常的句间停顿。这似乎与公认的句终语调相悖,会使人认为流水句不是复句,也可以划归句群。胡、劲二位也认识到了,却作出了另一种解释:"句终语调只是句子的必要条件而不是充要条件。句子的充要条件是句终语调加较长的句间停顿,而较长的句间停顿事实上是更重要的划分句子的语音标志。"他们解释说:"句终语调的出现给这个句子就要结束的信息,可是当期待中的较长的句间停顿还没有停顿到足够长度的时候,下一个句段又开始了,这就给人一个'似断还连','可断可连'的印象。"又说:"如果在非句终句段后面的停顿长到和正常的句间停顿相等,那么就会成为独立的句子,和后面的句段分开了,这就是'可断'的现象,原来的流水句就分解为几个独立的句子,不一定再是流水句了,但也有可能其中一部分仍然是流水句。"

停顿的长短与标点关系密切,长的停顿可标为句末点号,如句号、问号和叹号;短的停顿可标为句中点号,如逗号、分号、顿句和冒号。依胡、劲二位所言,如果短停顿长到与长停顿相等,句中点号应改为句末点号,他们所认定的复句之一种的流水句就滑向了句群,这是不是从反面证明了流水句也包括句群呢?! 这一认识其实在胡、劲所做的实验中又得到了证实。1989年2月他们拿电视剧《吉祥胡同甲五号》部分流水句做实验,7月又在中国人民大学语文系请中央戏剧学院表演系研究生徐平再次朗读被试材料,结果电视剧的短停顿有的变成了长停顿。

音、形、义三者当中语音特征占主导地位,因为流水句主要表现在口语中,其次才是书面语。流水句用于书面语是口笔语合一的高度体现,又由多次停顿所呈现。

(二)流水句的句法特征

极少用关联词,结构多变。从句法形式看,流水句极少用关联词语。从流水句要流动起来,需要组成部分,这就是小句,小句数量为两个或两个以上,主要构成复句。如:

　　[7] 她手上生的五根香肠,灵敏得很,在头发里抓一下就捉到个虱,揢死了,叫孩子摊开手掌受着,陈尸累累。(钱锺书《围城》)

上例是复句式流水句,再看句群式流水句:

　　[8] 原句:远处看,宝塔明显地坐落在山顶上。可是,走近一看才发现,宝塔并不在山顶上。

189

改句:远处看,宝塔明显地坐落在山顶上。可是,走近一看才发现,并不在山顶上。(1995年高考语文题)

例8中句号完全可以改作逗号或分号,句群可变为复句。前后小句都隐含了"看"的主体,后小句还承前隐含了"宝塔"。

从小句间的关系标记看,流水句务实不务虚,多用实词,不用虚词,典型表现之一就是小句之间很少用关联词语。就基本关系而言,流水句无论是复句式的,还是句群式的,关系类别大致相同,"就一般情况而言,只要经过语句(以及标点)的适当调整,句群和复句二者可以相互转化"(邢福义,2002:249)。

关联词语好似风衣上的纽扣,没有纽扣的风衣有一种流线型的感觉,有了纽扣有时反倒显得拘谨。流水句的"似断",就断在小句的独立,"断"有长短,长则为句群,短则为复句。"非断",就体现在意义的内联。"译者在翻译的过程中有意识地将长句划分为几个短小的句子,或者将其划分为两个或者两个以上的独立句子,长句基本不存在"(杨璘璘,2014),如此这般,有助于译语读者更好地理解原文内容,而且是比较省力地接受。

(三)流水句的语义特征

流水句由一个个小句构成,共一个相对独立的话题,语义关系松散。据邢福义(1996:3)的研究,小句指"最小的具有表述性和独立性的语法单位",那么,流水句的语义关系比较松散,小句与小句之间一般难以添补显示逻辑关系的关联词语。许多地方很难说省去了关联词,即使加上关联词,要么显得勉强,要么依然松散,反显得不自然。从小句间的语义关系看,流水句大多表现为多层次性;从小句间的语义联系看,流水句中小句和小句组合松散时常若断若续,可断可连。

流水句可按逻辑语义流出,按时间顺序流出,按空间顺序流出。流水句的语义成分,有显有隐,起伏有致。隐含的成分可据上下文补出,有时还有赖于更大的语境去补充。比如说主语的隐含就不限于复句,"有时还跨越句子的范围扩大到句群,这主要是出于表达上的连贯性和经济性的需要;不仅句群中相连的两个句子,后一个句子的主语可承借前一个句子的某个成分而省略,甚至还有承前隔句省略主语的情况"(梅立崇,1992)。如:

[9]昨晚他勾了一张草图,本想今天完成,但人们一早就鱼贯而入,他又不好谢客,只得陪坐。此时,大家已经抽掉一包带过滤嘴的香烟了,浓烟满室,都还没有告辞的意思。正在[]无可奈何之际,外边又

有人敲门。(冯骥才《雕花烟斗》)

引文中方括号内其实隐含了主语"他",承第一个句子隐含掉了。梅立崇(1992)研究表明,汉语中主语省略的情况在句群里表现得尤为明显,这一点与英语形成鲜明的对照,英语一般是不许跨句承前省略主语的。

根据上述三大特点,可以确定:流水句由小句与小句构成,语义关系松散,语调上似断还连的一种无连词语言单位,可分为复句和句群两种,以复句为主,句群为次。

二、流水句的汉译利用

读古典名著,常惊慕于作品行云流水般的走笔,大家笔下如飘动的云,流动的水,自然流畅。流水句的风格特点一为自然去雕琢,二为流畅去滞塞。2016年王建华从语块认知的角度探讨了语块对提高译员流畅性的效果。

积段而成章,此乃共理。不过,段与段之间不易看出自然与流畅,自然流畅的基础仍然是复句与句群,而复句与句群行云流水的姿态,又靠众多小句的联结。这是从汉语本身来看。再从印欧语角度看,英语也存在类似于汉语流水句,如:

[10] Dobbe picked up a glass which stood on the table, ran into the corridor, filled the glass with water from the faucet, hurried back, and threw the water into the face of the unconscious man.

例中主语只有 Dobbe,动词个个鱼贯而行,主语的共用,出于简省的语篇要求。说它类似于汉语流水句,是因为文中仍用了一个连词 and。再如:

[11] She was glad to go home, and yet most woefully sad at leaving school.

原译:她回家很高兴,可是离开学校却非常难过。

改译:她喜欢回家,又舍不得离校。

[12] Comrade Chang is ill, hence he is not expected to work.

原译:张同志病了,因此不要叫他工作。

改译:张同志病了,不要叫他工作。

[13] If he still refuses to confess his fault, we would give it him

hot.

原译:如果他再拒不认错的话,我们就要痛骂他了。

改译:他再不认错,我们就要痛骂了。

[14] He spoke so well, that everybody was convinced of his innocence.

原译:他说得那么好听,以致每一个人都相信他是无辜的。

改译:他说得那么好听,谁都相信他是无辜的了。

上述几例均为劳陇改译,表达了相应的逻辑意义。例 11 表示转折义,原译用连词"可是"译出转折意义,改译则用关系副词"又"译为并列意义;例 12 表示因果义,改译去掉了原译的连接词"因此",联结更自然;例 13 表示条件义,改译没用成对的关联词"如果……就……",只保留了原译的关系副词"就";例 14 原文的结果状语从句,原译反映了结果义,但改译则不用连词,自然联结。

与汉语相比,英/俄语用这种结构的情况并不占主体,在地道的汉语中却是主体。翻译应该是拿译语的主体去对付原语的主体,这一点在汉译英或汉译俄时译者都做得极其努力,目标极其明确。可是,一提笔英译汉或俄译汉,不少译者很容易忘记汉语的存在,不知不觉中被原文牵走了鼻子。如:

[15] Был уже полный вечер; в окно моей маленькой комнаты, сквозь зелень стоявших на окне цветов, прорывался пук косых лучей и обливал меня светом.

原译:已经是傍晚时分;一缕夕阳的斜照从摆在窗口的鲜花的绿叶的隙间透射进了我的小屋子的窗子里,使我沐浴在光辉中。(岳麟 译)

试译:傍晚时分,一缕斜阳透过窗口鲜花的绿叶,射进小屋窗户,泻在我的身上。

汉译充分地利用了流水句的优势,将原译长句化短,以"一缕夕阳"为主语,管三个小句,把原译的"使"变成了"泻",使前后句在行文上更是顺流自如。王维贤(1994:299)等人指出:"流水句之所以能自由自在,如行云流水,是由现代汉语语用平面的语序的灵活性和口语化这两个因素决定的。"

第四节　流水句与汉译地道方略

地道汉译指真正纯粹的汉译，进而指符合汉语基本规范的译文。说通俗点，无非是力求多保持一些汉语的本色，使汉译符合汉语的特点。流水句是汉语的特点之一，汉译追求地道，就有必要多用流水句。追求汉译地道，并不是反对在译中受原文的影响不能来点形合。语言的碰撞与融合是必然，形合的吸收也是必然的，只是这一过程，不可太快，吸收的分量不可太大。即使吸收，也应是改进式吸收。在此，汉译地道的方略应指汉译的地道的总体方针、大计或策略。

一、流水句与汉译的地道

肖石英(2006)认为"要确保译文地道，就必须打破英语原文的层次结构，用汉语的流水句结构来组织译文"。而朱音尔(2013)所理解的"译文地道"，是"指译语行文造句应该符合目的语的表达习惯，不留'译痕'"。那么流水句与汉译地道有何关系？

（一）流水句多语同源

在任何语言中，流水句与生俱来，自古如此，只是在人类发展的历史长河中，语言的发展走上了多途。语言发展之初，人们表达思想，就像意识流一样，有第一个想法，就用一个词、词组或句子表达。第二个也是如此，后续的依此类推。思想的逻辑关系，如因果、条件等，不论何种关系，一律依次铺排。单个句子如此组织，单句组成的复句和句群也是如此。汉、英、俄语均有类似的遗迹，好比是语言的化石，可以反映语言发展的历史。请看英汉、汉英和英、俄、汉之间流水句译例：

[16] Like father, like son.

有其父，必有其子。

[17] 敌进我退，敌驻我扰，敌疲我打，敌退我追。

The enemy advances, we retreat; the enemy camps, we harass; the enemy tires, we attack; the enemy retreats, we pursue.

[18] Sound in body, sound in mind.

Здоровый дух в здоровом теле.

有健康的体魄，才有健康的精神。

三语比较,更能发现流水句的特色与互换的优势,正符合陈荣东与陈庆增(1999)总结的文学翻译艺术派的追求:"强调用地道或纯粹的中文进行文学翻译活动,是文学翻译艺术派一致的追求。他们强调,译文不能有翻译腔,不能像外国的中文,甚至强调要发挥译文的优势,以少胜多,进行两种文字的竞赛。"

无连接词复句、省略、意会等特点都是原始语言所共有的特征,特别是在口语中。这受制于当时人类大脑思维能力与语言技能发展水平。在西方,随着社会和语言的发展,跟着出现了连接记号,把两个本来独立的句子连接起来,首先出现的是并列连词,然后才出现从属连词以及其它关联词,如英语的关系代词、关系副词等。据张今(1981:96)研究,英语最早出现的并列连词大概是 and,各种逻辑关系,如比较、条件、因果、目的、让步、时间、承接等,均由它表达。汉语无相应的连词,近几十年来,受印欧语的影响,才使用"而""而且""并且"等连词。而从属词出现得较晚,英语的从属连词、关系代词、副词是由两个独立并列小句中前小句最后一个词或后小句第一个词演化而来的,what、which、that 等都经历了如下大致相同的演变过程。如:

第一阶段:He is a pupil. I know that. 他是学生。我知道那个。
第二阶段:I know that│he is a pupil. 我知道那个,他是学生。
第三阶段:I know│that he is a pupil. 我知道他是学生。

汉语的无连词复合句虽有不精确的缺点,但在语境中还是可以大量使用。后来因为书面语的发展,尤其是在中国"语""文"分家、五四运动后部分知识分子有意引进西方缜密的表达方式,以无连词为主要特征之一的流水句只有少量作家有意识在使用,如老舍、汪曾祺、余光中、白先勇等。

(二)印欧语的意合趋势与汉译的形合趋势

即使是形合型语言,也不是铁板一块,反而显出意合趋势。总体上看,它仍属于形合型语言,但内部也有差别。如英语本属综合性语言,经过长期发展,已向分析性语言发展。而俄语属于典型的综合性语言,但也有意合倾向,在形态上趋简,只要语意表达清楚,语用交际价值得以实现,即可以表达。张会森(1984)认为,现代各种语言的发展、变化都有一个共同的趋势:节约趋势、经济趋势或简化趋势。语言倾向使用更为简短的省力的表现手段,在长与短、繁与简的竞争中,胜者往往是后者。

在句法领域,语言手段节约化趋势更为明显,苏联著名修辞学家格沃兹节夫说:"言语中哪怕减少一个词也是一定的优点。"(Гвоздев,1955:302)英语的例证随处可见,现以俄语为例,如短语的简化:стоять(в очереди)за газетой—стоять за газетой(排队买报);идти смотреть передачу по телевизору—идти на телевизор(去看电视);обсудить(поведение)товарища—обсудить товарища(评议同学的言行)。

简单句的简化:现代俄语常用省略动词谓语,即带有零位动词的句子,长期的言语实践中发展为带有一定程式特点的句子结构,即使脱离言语环境也是清楚的。在文学作品、报章政论语言中很常见,如鼓动、号召等。

复合句的简化:在口语的影响下,十九世纪必须使用指示词的地方,现代书面语常省略,从而使用句子得到某种程度的简化;复合句紧缩为简单句,从句成为句子的某种成分,是更大程度的简化,如"Главное —/заключается(состоит)в том,/чтобы они поняли нас."(关键是让他们明白我们的意思。)"Ты могла бы говорить о чём хотела./о том, о чём хотела говорить."(你愿意讲什么就讲什么。)复合句结构的简化还表现为:组成复合句的述谓单位平均数量减少。

汉语语法结构也在趋简,日益兼容,主要服从于语用原则,借助语境而力求经济简练,以简洁的词句总括丰富的内容。(邢福义,2002:20)汉语是智慧的语言,不搞形式主义,文贵简洁,而汉译朝相反的方向发展,日趋形合。总体上讲,是有悖于汉语的发展的。

基于汉译与英/俄语的发展趋势不同,与本土汉语的发展趋势不同,有必要对其拨乱反正,用流水句匡正之,正是使汉译保持汉语常态的方法之一。

二、汉译语义管控机制:铺陈与排列

汉译语义管控机制涉及语义的铺陈与排列,主要用于多个小句的翻译前后顺序的处理,以达流水句的整体态势。汉译组构注意逻辑事理顺序,常采用先—后、因—果、假设—推论、事实—结论等逻辑顺序排列,采用流水记事法,逐层叙述。

(一)汉译按逻辑顺序排列

自古至今,汉语的句子铺排起来,给人一种形散而神不散的感觉,这"形"是汉语句子的形态,行如流水,接连不断;这"神"是汉语句子的逻辑性,展如红线。以神统形,形为神展开,构成了汉语句子形神兼备的主流,所以汉译应以之为灵魂,按逻辑顺序排列汉译小句。

英语和俄语的句子形态变化清楚可见,是典型的以动词为核心的语言。

控制好了动词,也就掌握了信息中心,整个句子的格局就易于掌控。申小龙(1995:165)把它同西方油画作比,认为采用的也是严格的几何图形的焦点透视法:句子主语与谓语动词一致关系,其它成分则以相应的格或关系词表示与谓语动词的关系。动词是全句的灵魂,这是认知心理上的一种焦点透视。汉语90%的句子不是SVO型以动词为中心作焦点视透,主动宾之类的句子模式在心理机制上就不适宜于汉族人的语感。汉语句子是以"流水句"面貌出现的。一个个小句按逻辑顺序铺排才是汉语句子组构的本质。这是因为汉语篇章格局,"忌于颠倒,贵于顺序,强调言辞的位次同事物、事理内部次序一致"(郑远汉,1990:62)。五四后虽受翻译的影响,风格有所突破,但天人合一的顺序观基本未变,与事件的发展相一致的语言顺序还是汉民族喜闻乐见的。

按逻辑顺序排列汉译句子,分两种,一种是以串联式逻辑关系排列,一种是以嵌套式逻辑关系排列。

1. 以串联式逻辑关系排列汉译小句

流水句结构不难,其复杂性在于小句间的衔接关系,在于深层的逻辑语义结构。原文的逻辑语义好比电流,表达这一语义的小句好比一个个元器件,相继联接起来,让语义之流顺次通过。这种铺排汉译小句的方式可喻为"串联式逻辑关系排列"。这种流水句在汉语中最为典型。有时调整句序,旨在使作品的叙述更加符合客观事物的发展过程,更加合乎情理。如:

[19] I think it is agreed by all parties that this prodigious number of children in the arms, or on the backs, or at the heels of their mothers, and frequently of their fathers, is in the present deplorable state of the Kingdom a very great additional grievance.

我认为各方人士的看法是一致的,这么多的孩子,躺在父母的怀里,趴在父母的背上,跟在他们的身后,这给本来状况就很糟糕的国家带来沉重的额外负担。(程湘文用例)

汉语造句尽管可以动词为核心,可以名词为核心,可以形容词为核心,但偏重动词,往往动词结集,顺序排列。上例原文用了三个动词,译文用了七个,主题"这么多的孩子"一出,"躺、趴、跟"三个动词就将原文三个介词短语的语义串起流淌下来。

2. 以嵌套式逻辑关系排列汉译小句

在翻译中,原文的逻辑语义好比电流,表达这一语义的小句好比一个个元器件,相继联接起来,在让语义之流顺次通过。语义无体,如同流水无体,流入什么渠道就成什么形体。在语义流动方向中,偶尔嵌入一个小的其它的逻辑关系。这种铺排汉译小句的方式可喻为"嵌套式逻辑关系排列"。这种流水句在汉语中也常见。如:

[20](卖力气的事作他都在行。他可是没抱过孩子。)他双手托着这位小少爷,不使劲吧,怕滑溜下去,用力吧,又怕给伤了筋骨,他出了汗。(老舍《骆驼祥子》)

例 20 中共有六个小句。小句 1—5 与小句 6 是因果关系,小句 2—5 与小句 1 是承接关系,小句 2—3 和小句 4—5 各自是假设关系,彼此之间又是选择关系。这么复杂的嵌套关系不着一个连接词,整个流水句却衔接自如,可谓巧夺天工。请看汉译:

[21] Whoever could find out a fair, cheep and easy method of making these children sound and useful members of the common wealth, would deserve so well of the public as to have his statue set up for a preserve of the nation.

原译:不管是谁,如果能找到一种正当的、不需过多投资而且简便易行的方法,让这些孩子健康地成长为国家的有用之材,那么,他将为社会立一大功,值得国人为他树碑立传,铭记他的功劳。(程湘文用例)

试译:任何人,能找到投资少而且正当简易的方法,把孩子们培养成国家的有用之材,他就为社会立了大功,都值得国人树碑立传,铭记功名。

试译共五个小句,本来"任何人都值得国人树碑立传,铭记功名"是一并列复句,由于要交待"人"的条件,就将这一复句中的前小句从"任何人"之后分流了,接着插入一个条件复句"(只要)……,就",前分句中又含有承接关系。

(二)汉译按自然顺序排列

汉译按自然顺序排列,实际上也是按逻辑顺序排列,突出时间和空间这一现实顺序,旨在更细致清楚地说明流水句的汉译特征。世界处于时空维度之中,英/俄语反映世界采用焦点透视法,汉语则采用散点透视法,在动静表达方式上,英/俄语以动词为核心,控制句子的格局,汉语则是多个核心

（动核、形核和名核）组造句子，呈动态右向滚动式推进。右向推进以时空为序，即使是描写空间，也会把空间顺序变作时间流动，这就形成独特的流水句的格局。

1. 按时间顺序排列

西方哲学、艺术和语言注重自然时空，且特别偏重空间的自然真实性。中国哲学、艺术和语言注重的是心理时空，且特别偏重于时间，即使是空间，也常表现为流动空间，申小龙（1995：167）说，汉语造句采用句读按逻辑整理铺排的方法，正是一种时间型构造，与中西音乐之差有惊人的相似。西方音乐注重和声，是一种空间型构造，因而层次分明，色彩华丽。中国音乐注重旋律，是一种时间型构造，因而流动曲折。请看汉语例子：

[22] 却说八戒跌得昏头昏脑，猛抬头，见丝篷丝索俱无，他才一步一探，爬将起来，忍着疼，找回原路，见了行者，用手扯住道……（《西游记》）

再看最简单的汉译实例：

[23] The doors were opened, and the audience came crowding in.
原译：大门开了，于是（或然后）观众们拥着进去。
改译：大门开了，观众一拥而入。（劳陇　译）

英语表接续义，常用 and 之类的连词联结，汉语表示运动，可直接用动词的时间意义前后相连，流动畅通，不停滞。倘若短短一句，也用虚词"于是"或"然后"，就好比说话梗阻，语气不畅。

2. 按空间顺序排列

英/俄语句子以动词为核心，运用各种关系词组成关系结构的板块，前呼后拥，递相叠加。这正是一种空间型构造，这种空间构造有中心，有层次，有内核，有外围。而汉语的空间顺序则指按照上下、左右、前后、内外等空间序列排列，把这种空间关系编入语言，就有了先后，有了分头叙说，花开两朵，各表一枝。这是两种不同的空间，换言之，英/俄语的空间是固定空间，汉语表达的空间是移动空间。如果将英/俄语的空间关系改造为汉语的移动空间关系，就会将原有的空间构件先拆分，后重组，按照汉译者观察空间的顺序，一一铺开，原文的语里意义如同流水蜿蜒于某一空间，峰回壁转，流向所及，随译随走。

语际空间顺序不同时,尽量用原文的顺序,如果原文的顺序有碍理解,与汉语的冲突较大,则要改变顺序。改变空间性质,也就是改变空间结构。要把英/俄语的空间构架译成汉语,就必须从原文各关系词中找到相对应的空间顺序,按空间顺序将各部分重新组合,有时需将关系词结构转为动词性结构。如果语际空间顺序相同,正可以顺译过来。如:

[24] A large buckler was on one arm; the hands were pressed together in supplication upon the breast; the face was almost covered by the morion; the legs were crossed in token of the warrior's having been engaged in the holy war.

坟上躺卧着一个全副武装的骑士雕像;他一臂挽盾,两手一起紧按在胸前作祈祷状,脸孔差不多全给头盔掩盖住了;两腿交叉,表示此骑士曾经参加圣战。(夏济安　译)

三、汉译语境管控机制:隐含和意会

汉译语境管控机制涉及语境的隐含和意会,主要用于前后小句之间相关成分的隐性处理,以达流水句的潜在关联。正是隐含与意会,增加了汉译流水句的灵活性。以隐含为主,意会为辅;隐含中又以主语隐含为主。

(一)汉译句子成分的隐含

此处用隐含,而不用省略,有其道理。隐含,即暗含,指言语包含没有说明的意思。省略,指省掉,略去不必要的语言文字等,句法上指一定条件下省去某一句子成分。"省略的词语可以补出来,而且只有一种补法;隐含的词语却只是意思上有,但实际上是补不出来的。"(施关淦,1994)认为,隐含是从意合眼光看问题,比较符合汉语的总体特点;省略是从形合眼光看问题,比较符合印欧语的总体特点。

句子必备主谓语是印欧语的常态。汉语是比较经济成熟的语言,汉语口语句子隐含主语也是常态之一,朱德熙(1987)认为完整句不都是主谓构造是汉语语法一大特点,这一区别在汉译时更为明显。他举例说,没有主语的句子英译时都加上了主语:

[25] 学而时习之,不亦说乎? 有朋自远方来,不亦乐乎? 人不知而不愠,不亦君子乎?

Is it not a pleasure, having learned something, to try it out at due intervals? Is it not a joy to have friends come from afar? Is it not gentlemanly not to take offence when others fail to appreciate your abilities?

如果把英译回译过去,相信得出的译文不会有原汉文那样流畅、简练、有乐感。原汉文缺失主语的地方,反倒给人想象回味的空间,显得空灵流畅。流水句的成分错落隐现,好比绵延起伏的群山,叫人流连忘返。

凭借语境,汉语流水句常隐去某些内容,语表上包括主语、谓语、宾语、定语,其中以主语的隐含和意会为最。汉语谓语的隐含不如英/俄语谓语的省略普遍,只在对话时才可省略。英、俄、汉三语的宾语均可省略,相差不大。汉译时要充分考虑这一特点。如:

[26] Lydia felt her heart flutter and her air passages rattle as she gulped air convulsively.

原译:莉迪亚感觉到她的心在狂蹦乱跳,她的身体在抽搐着,大口大口地喘着气,气管里发出阵阵呼噜声。(王馥兰 译)

试译:莉迪亚感到心在狂蹦乱跳,全身抽搐,气喘吁吁,发出阵阵呼噜声。

下面主要讨论主语的隐含与意会。

(二)据语境隐含后小句主语

汉语的主语隐含相当广泛,也相当灵活,主要表现为连续式主语隐含。连续式主语隐含,指某个主语发出一连串的动作,以时为序,逐个铺开。不论这一主语在原文中以何形式(名词、代词或关联词)出现,以何成分(主、谓、宾、定)出现,从前小句流转出去,在语流中失落隐设,即在后小句语表形式上消失。汉译时保留前小句的主语出现,后小句的主语均处理为空范畴,也就是不译出。

在相同的英语句子中主语不可缺少,体现了英语主语的显性;汉语不通过形态或形式表示各成分间的关系,而是由语义本身来体现,所以汉语句子完全可以隐含主语,可从语义上感受主语的存在。(周国辉、张彩霞,2003)最常见的是承主隐含,即后小句的主语承前小句的主语而隐含,其使用频率最高。

1. 承主隐含

后小句的主语承前小句的主语而隐含最多。如:

[27] She was an intelligent, attractive and somewhat temperamental daughter of a well-to-do doctor in Haddington.

她是哈丁顿一位富裕医生的女儿,有才华,又迷人,但有点脾气。

[28] Admonish your friends in private, praise them in public.

原译:在私底下要忠告你的朋友,而在公开场合则要表扬你的朋友。(毛荣贵用例)

试译:朋友私下要忠告,当众要表扬。

[29] Mrs. Cox teaches at a high school in San Francisco, a big city on the western coast of the United States. She had taught eight years, she had wanted to be a teacher when she was a child. She has enjoyed her work.

原译:科克斯夫人在一所中学教语文。学校在三藩市,三藩市是美国西海岸的一个大城市。她已任教八年。她从小就立志当一名教师,她一直十分喜爱自己的工作。(贺志刚用例)

试译:科克斯夫人在美国西海岸大城市三藩市一所中学教语文,已任教八年。她从小就立志从教,乐于工作。

　　例27是典型的承主隐含,一连四个小句共一个主语"她"。例28是典型的话题句,把"朋友"当话题提起,后来评说式展开。试译既简练,又符合原文的形式美,具有箴言的风格。例29原译将原文断句太多,第一句与第二句以及第二句中的两小句频繁转换话题,最后一句有三个小句,"她她"不止。试译充分利用了承主隐含,显得自然好读好看。翻译有时讲究原语与译语同类文体的互文性还是很有必要的,请看汉语中介绍某人生平的文字(见许余龙,2002:222):

　　柯灵,生于1909年,浙江省绍兴人。中国现代作家,1926年发表第一篇作品叙事诗《织布的妇人》。1930年任《儿童时代》编辑,1949年以前一直在上海从事报纸编辑工作,并积极投入电影、话剧运动。解放后,曾任《文汇报》副总编辑。现任上海电影局顾问。

2.承定隐含
后小句的主语承前小句的定语而隐含。如:

[30] Hitherto my flights have been flights of imagination, but this

morning I flew. I spent about ten or fifteen minutes in the air; we went out to the sea, soared up,... and I landed with the conviction that I had had only the foretaste of a great store of hitherto unsuspected pleasure. At the first chance I will go up again, and I will go higher and higher.

原译:迄今为止,我的飞行是想象飞行,但是今天早上,( )真的飞了。我在天空度过了十分钟或者一刻钟。我们飞往海面上去,高高地往上飞,……我着陆的时候,深信在迄今为止想象不到的无量快乐中,( )还只是尝到了开头的滋味。( )一有机会,( )就要再飞上去,而且( )要飞得更高,更高。(朱文振 译)

试译:迄今为止,我的飞行是凭想象飞行,但是今天早上,( )真的飞了,( )飞向大海,飞向高空,( )在空中度过了十分钟或者一刻钟,……( )着陆的时候,( )体味到了从未有过的无限的快乐。( )一有机会,( )就要飞,( )飞得更高,更高。

原译用流水句用得不错。隐去了四个主语"我"。试译则隐去了八个,这些都是承定隐含。当然,第一个空位可以加"我"作主语,如果加了,后面几个空位则属于承主隐含。

3.承宾隐含

后小句的主语承前小句的宾语/表语而隐含。如:

[31]台湾回归祖国是中国的内政,( )不容任何外人干涉。(邢公畹用例)

括号内可重复前文的表语"中国的内政"。前小句的宾语或表语与后小句隐含的主语紧紧相跟,具有一种连锁效应,更有一种流水势态。请看汉译实例:

[32] In my younger and more vulnerable years my father gave me some advice that I've been turning over in my mind ever since.

原译:在我年轻、幼稚的时候,父亲曾给了我一番教诲,我一直铭记在心。(潘绍中 译)

试译:年幼时父亲曾给我一番教诲,一直铭记在心。

试译去掉了原译前面作主语的"我",又去掉了后面作主语的"我",前面虽然显得含糊,是父亲年幼时,还是我年幼时? 一入句,语境可以消歧,体现为蒙后隐含。后面无"我",也可以理解,体现了承前隐含,即承宾隐含。全句仅靠一个作宾语的"我"字,就能左顾右盼,使得汉译空灵简洁,发挥了汉语的优势。再看两例:

[33] When Chou En-lai's door opened they saw a slender man of more than average height with gleaming eyes and a face so striking that it bordered on the beautiful.

周恩来的房门打开了。他们看到了一位身材修长的人,比普通人略高,目光炯炯,面貌引人注目,算得上清秀。(连淑能用例)

[34] You should die of shame to leave me here alone and helpless!

原译:你应该死于羞耻,把我一个人扔在这里,孤零零的,毫无依靠。(徐黎鹃、黄群飞 译)

试译:你该羞死,把我扔在这儿,孤零零的,无依无靠。

前一例是承宾隐含,宾语是动词"看到"的宾语"身材修长的人"。后一例也是承宾隐含,宾语是介词"把"的宾语"我"。除隐含成分外,原译未显原文的简洁之风,"一个人""孤零零"前后相重,可见汉译流畅的前提是传达愿意。

(三)据语境意会后小句主语

据语境意会,指凭借语境,不直接说明而了解后小句的主语。有时只可意会,不可言传,即使意会到,却无法用言语表达,表达出来反倒啰唆。在流水句中,后小句主语根据语境的意会少于后小句主语根据语境的隐含。

邢福义(2001:622-623)认为,后小句主语的意会指:后小句没有出现主语,在意念上拿前小句作为自己的主语,可以意会。要使用意会主语,须明白三点:1)意念上,前小句表示的意思是后小句潜在的逻辑主语;2)后小句有时可添主语"这"或"那",是对前小句内容的所指,属于形式主语;3)后小句谓语中心语,常用表示断定的"是",表示评价的"好""坏""对""错"等,表示与结果、目的有关的意义的"使""让""促使""造成""引起""证明""证实""保证"等动词。如:

[35] 这种经济优势,使得所有的教师都不愿离开,这就成了我们

采取一系列改革措施的基础。(余秋雨《借我一生》)

这一句比较典型。一是用了动词"使",二是用了代词"这"作形式主语,真正的主语是前面带"使"动词的句子。再看汉译实例:

[36] The old man leaped to his feet, moving with surprising agility.

老人纵身跳了起来,行动很灵巧,真让人感到吃惊。(路仙伟、蒋璐用例)

[37] That they saw a film about army life reminded them of the days when they were in the army.

原译:他们看了一部军队生活的电影,想起了军队生活的日子。

改译:他们看了一部军队生活的电影,这使他们想起在军队生活的日子。(贺志刚 译)

试译1:看过反映军旅生活的影片,他们回想起了军营岁月。

试译2:看军旅影片,使他们忆起了军营岁月。

例36使用了动词"让",将评价性词语surprising独立成句,符合汉语的主题—评价结构,其前也可加形式主语"这"。例37,原文将主语分句置于句首,成为主题,是全句重心所在。原译忽略了这一点,改译将主语分句仿原文重心前置结构译出,并用形式主语"这"字强调出来,与"使"连用,引领后面的小句。试译1仿用了原文结构,句子具有蒙后隐含的特点。试译2则更贴近原文的结构,前小句无主语,受后小句管控,隐含了"他们";后小句亦无主语,可意会为前小句,也可加上"这"字。所以,这一例既有蒙后隐含特点,更具语境意会特点。

第五节 流水句激活汉译组构

口语在转为书面语的过程中,本来就牺牲了不少语言的生命气息,翻译时如果不注意把原语本身所具有的生命气息再现出来,汉译就会冗长,呆板,暮气沉沉,看不顺眼,听不顺耳,读不顺口。翁义明和王金平(2020)对文学语篇中汉语流水句人机英译文的句法和语篇对比研究发现,人工译文的英语从句、非限定性动词及主观性关联词的使用比例明显高于机器译文,反面证明了流水句对汉译的作用。那么,如何显示原文所反映的鲜活的内容,如何体现汉语简练、流利、生动的优点,借助流水句至少可以达到四点:彰显节奏,彰显变化,彰显语势,彰显生气。

一、彰显节奏

语言的节奏,指语言单位强弱、长短有规律地交替出现的现象。汉语自古以来具有明显的音乐性,音节在汉语结构中地位显赫,为汉语非诗歌语言所独有而印欧语言所没有的语音现象,使汉语富有音乐性。音节单双调配,匀称相连,即可形成均衡节奏。

汉译可不可读,有时关键在于能不能上口,使用的语言有没有节奏。老舍曾在全国文学翻译工作者会议上说:"有时候,我只读了一个译本的几行或几页,就读不下去了。放下它,隔一会儿再拿起来,还是读不下去。"(见向若,1954)。读者是愿意看如下汉译的:

[38] It comes by the name of wonder land for its numerous waterfalls, fantastic mountain — ridges, towering rocks, and deep valleys and caverns.

这里千嶂奇峰,石林峥嵘,瀑布飞泉,山岩奇洞,被人们称为风景明珠。(陆莲枝用例)

《文心雕龙》中说"诗颂大体,以四言为正",说明汉语自古喜用四字格,四字格包括四字语句,与排偶化有相类似的特点,也算是排偶化的特殊情形。上例译者就充分利用了四字格,译文琅琅上口,两两对仗,整散错落有致。面对缺乏节奏的汉译,一般要求是精益求精,力求往节奏明快方向走。如:

[39] The reader's hair stands on end when he reads in the final pages of the novel that the heroine, a dear old lady who had always been so kind to everybody had, in her youth, poisoned every one of her five husbands.

原译:读者看到最后几页不禁毛骨悚然。原来,书中的女主角,就是那位和蔼可亲,总是无论对谁都好的老太太,年轻时竟然接二连三毒死过五个丈夫。(陆莲枝用例)

试译:读者看到最后几页,不禁毛骨悚然。原来,小说的主人公,那位和蔼可亲、对谁都好的老太太,年轻时竟然毒死了五个丈夫。

该例的汉译节奏主要体现为偶数音节的对应。第一句主题是"读者",两个分句各自六个字,六六对应。后一句用"原来"顺果释因,随后用三个句读相隔,形成三个语段;中间语段又用"和蔼可亲"和"对谁都好",前者是固定短语,后者是临时四字组合,也是为了与前者形成音节对应。试译比原译因此而更具有节奏感。

二、彰显动感

顺着汉译节奏自然会涉及译文的动感。英俄语组句,总少不了动词谓语,缺之就像缺失了句子的主心骨,句子也就不能完形,是典型的动词核心句。即使见不着动词,那也是因为某种语法因素迫使句子隐去了谓语,一旦改变语境,这个谓语动词必将出现。

以俄语为例。俄语动词 быть 作谓语,现在时省去不用,如 Он студент,谓语动词 быть 的现在时形式 есть 省略,也可以加上,只是不常用。一旦表达将来时,如 Он будет студентом,就必然将 быть 变成其将来时形式 будет。刘爱兰与余东(2016)研究张爱玲译《老人与海》,发现她主要从动词、流水句、破折号的使用捕捉海明威语言的灵动节奏,确保了语言的"动态美",相对孙致礼、黄源深的译文,其汉译语言节奏感更强,烘托了老人与大鱼一张一弛搏斗中轻重缓急的变化。

汉语则不同。汉语的谓语可以不用动词,形成以名词或形容词为核心的名核句和形核句。"在中国文学作品中,作家常用具象捕捉事物的形态,将这些形态平列出来,也能描绘出心中的感受;从语法的角度看,里边全是名词,没有出现动词,勾画事物形态的这些名词也很难说是主语还是谓语。"(梅立崇,1992)流水句的"流量",即单个复句/句群内小句的数量一般2—7个,辖制小句流量的标记是标点符号。那么每个小句不一定总用动核句,汉译时若能充分调用动核句、名核句和形核句,交替出现,行文将显得灵活,充满变化。如:

[40] Chilly gusts of wind with a taste of rain in them had well nigh dispeopled the streets.

原译:带着雨意的阵阵寒风使得街道上几乎没有什么行人了。

改译:阵阵寒风,带着雨意,街上冷清清的,几乎没有什么人了。

（劳陇　译）

试译:阵阵寒风,丝丝雨意,街上冷冷清清,几乎没有什么人。

原文列举了四项人与物:风、雨、街、人。原译没错,只是欧化味太浓,尤其是将原文 had well nigh dispeopled 的使动意味译出来了,不合汉语的表达常态。改译将原文一句译作三句,有些灵活了,始见律动。试译则译作四句,前三句两两对应,双音重叠,最后一句做出结论,隐含了因果关系。这种译法层次清楚,意象婉转,琅琅上口,给人以空灵感。

外译汉总体上以意译为主体,直译为次体,有人用后者挤对前者,把"信"字当作"词词对应"或"字字着实",对原文亦步亦趋,难免译得呆滞。在语表上与原文纹丝不动,即使变动也不活脱,主要是因为译者对钱锺书所说的"化"一时难以领悟。如:

[41] Ladies and gentlemen players, forty or more of them, following in a loose line, in couples and small groups, in their way to the Golfers' Hotel,…

原译:松散地排成一行的、两个两个或不多几人一群的、正走向高尔夫球旅馆的四十或四十多个男男女女的高尔夫球爱好者,……

改译:男男女女的高尔夫球爱好者,有四十或四十多个,松散地排成一行,两个两个或者小群小群地正走向高尔夫球旅馆,……(朱文振 译)

试译:高尔夫球爱好者,男男女女四十来个,稀稀疏疏排成一行,三三两两地走向高尔夫球旅馆,……

这种变化不仅体现于文学翻译,任何文体,多点变化,总能增加可读性。尽管汉语科学语体句法上表现为严整的趋势,既不像谈话体那样灵活松散,又不像艺术体那样讲求变化和美感,但除了各种语体对应比较外,整个汉语比英/俄语句法上要多一些变化,多一些灵活。

三、彰显语势

语流是连续不断说出的话语,有一定的语势和相当的生气。而语势是语流的速度与强度。话语的速度体现为话语是否流利顺畅,是否如液体快速流下,如瀑流泻,如光下泄。复句或句群中各小句右向流动,铺排延展。同时,语流具有一定的强度,语流紧迫,语流速度快,强度大,迫使某些语言成分失去或隐含。反过来,一定语言成分的隐含与意会,也会保证语流的速度与强度,正当地反映原文的语势。最能反映语势的修辞便是排比,成伟钧等(1991:609)认为汉语排比是"将三个或三个以上结构相似、语气一致、意义相关的词组、句子、段落排列起来用以增强语势、加深感情"。这类修辞只要能如实译出便能彰显原作的语势。这种惯常的语势手段在此不论,而要涉及其它讨论的对象。如:

[42] We go far beyond the speed of sound and reach speeds of, say, 1500 miles and hour.

原译:我们远远超过了音速,达到,比如说,每小时1500英里。(陈庭珍等 译)

试译:我们远远超过了音速,比如说,达到1500英里/小时。

"比如说"是插入语,不跟其它成分发生句法关系,在结构上不是必要的,但在表意上往往是必要的,可加强语势,是典型的语用成分,在此具有举例作用。但原译受原文结构的影响,"比如说"所处位置不对,处于"达到"与"每小时1500英里"之间,阻隔了原文的语流。试译将"比如说"置于两个语段之间,相对意义完整,既反映了原文的语用,又体现了汉语的语势。再看一例,

[43] The faster the plane goes, the hotter the metal of the wings and body will get. The wings could get so hot at high speed that the metal would weaken and fail.

原译:飞机飞得越快,机翼和机身的金属材料就会变得越热。在高速下机翼可能变得如此之热,以致其金属材料强度降低并断裂。(陈庭珍 译)

试译:飞机飞得越快,机翼和机身的金属材料就越热,机翼的强度降低,发生断裂。

原译"在高速下机翼可能变得如此之热",这一信息完全融入前两个小句,无须重复,不如将前三句融为一体,实际上这是语势在逼迫语表形式受压。试译通过减词法,使表述精当,文气连贯,既加强了语气,又使文句关系明朗,语势顺畅。

四、彰显生气

生气是语流的活力,流水句的流利显得灵活,有灵气,不滞塞。汉语说话写文章通畅清楚,读来清楚,分析起来繁琐。汉译有一种怪现象,有些译

者写汉语文章流畅自如,明白如话,提笔翻译,却端出一副老外说汉语的架势。仿佛他生来就像老外那样学说的是文,不是话,缺少生气。艺术语言"生气远出,不著死灰",说明文境所展现的形象不仅能使读者直观无隔,还要气韵生动,传神感人。艺术语言不仅要能反映出客观事物内存的神貌及其气韵,呈现出活灵活现的画面,而且还要有精神气流的飞动。(骆小所,2000)如:

[44] While the world is full of suffering, it is also full of overcoming it.

原译:世界充满苦难,但是苦难总是可以战胜的。

试译1:世界充满苦难,也充满克服方案。

试译2:世界充满苦难,也有方法克难。

原文使用判断句,语形具有部分对称感;原译译出了意义,失去了形式美感。汉译则转向描写句,将 full 转为动词,虽说后一句没用"充满",但通过前一句 nàn 与后一句的 nán 的字同音不同的巧对,更显生动。

为增加汉译的生气,有必要在关系从句、长长的修饰语、句子长短等方面着手,少用关联词,尤其是连接词,多用短句,力求使句子上口,多用本土句,少用欧式句,把人译活,把景写活,把事说清,显出原文内容的生命气息。先揣摸老舍《正红旗下》的人物形象:

[45] 他请安请得最好看:先看准了人,而后俯首急行两步,到了人家的身前,双手扶膝,前腿实,后腿虚,一趋一停,毕恭毕敬。安到话到,亲切诚挚地叫出来:"二婶儿,您好!"而后,从容收腿,挺腰敛胸,双臂垂直,两手向后稍拢,两脚并齐"打横儿"。这样的一个安,叫每个接受敬礼的老太太哈腰儿还礼,并且暗中赞叹:我的儿子要能够这样懂得规矩,有多么好啊!

老舍描写动作,句子很短,有节奏,麻利连贯,啪啪啪几下,动作就跳出来了。一个活脱脱的旗人形象跳到了读者眼前。再看有的汉译,却大相径庭:

[46] There is a story told of an ancient dandy in London who, taking, one sunny afternoon, his accustomed stroll down Bond Street,

met an acquaintance hurrying in the direction of Westminster.

原译：有一个讲到古代一个在一个晴朗的下午按照习惯去帮德大街散步的伦敦花花公子碰到一个急急忙忙奔向西敏寺去的熟人的故事。

改译：有一个故事，讲到古代一个伦敦花花公子，（他）在一个晴天的下午去帮德大街习惯散步（的时候），遇到一个熟人急急忙忙奔向西敏寺去。（朱文振　译）

念原译，会觉得上气不接下气，冗长拖沓，好些"一量名"结构，如刺梗喉。中国讲故事的书文，从来没用过类似的表述方式。改译比较善用流水句，不过，故事开头完全可套用"话说"这一章回小说开篇常用语，"话"即古代说话人所说的故事。既然是讲故事，还可将流水句贯彻到底：

试译：话说古代有位花花公子，某个晴朗的下午，一如既往地去伦敦帮德大街散步，遇到一熟人匆匆奔向西敏寺。

第十章　汉译语篇组构衔接隐显问题

汉译组构的衔接问题主要体现于语篇。汉外语篇衔接手段基本相似，但存在倾向性差异，西语显性的，汉语可能隐性，抑或相反。若是逆汉语隐性特点而采用显性，可能导致汉译失范。本章以汉译语篇组构时运用关联词为例，从汉语语篇层面考察汉译语篇组构使用关联词的种种不足，如关联词缺失、关联词搭配错误、关联词位置不当、连接项错误、相关成分用错等。而从双语比较与转换角度看，除了上述问题外，汉译多用和滥用关联词现象最为突出，所以本章更多讨论关联词的滥用问题。

第一节　汉译语篇组构衔接隐显概说

衔接是构篇的重要条件，包括语法衔接和词汇衔接，因此汉外语篇衔接手段的差异，是汉译语篇层次上最应关注的对象，也是翻译中关注不够的宏观问题。从汉外对比角度看，衔接手段此隐彼显或此显彼隐，应是汉译语篇组构的主要矛盾与需要解决的主要问题。

一、汉语语篇组构衔接

汉语语篇多用意合法，意义连贯不一定依赖连接词语，缺乏显性的衔接手段，多采用句内与句间的直接组合，凭逻辑推理或直觉判断可知语义连贯与否。相比而言，英语语篇多用形合法，句与句有序排列，形式照应，衔接严谨，环环相扣，以明语义的脉络。

衔接是联结语篇各部分的语法、词汇及其它手段的统称。从语篇组构看，衔接是积句成篇必不可少的条件。具体而言，语篇相互关联，意义统一，由词、词组、小句及复句按照一定语义关系有序衔接而成。根据韩礼德和韩茹凯（Halliday & Hasan,1976:4），语篇常用衔接手段有指称、替代、省略、连接和词汇衔接，前四种属于语法手段，最后一种属于词汇手段。

"并不是任何两个词之间都是可以相互联系的,词汇衔接的机制归根到底是靠相关词语之间的语义关联。"(王东风,2009:170)指称、替代、省略、连接等语法衔接手段也为汉语所拥有,且有发展的趋势。但是,汉语是语义型语言,更多靠词汇复现这一衔接手段组构语篇,复现又包括词汇重复和同现,其常用复现手段有:1)原词复现,2)同义词复现,3)近义词复现,4)上下义词复现,5)概括词复现。

二、汉译语篇组构衔接的隐与显

语法衔接和词汇衔接又可分为显性衔接和隐性衔接。显性衔接体现于语篇表层结构,隐性衔接借助于语境和语用知识的推导完成。隐性衔接是语篇衔接有效的表现方式,掌握好,能更加有效地把握原语的语篇理解和译语的表达,尤其是外译汉。

相对而言,照应、替代、省略、连接等语法衔接手段易于识别,翻译时也较易重构;而词汇衔接中相邻小句间的近程衔接易于转换,关注较多;而非相邻小句间的远程衔接,却常被忽视,影响译文内涵的准确传达。

从大的方面讲,语体制约着连词的出现频率,口语特征越典型,语篇中连词的单位个数就越少,书面语特征越典型,连词的单位个数就越多。从两大类衔接手段比较来看,衔接手段的隐与显直接关乎语篇翻译质量。由于连词、指示代词等显性衔接手段比较易于识别,而复现与同现等隐性衔接手段较难识别与转换,一直是翻译难点。词汇衔接模式复现和同现,既可形成近程纽带,也可形成远程纽带,其成功识别与重构对提高英汉语篇翻译质量有重要意义,极具解释力。词汇作为衔接手段,具有双重性,既关乎表达方式,更关乎语义内容。译者若是一味得"意"忘"形",可能是形意皆失;可以尽量采用相应的译语手段,用与原文相似的词汇衔接模式,组构意形兼备的译文。因为,在施秋蕾(2014)看来,词汇衔接的主要问题有:远程重复关系的识别不敏感;对同义关系的重构较随意;对同现关系的语义解释力利用不充分;对同现关系的重构目的不明确。这些问题直接影响了译文质量,不仅语义正确性降低,而且表达准确度不足。

要想忠实、通顺地表达出原语语篇的思想内容,就应当巧妙运用符合各自语言特点的衔接手段来组构译语语篇,再现原文的意境和风貌。不同语系的衔接方式存在差异,汉语与英/俄语在意合与形合上的特点决定了语篇衔接手段的偏重,前者喜用原词复现和省略,后者则多用照应和替代。这就决定了语际转化的一些规律。据英/俄汉两大类衔接手段比较,汉译时主要有4种隐显策略:

第一，英语多用替代时汉译多用重复，因为英语倾向于用替代，而汉语倾向用重复，少用同义替代和代词，以免指代不明。

第二，英语多用照应时汉译多用重复，因为英语的照应多用人称代词和指示代词，而汉语常用零式指代和名词的重复。

第三，英语多用连接时汉译多用省略，因为英语句间或句群之间多用过渡词衔接，以求结构完整，而汉语构句多按时间或逻辑顺序排列，语序相对固定，关系明确，不多用连接词。

第四，英语多用重复时汉译多用省略，因为形合的英语省略时多带形态标记，而意合的汉语省略时多与意义直接关联，旨在达意。

与其它语法衔接手段相比，连接是英/俄汉语之间差别最大的一种。两类语篇连接手段的互译主要表现为是显还是隐，具体到英/俄译汉，应根据汉语特点对原文的连接手段作出适当的删减或替换。

第二节　关联词与汉译

关联词是分句间结构关系的语法标志。关联词专用于语篇衔接，是重要的语篇衔接手段，能明示语言成分之间的语义联系。汉译复句由小句与小句组成，小句之间的联结需要一定的语言手段，其中就包括关联词，关联词的多寡成了汉译语篇组构地道与否的标志。

一、汉语关联词的种类

汉语复句关联词是复句中联结分句标明关系的词语。汉译运用的关联词大体有四种：1）句间连词，连接分句，不作句子成分，如"如果""那么""因为""虽然""但是"等；2）关联副词，既有关联作用，又在句中作状语，如"又""也""还"等；3）助词"的话"，表示假设语气，用于假设分句句末；4）超词形式，即由多个词构成的关联词语，如"总而言之""如果说""不但不"等。

二、关联词与汉译组构

把复句关联词的作用归纳为两种，其一，从静态角度看关联词运用的结果，它有标明复句关系的功能，是见于语表的静态结果，如"因为……所以……"标明因果关系等；其二，从动态角度看关联词运用的过程，它有外化复句关系的功能，是隐性逻辑关系由里及表的动态过程，具体包括四种：显示、选示、转化和强化。（邢福义，2001:31-32）研究关联词，有必要从静态角度入手,更应该从动态角度入手。

外译汉是从外语译入汉语的思维活动和语际活动,是一动态过程,研究汉译关联词运用的规范问题,有必要着重从关联词的动态功能入手,原作经理解与思维转换之后,考察表达某一隐性逻辑关系的关联词的外化功能发挥得是否正确,选用得是否恰到好处,关联词将外语的形合因素是否转换成了意合因素,所以说,关联词的运用是衡量汉译是否合乎汉语意合特点的关键因素。

但是,考察汉译组构关联词运用问题,又得从汉译作品关联词使用的静态结果去发现问题,所以静态结果是引子,动态过程是要考察的实质,分析动态过程,才能发现静态结果产生的原因。外译汉的主要执事者应该是中国人,本来汉语应该是译者最强势的语言,在双语接触时,译者自然或不自然地受到外语的影响,久而久之,会对汉语四类关联词之运用规范形成一些冲击。四类关联词在规范过程中并非平分秋色,具有口语色彩的助词“的话”并不总是出现,超词形式数量不多,也不常用,关联副词作句子成分的特殊作用决定了它多半是不可或缺的,最后留待考察的常常是句间连词了。

第三节　汉译组构关联词滥用

考察汉译组构关联词是否滥用,先从关联词静态运用结果观察现象。五四以前的翻译因受古文简洁的规约,少用关联词,尤其是句间连词,此后的翻译,无论是科学翻译,还是文学翻译,结构层次和语义关系化手段开始广泛采用。一个重要的手段也就是关联词语,其中又以科学语体关联词使用频率最高,且每每配合完整,形式多种多样。汉译关联词的滥用,主要是受外语形合的影响,其次是翻译腔自身对译者又起到了恶性循环的作用,常常表现为如下几种形式。

一、照搬照译

汉译英时,汉语隐含关联词的地方英语一般要显现,否则会产生“中国式英语”,这一点外国人也有批评(见 Pinkham,2000),中国译者也比较清楚,译时特别注意,生怕不符合英语规范。相反,最熟悉汉语的人却常常没有充分认识到英汉语句子结构之间形合与意合的不同,见英语连接词就对译过来,形成英译汉的“翻译腔”。一般而言,汉译处理关联词最简单的就是照词直译。如:

[1] As winter approached, the days became shorter.

原译：因为冬天到了，所以白天变短了。

试译：冬天到了，白天短了。

原文的 as 表示前后小句的时间关系，当然也包括因果关系。这是事物之间关系的多面性造成的。不过，时间含义要多一些，说两件同时发生的事，表示并列复句关系。再如 but 有时表示轻微转折义的并列关系，相当于 and，而汉语的"但是"转折义较强，看一看照搬照译的例子：

[2] It is very difficult to write English well, but it is still more difficult to speak it well.

原译：写好英语非常难，但是说好英语更难。

改译：英文要写得好很难，要说得好更难。（赵罳　译）

试译：英语难写，更难说。

原译套用了 but 的常规译法"但是"，but 在原句中虽有此义，但递进的意义更强，表难度的加深。改译反映了这一深层含义，试译则更简洁，更干脆。与上述情况相反，and 除表示并列关系外，还可以表示转折关系，相当于 but，可译作"而""却""但是"等。如：

[3] Allen placed too much emphasis on sports and not enough on his studies.

原译：艾伦太过于重视运动并且不够重视他的学习。

改译：艾伦太过于重视运动而不够重视他的学习。（赵罳　译）

试译 1：艾伦偏重运动，而忽略了学习。

试译 2：艾伦偏重运动，忽略了学习。

原译照搬了原文 and 的常用义，即表示并列关系的意义，而原文表达的是转折关系，即重视甲事，却忽视乙事，改译反映了语义关系，但还可以简化为试译 1。若从语表与语里对应来看，试译 2 则更简洁，原文转折意义由动词"偏重"和"忽略"体现，两个小句并立，更可以不用"而"字了。

二、无端硬用

地道的汉语小句之间有个优点：句间逻辑关系非常明了时，不用连词。

那么,无端硬用,指隐性逻辑关系不用关联词,意思本来就很明白,用了,反而把汉语简洁的优点给丢了,同时也违反所有的语言所应遵循的经济原则。如:

[4] If she had long lost the blue-eyed, flowerlike charm, the cool slim purity of face and form, the apple-blossom colouring which has so swiftly and oddly affected Ashurst twenty-six years ago, she was still at forty-three a comely and faithful companion, whose cheeks were faintly mottled, and whose grey-blue eyes had acquired a certain fullness.

原译:二十六年前她那蓝色的眼睛和花儿一般的妩媚,她那恬静、纯真的面容,苗条的身材和苹果花一般的色泽,曾对阿瑟斯特具有神奇的魅力,使他为之一见倾心;现在她已是四十三岁,即使说那一切都不复存在——她的双颊班已隐约露出点点灰斑,她的眼睛也有点显得发胖了——然而,她却仍然是他的秀美而忠实的伴侣。(黄雨石 译)

原译中"即使说那一切都不复存在"一句是译者添加的,前后破折号、"然而"、"却"都表示转折,重复使用,有叠床架屋之感。

试译:二十六年前,她那蓝色的眼睛,花一般的妩媚,恬静纯真的面容,苗条的身材,苹果花般的肤色,曾深深地吸引了阿瑟斯特,一见钟情;现在,她四十三岁了,双颊开始露出点点灰斑,眼睛有些浮肿了,但她仍然是阿瑟斯特美丽而忠实的伴侣。

即使有那种隐性逻辑关系,硬套相应的连接词,就破坏了整个复句意思的完整,属于无端硬用。试译既照顾了原文语序和信息重心,又因调整译文语序免去了两个多余的关联词。

三、堆积赘用

关联词的堆积赘用,指本来用一个关联词就能表达明白,却用两个,甚至两个以上,结果啰唆累赘;有时还把意思弄得不清,尤其是在口语中,如"雨一停我就走"说成"当雨停的时候,我就走"。现代汉语关联词的一个重要特点是一些关联词经常配用,至于哪些关联词经常搭配使用,使用频率是多少,常靠内省或直觉。张文贤(2007)基于语料库考察并分析了传统意义上的固定搭配,认为固定搭配仅是针对某些用于前一分句的连词而言,一般来说前词的出现制约后词的出现,而不是相反。如果多个关联词中只固定使用一个时,另一个就是多余。

堆积赘用,是关联词滥用的主要表现,书面语表现最突出。如:

[5] He was immediately court-martialed on General Giraud's orders and — although only twenty — was shot on 26 December.

原译:根据吉罗将军的命令,他立即受到军事法庭的审判——虽然只有二十岁——还是在 12 月 26 日被枪决了。

改译:根据吉罗将军的命令,他立即受到军事法庭的审判,而且——虽然只有二十岁,还是在 12 月 26 日被枪决。(何春燕　译)

试译:据吉罗将军之令,他立即受到军事法庭审判,12 月 26 日被毙,年仅 20 岁。

改译比原译更具有形式化特点,"而且"的添加,更是画蛇添足。试译用流水句,主动与被动共一个主语,行文简洁,不拖泥带水。"年仅二十岁"置于句末,本可以加上"虽然",但去之更简练,原文插入句的惋惜之情体现无遗。可见,关联词的赘用,使人读汉译疙疙瘩瘩,常受虚词的困扰,也就影响了读与听的效果,本想助人一臂之力的关联词,却成了文字的累赘。又如:

[6] Almost everyone has seen horseshoe magnets — so called because they are shaped like horseshoes.

原译:几乎每个人都见过马蹄形磁铁——之所以这样叫它是因为它们的形状做成马蹄形的。(陈庭珍　译)

试译:几乎人人都见过马蹄形磁铁(因为它形似马蹄)。

so... because... 译作"之所以……,是因为……",就像 so... that... 译作"如此……,以至……"一样,受了原文句式的影响,总是成对使用,形同赘疣。原译还照搬了破折号,破折号后面的内容只是解释马蹄形磁铁命名的缘由,也可以用试译的方式解决。再看三例:

[7] 你说,你是在三点到四点之间到那里去的,并且还说塔季雅娜·巴甫洛夫娜不在家,是吗?(岳麟译《少年》)

[8] 去希腊或非洲的一次小小的旅行,对他们来说,就是勇敢的最

高表现,而且还必须是成群结队才敢走。(闻家驷译《红与黑》)

[9] 他不但是父亲,而且还是朋友。(同上)

上述三例选自俄译汉和法译汉作品,句中的"并且""而且"均属多余,宜删去。

四、译法泛化

因为思维的惯性,也因为汉语掌握得不充分,不丰富,译者常常会将某种译法定型化,好而用之,推而广之,遮盖了其它可能运用的同义表达手段,使这种译法过于泛化,垄断了某一词或句法结构的译法。如见 if 就译作"如果……那么……",见 when 就译作"当……时候",结果译法单一,同一表达重复单调,使汉译显得过于浅化,失却了汉语的活性。

泛化有三层意思,第一是原语某个词表达某一类意思,汉语有同义手段,但是译者取定某一种译法,忽略了其它同义译法。如见 if 就译作"如果",其实表示假设关系的关联词还有"假若""假设""假使""要是""如若""倘若""假定""若是""倘然""比方""万一""若""要""如"等,多者选其一,但不能总是选其固定的一种,要用,也得变一变,这也是修辞层面的要求。如:

[10] Dennis listened with interest as my father explained the easiest way back to camp should anyone get separated from the group.

当父亲讲着万一谁和大家走散,走哪条路最容易回到帐篷时,丹尼斯听得很入神。(邱耀德、王淑看 译)

[11] His decision would be strengthened if he happened to glance at her basket and see how many of his socks were dismally waiting there in that crowded exile.

他的决心会更加坚定,要是他一眼瞥见母亲的针线筐儿里堆着多少只他的流亡的袜子,在黯然地等候。(吕叔湘 译)

前一例用"万一"将原文中潜在的假设关系显示出来了,没有用"如果";后一例原文有 if 表条件关系,译者用很口语化的"要是"代替了"如果"。

泛化的第二层意思是,原语同一关联词会表示不同的意思,用于不同的关系复句。译者只清楚其中一种意思,对其它几种无知或无趣,也可能导致译法的泛化。另外,两个命题之间的逻辑关系可以是几种,置于语篇时要左顾右盼,于整体中体现逻辑关系的多样性,不要总用一种。总用一

种,也可能导致泛化。如 if 除表假设关系外,还表示转折、让步、时间、地点等义。如:

[12] If he is little, he is strong.
原译:如果他个子小,力气很大。
试译:他人小力气大。
[13] You shouldn't lose your temper, even if you were in right.
你就是有理,也不该发火呀!

同样,if 引导的从句还可以转换为其它复句关系。时间从句和地点从句与条件从句也可以互换。张今(1980:117)认为,条件总是设想中的某种情况,总在一时一地发生。人类思维在设想某情况时,总要把它同说话人所在的时地联系起来。因此用时间从句和地点从句来表示假设和条件是自然的。如:

[14] If it rains, he doesn't go out.
译文 1:如果天下雨,他就不外出。
译文 2:下雨,他不外出。
[15] If there is a will, there is a way.
有志者,事竟成。

例 14 是条件从句转为时间从句,译文 1 是条件从句,译文 2 是时间从句,相当于"When it rains, he doesn't go out.",是"当天下雨的时候,他不外出"的汉化,还可以译成汉语的紧缩句"下雨他不外出"。例 15 是条件从句转化为地点从句,相当于"Where there is a will, there is a way.",汉译套用了格言句式。

五、文体不清

文体是关联词使用的语用背景。汉译使用关联词也受文体的影响,社科汉译和科技汉译关联词使用率明显高于文艺汉译,而书面语更是高于口语。文体意识不强,对原文语用环境不熟,都会影响关联词的正确使用。这种现象在口译或口语体作品翻译中暴露得最明显。如:

[16] I liked swimming when I was a child.

原译：当我是个小孩子的时候，我就喜欢游泳。

试译：小时候我喜欢游泳。

原译是欧化句，试译是地道的汉译。口语过多使用关联词会影响交际，降低表达的效率，本土作品也是如此。如：

[17]"伯爷们，大哥们，听吾的，决不会差。昨天落了场大雨，难道老规矩还能用？我们这里也太保守了，真的。你们去千家坪视一视，既然人家都吃酱油，所以都作兴'报告'。你们晓不晓得？松紧带子是什么东西做的？是橡筋，这是个好东西。你们想想，还能写什么禀帖么？正因为如此，我们就要赶紧决定下来，再不能犹犹豫豫了，所以你们视吧。"

众人被他"既然""因为""所以"了一番，似懂非懂，半天没答上话来。想想昨天确实落了雨，就在他"难道"般的严正感面前，勉强同意写成"报帖"。（韩少功《爸爸爸》）

面对一群村民讲话，口语无端地用了些连词，把村民听得一头雾水，小说的叙述者也点明了这一点。本土语言所反对的东西，在汉译更是不应时时用之。看一汉译：

[18] Girl: I heard that you hide your head in the sand when you're scared. But if you do that, everyone can still see you.

Ostrich: I don't hide my head in the sand. That's just a story people tell about me. When I am in danger, I try to run away. And I'm fast! I can run about forty miles an hour.

原译：女孩：听说你受到惊吓的时候，便把头埋进沙里。但即使这样，人们还是能看见你呀！

鸵鸟：我并没有把头埋进沙子里，那只是一个传说。当我处境危险的时候，我便逃跑，而且我跑得很快！一个小时我可以跑大约四十英里呢！（轻尘译，《儿童文学》2002第1期第155页）

试译：女孩：听说，你一受惊，头就埋进沙里。可还是能看见呀！

鸵鸟：我头没埋呀。那是人家编的。一遇危险，我就跑，跑得快快的！我一小时能跑大约四十英里呢！

儿童眼里的小姑娘和鸵鸟不会说出文绉绉的话,"但即使""当……时候""而且"在口语中较少出现,更何况是少儿作品呢! 很明显,译者没有分清语体,而以统一的文体或成人视角对待儿童文学的对话。女孩的话从原文整个句群来看,前一小句与后面的复句逻辑上具有转折关系,用 but 标示;复句本身又具有条件关系,用 if 标示,二重关系相叠构成了整个句群的复用强调。将原文的复用强调如实译作"但即使",译文就成了显现强调。

第四节　汉译组构关联词隐含

本节讨论汉译关联词的隐显问题,其前提都是关联词入句入篇,孤立地看关联词,无所谓隐含与显现问题,有时孤立地看一个复句乃至句群,关联词也无所谓隐含和显现,更不存在关联词的强调问题。它们都因语用的需要而隐显。汉译组构关联词的隐含受制于汉语的意合法,汉语句子的逻辑关系多呈隐性,注重意念连贯,以意役形,没有英语常用的关系代词、关系副词和连接代词、连接副词。汉语的复句无论是并列、转折,还是因果关系,其逻辑关系并不因为隐去关联词而显得模糊,没有关联词,尤其是没有连词,多用实词,反而显得语气贯通,流畅自如。

一、汉译短句语势逼掉连词

汉语句式简短,言简义丰,是其特征之一。句子简短,多省略,给关联词留下的空间不大,显得灵活明快,质朴自然,读者喜闻乐见。关联词之中,被句短逼掉的多半是连词,该用关联副词时则用,且上升为一种重要的关联手段。如下例的试译将原译的转折连词"但是"隐去,代之以语气轻微的转折副词"却",嵌于句中,照样显示了复句关系。

[19] They're always cheap — but have a flick through to make sure there are no pages missing.

原译:平装书一向都很便宜,但是购买时一定要将书从头到尾翻一翻,看一看有无缺页。(汪福祥、伏力　译)

试译:平装书一向便宜,购买时要翻一遍,看是否缺页。

短句逼掉连词,在本土作家提炼语言中也存在。据舒乙(1994)介绍,老舍谈到《小坡的生日》时说:"最使我得意的地方是文字的浅明简确。……我取用最简单的话,几乎是儿童的话,描写一切了。"追求简精是其语言观之一,舒乙总结为"把长句子变短,不用关系从句。有时一个字一句,两个或三四个字一句,少用'然而''虽然''所以'这类词。"这类连词有时难以进入短句,短句富于表现力,语势强,实词有占先的优势,而虚词本来占位不多,这时更是被语流挤到了一边。

二、汉译复句紧缩隐含连词

地道的汉语用关联词,可用可不用时,多半不用,有时连词与关联副词联用,可省去连词,只用关联副词。如"要走,你就走!"(如果你要走,你就走!),括号里的译文显得拖泥带水,不简练。"要走,你就走!"是复句,倘若去掉句中逗号,就有"要走你就走!",进一步还有"要走就走!",就成了一种特殊句型——紧缩句。

紧缩句内含三种关系:因果关系、并列关系和转折关系,它形似单句,意为复句,紧缩掉的最明显的是连词。如:

[20] The monk may run away, but the temple can't run away with him.

原译:和尚也许会跑掉,可是庙宇不会跟他们一起跑掉。

改译:跑了和尚跑不了庙。(劳陇 译)

该例的改译是转折关系紧缩句,套用了汉语的谚语,字数只是原译的一半。又如:

[21] The camp also serves as a school for those who are learning to beg when they want to, work when they must, and pilfer when they can.

原译:对那些想要求乞,就学会求乞,必需工作时,就工作,能够偷时,就会偷的人,这个住地也是学校。(吴炜彤等 译)

试译:那些人想讨就学,得干就干,能偷就偷,这地儿也是他们的学校。

该例的原译"对……人"定语过长,大腹便便,三个时间从句裹在其中,尽管没有用连词,但显得构散,不如三个从句抽出来,译作三个紧缩句,使连

词更无机可乘,无位可占。再看条件关系紧缩句,再如:

[22] For if you put on more clothes as the cold increases, it will have not powered to hurt you. So in like manner you must grow in patience when you meet with great wrongs, and they will then be powerless to vex your mind.

原译:在寒冷增长的时候,如果你多穿衣服,它便没有力量伤害你。同样地,当你遭遇大的冤屈的时候,你的忍耐力也必须随之增长,那些冤屈便无力使你烦恼了。(吴奚真　译)

试译:天冷穿暖不受冻,受屈坚忍无烦恼。

该例选自《名人隽语》(万卷文库之一二四),吴奚真译,台北大地出版社1984年出版。所谓隽语,是意味深长、耐人寻味的话。原文是地道的原文,译文也力求地道。作为隽语,语言形式一般精练简短,流畅上口,易于接受。原译太松散,不像名人名言。试译仿佛著名小品套用"军民团结如一人,试看天下谁能敌"成"军民团结紧紧地,试看天下能怎地"一样,产生新鲜活动之效;只不过,用了七绝的格式,浓缩略显过度。

三、汉译依据语义隐含连词

汉语不爱用关联词,尤其是连词,许多逻辑关系就隐含于两个小句的并列关系。而英语较多地运用关联词作为复句标记,有引导和制约句子理解的作用。有的关联词只起连接作用,纯属形式,如引导宾语从句的关联词that等。再如长句中的定语从句,乍看只起定语修饰语的作用,其实还包括并列、补充说明、状语关系等含义。如:

[23] They had a fine walk too, which had done his liver good.
原译:他们也进行了一次愉快的散步,这非常有利于他的肝脏健康。(谭晓丽用例)
试译:他们也愉快地散过步,有益于他的肝脏。

"道路是曲折的,前途是光明的"形式上看不出主从关系,好像并列句,但从意义看,后一句肯定,前一句让步,英译时要加连接词while,一为英语形合的需要,二为更好地表达原文的语气:"While the road ahead is tortuous, the future is bright."(董乐山译)。若将其英译回译成汉语,若拘泥于英语的形合,可得"道路虽然是曲折的,但是前途是光明的",将逻辑关系显化了。回头看它的汉语原文,需要隐含的道理显而易见。依靠语境,许多逻辑关系是隐含的,不需多余的关联词体现。若是用了,虚词真的成了"虚"词,不仅虚,而且赘。

原文用连接词表达某种逻辑关系,汉语可用相应的关联词显示出来,更可以不用,而通过前后小句的实义词显示这一关系。因为汉语复句的内部结构关系的基础是分句间意义的联系,大多情况下分句间使用意合法,不使用关系词语,如"谦虚使人进步,骄傲使人落后"依据的是对别关系。看例:

[24] A little of everything and nothing at all.
原译:如果什么事情都浅尝辄止,终将一事无成。(毛荣贵用例)
试译:凡事浅尝辄止,终将一事无成。

例中 and 既可表示因果关系,也可表示条件关系,即使入篇理解,也可以两解,都属于广义的因果复句关系。如果不译出广义的关系范畴,把理解的灵活性交给读者不是更好? 在理解空间许可的前提下显出语言的空灵性。试译依靠"凡事"与"一事","浅尝辄止"与"一事无成"的对应意义,即可显示条件或因果关系。整个译文形式上也是对应关系,将原文的形式美感再现出来了。再如:

[25] If you confer a benefit, never remember it; if you receive one, remember it always.
原译:如果你给他人好处,不要记住它;如果你得到好处,则永远记住它。
改译:施恩勿记,受恩勿忘。(司显柱 译)
试译 1:给人好处,不要记住;得人好处,永远记住。
试译 2:给人好处不要记,得人好处永牢记。

改译与试译均用了对仗的形式和对应的语义,省去了原译的连词,连副词也省去了。

四、汉译根据语体隐含连词

汉英书面语和口语使用关联词的频率有较大的区别,整体来看,汉语多用意合句,口语比书面语用得更充分。反过来说,关联词,尤其是连词,在口语里用得比书面语少得多，如果多用，就削弱了口语性。即便是关联词本身，其使用率也有差别，如表原因、目的、条件、假设等关系口语不常用关联词，一些关联词，如"固然""因而""然而""即使"等，口语基本上不用。而英/俄口语和书面语中关联词的使用频率差别不很大。这一差距有助于译者清楚地认识到，汉译要少用或不用关联词，文学翻译比科学翻译少用，口译比笔译少用。如：

[26] Ask a friend to write down any number, multiply it by 3, add 6, divide by 3, and subtract the number first used. Then tell him the answer. It will always be 2, no matter what number he chooses to begin with.

原译：请一个朋友随手写下任何一个数字，然后进行以下运算：将这个数字乘以 3，加 6，再除以 3，再减去原先那个数。好，你来告诉他得数。得数肯定是 2，无论他写下的是什么数。（轻尘译，《儿童文学》2002 第 1 期第 155 页）

试译：请朋友随便写一个数，乘以 3，加上 6，除以 3，再减去这个数。告诉他得数。得数肯定是 2，无论他写下的是什么数。

儿童文学的语言应该是儿童的，力求简洁明了，这是对少儿语言的引导。类似原译的译文会误导少年儿童，从小就会污染他们的语言。原译用了多个虚词，表示行为连贯的副词"然后""再"用得过多，使译文失去了口语的特点。试比较中国小学课本上相应的数学题：

一个数加上 3，减去 5，乘以 4，除以 6 得 16，这个数是多少？

五、汉译保留副词隐含连词

隐连保副，指隐去连词，保留关联副词。连词是虚词，在句中不作成分，副词是实词，在句中作成分。在汉语表达中，必不可少的虚词要保留，可有可无的虚词最好不用，以减少冗余信息。据许文胜（2015）的英汉比较研究，副词对语言表述有不可替代的作用，可使言辞更加婉转、幽默、细致和透辟，还可连贯语篇，使语义更准确和精当；其中，衔接性副词对句间逻辑关系的安排尤为重要，各种想法和观点借以有效地组织起来，或表达条件、假设和因果，或强调、铺陈乃至转折，使得行文更具逻辑表达的流畅性。

关联词还有助词"的话"和超词形式(如"总而言之"等)。超词形式,一般要保留;而"的话"主要用于口语,用于假定复句前小句的后面,引出下文。与"的话"相配常用"如果""要是""假如"等连词,这些连词能隐则隐,有时连"的话"也可省去,句子显得更简洁。如:

> [27] You can stay to dinner if you like.
>
> 你愿意的话,可以留下一起吃饭。(《牛津高阶英汉双解词典》第四版增订本第 735 页)
>
> [28] "If everybody minded their own business, " the Duchess said in a hoarse growl, "the world would go round a great deal faster than it does. "
>
> 原译:"倘使每一个人都只管自己的事情的话,"公爵夫人以嘶哑的声音说,"这世界就会比现在转动得快多了。"(庄以淳 译)
>
> 试译:"人人都各管各,"公爵夫人哑声说,"世界运转就比现在快多啦。"

前一例,隐去了表假设的连词"如果"之类,非常自然,符合口语特点;后一例,原译用了完整的"倘使……的话",可以隐去连词"倘使",保留助词"的话";助词"的话"也可省去,说得干脆一些,见试译。世界"转动"译得过死,world 在此不是地球,用"运转"才能与其抽象义搭配。

第五节　汉译组构关联词显现

汉译关联词的隐含,是外译汉时要力主的翻译策略,但并不反对关联词显现。非用不可时还得用,精简不能陋简,简得过头,物极必反。许家金和徐秀玲(2016)从汉译英角度证明了衔接显化作为翻译普遍性特征。研究发现,翻译英语有多项语法和词汇衔接特征与原创英语存在显著差异,呈现出衔接显化的特点。其中语法衔接突出表现为多用各类连词。词汇衔接方面,以语篇中句间实词重复现象为典型特征。英语译文的语法衔接显化,大致可从汉语重意合,英语重形合得到解释。而词汇衔接显化,可能与汉语特征以及英语译文多用高频词和泛义词有关。与其研究相对,这一特征在汉译中更为明显,汉译关联词的显现包括显示和选示。

一、汉译组构关联词显示

"所谓显示,是用某种形式显示某种关系。即:两个分句之间本来隐含某种关系,人们运用表示这种关系的关系词语显示了这种关系。"(邢福义,2001:32)汉译关联词显示比本土作品要多。

(一)汉译因语义而用关联词

英语具有致使义的动词,至少是二价以上的配价动词,如 cause、keep、prevent、effect、arise 等,它们所构成的主谓关系常常隐含某种逻辑关系,汉译有时可将其显现出来,有时甚至是必须显现,才能说得清,才能为译语读者所理解。比如表示施事行为导致的后果,因果相承,汉语往往把这种因果关系处理为因果复句,才显得地道,这样原文无关联词,汉译则用了关联词,显现了原文单句所具有的逻辑关系。如:

〔29〕A major success such as the harness of thermonuclear energy produced through nuclear fusion would radically effect the development of all branches of engineering.

原译:如果在控制热聚变产生的热核能方面产生巨大进展的话,就能根本影响工程部门的发展。(谭晓丽用例)

试译:热聚变产生的热核若能有效控制,将会对整个工程产生根本性影响。

〔30〕Here great disturbances at the heart of the earth caused mountains and volcanoes to rise above the water.

原译:在这里地球中心的剧烈运动引起了高山和火山升出水面。(徐素萍　译)

试译:地心在此剧烈运动,(因此)山脉和火山升出水面。

前一例,major success 是 effect 的条件或原因,译者选译显示其条件方面,用了相应的关联词"若"。后一例,用 A cause B 结构,这是单句形式,原译照译了结构,试译则将 cause 的前因后果式逻辑彰显得更为充分,更显示了论理成分。不过,"因此"二字也可省略。

有时可将表示强调的词义用关联词显现。如 any 表强调义的翻译:

〔31〕The resistance of any length of a conducting wire is easily measured by finding the potential difference in volts between its ends when a known current is flowing.

原译:已知导线中的电流,只要求出导线两端电位差的伏特数,就不难测出任何长度的导线的电阻。(谭晓丽用例)

试译:已知导线的电流,只要求出两端的电位差,不论导线多长,都不难测出电阻。

(二)结构性显示

英/俄语的某些结构也包括一定的逻辑关系,其整体或部分可以单列出来,译作汉语小句,使得原语单句变成了译语复句,为显示复句的逻辑关系,有必要加关联词。比如原语的被动结构,施事是行为的发出者,也是产生受事的原因,施事部分可译为原因小句。看例:

[32] Their initial trepidation was heightened by the presence of my six foot four inch father.

原译:他们起初的恐怖心情被我身高六英尺四英寸的父亲的出现增加了。

改译:我父亲身高六英尺四英寸,由于他的出现,他们起初的恐怖心情有增无减。(徐素萍 译)

试译:他们本来就害怕,我那身高 6.4 英尺的父亲一出现,就更恐怖了。

例中名词结构 the presence of my six foot four inch father 实为一个小句浓缩而成,汉译时一旦还原为小句,则相伴增加关联词"一……就……",语义上用"更"也反映了递进关系,由"害怕"升级为"恐怖"。

英语分词短语置于句首有时表示原因,可转换为汉译小句,用因果关联词表示这一关系。如:

[33] Grown senile, he scoffed at the foresight of his advisors.

原译:长得年老,头脑糊涂,李尔王对顾问的预见嗤之以鼻。

改译:由于年老昏聩,李尔王对顾问们的预见嗤之以鼻。(徐素萍 译)

试译:李尔王年老昏聩,所以对顾问们的预见嗤之以鼻。

改译把表因果关系的关联词用在从句上,试译则用在主句上。

（三）明确意义关系

现代汉语复句结构中关联词确实经常省略，但一定得在语境适当且不影响语义表达的前提下才行得通。有的复句，不用关联词语，分句间的意义关系就不明显，甚至表现不出来。为了明确复句的内在联系，可添加关联词使这一关系显豁。有时加上关联词，还能起到调节音节的作用，使用语气舒缓和谐。如"她有许多独特的创造，（但）她一再把成绩归于导师"。如：

[34] Lack of equipment may not be serious — many of the major advances in plant breeding have been made in the field.

原译：设备短缺并不是个严重问题，在田野里取得了许多植物育种方面的重大成就。

改译：缺少设备可能不是什么严重的事情，因为植物育种方面的许多重大的成就都是在田里取得的。（李引、王桂芝　译）

试译：设备可能不重要，因为许多重要的植物育种就成功于田间地头。

原译在两个小句之间不加"因为"之类的关联词，后小句要成为前小句的证据的语气就不充分。

复句很长时，添加关联词，有助于理清思路，分清层次，组织句法结构。有时，小句之间关系不太明确时，还要成对地显示关联词语。如：

[35] He built the Zulu nation. And he would have destroyed it had it not been for the courage of a minor chieftain, Gala.

原译：他创建了祖鲁帝国。然而，如果不是一个叫作加拉的小首领勇于进谏，他可能就会毁了祖鲁国。（汪福祥、伏力　译）

试译：他创建了祖鲁国，要不是小首领加拉勇于进谏，他就毁了祖鲁国。

原文为句群，句群间的关系主要靠语义，尤其是第二句的虚拟语气本身就含有假设因素，倒装句也具有这一因素，不显示，意义就不明显。第二句的后小句与前小句形成了条件关系，这一逻辑涵义也可借连词"要不是"表现出来。至于关联词，前小句是必用必显，后小句的"就"是可用可显，也可用"将"替代。

（四）因句序而显示

有的句序决定了关联词显示的必要性。汉语中，无论复合词、短语，还是复句,只要是偏正关系,一般要求前偏后正。随着汉语的发展,复句前正后偏式也越来越活跃,影响因素之一就是汉译及其作品。英/俄语的条件从句和让步从句既可位于主句之前,也可以位于其后。对译过来,有时也很方便,所以有学者称其为"外来结构"。赵元任认为,"除非说了一句话以后要补充一点意思,汉语的状语分句一般总是放在主句前面。现在在主句后面也可以读到预先设想好的以'如果''既然'之类的连词带领的修饰句。在我听来,这种句子肯定是外来结构。"(转自适达,1994)

偏正句一般的情形是偏在前,正在后。正在前、偏在后的外来结构,偏句就带有补充说明性质,不能用意合法,得显示关联词。如:

[36] And I take heart from the fact that the enemy, which boasts that it can occupy the strategic point in a couple of hours, has not yet been able to take even the outlying regions, because of the stiff resistance that gets in the way.

原译:由于受到顽强抵抗,吹嘘能在几小时内就占领战略要地的敌人甚至还没有能占领外围地带,这一事实使我增强了信心。(张培基用例)

试译:我信心倍增,因为敌人吹嘘几小时就能占领战略要地,结果受到顽强抵抗,连外围地带也没有得逞。

原译基本上是逆序翻译:将 because of 表示的原因移前,原文 fact 表示的内容位置不变,而句首的主句移至最后,原文的句序倒过来了。试译是顺序翻译中含有逆序,基本保持了原文的主从句序,将原文 that 引导的宾语从句换为汉译的前果后因式因果复句,只是将 because of 表示的原因从句稍作前移。这种译法能保留原文作者表述的意向性,即首先突出我的信心。

(五)多显为关联副词

提起关联词,似乎只想到连词,其实关联副词占数不少。就传统而言,汉语更注重关联副词的使用,连词使用逐渐增多显然受到翻译的影响。无论口语,还是书面语,能用连词和关联副词时,以选用关联副词为宜,比如"当天亮的时候,我就起床了"可以说成"天一亮(,)我就起床了"。看实例:

[37] (The Chunnel rewrites geography, at least in the English psych.) The moat has been breached. Britain no longer is an island.

原译:护城河已被打开缺口,因此英国不再是一个孤立的岛国。

改译:护城河已被打开缺口,从此英国不再是一个孤立的岛国。
(汪福祥、伏力 译)

试译:护城河已开缺口,英国从此不再是孤岛。(汪福祥、伏力 译)

原文是句群,可照译为"护城河已被打开缺口。英国不再是一个孤立的岛国",但两句逻辑上紧密相联,前小句与后小句是因果关系,可译作因果从句,如原译。为了尽量少用连词,用时间副词"从此"代"因此",可达此目的,见改译与试译。

原苏荣、陆建非(2011)列出了副词到连词的连续统,关联副词实际是连词与副词之间的"过渡地带",既有修饰功能,也有连接功能,比较靠近连词;在句中作状语,主要起关联作用。再看一例:

[38] (Cupid aimed his arrow and struck me right in the heart.) All at once, I enjoyed going to school, if only to gaze at the lovely face in English II.

原译:突然间,我喜欢去上学了,而这一切完全是为了能够看看英语二班里的那张可爱的脸。(汪福祥、伏力 译)

试译:我突然爱上学了,只为看看英语二班那张可爱的脸。

if only 意为"但愿、只要、若是……就好了"等,译者没有任选其一,而是根据语境,判定前后句子具有因果或目的关系,所以译作副词"只",以副代连,把后小句译作了目的从句。

(六)因语体而显示

科学文体重形合,求缜密;文学主体重意合,求灵活。此外,形合见庄重,意合显随意。如:

[39] He had been left alone for scarcely two minutes, and when we came back we found him in his armchair, peacefully gone to sleep — but forever.

让他一个人留在房里总共不过两分钟,当我们再进去的时候,便发现他在安乐椅上安静地睡着了——但已经永远睡着了。

原文庄重,原文中 and 表示语气的连贯,没译,本来 when 也可不译"当……时候",可译作"我们再进去,便发现……",可是毛荣贵(2002:128)

说，掩卷慢咀，由于语体及语言风格的差异，意合译法不能像形合那样淋漓酣畅地传递作者深沉而凝重的哀思。

（七）因成对关系而显示

某些复句关系的关联词可成对使用，也可单独使用，如表转折关系的“虽然……但是……”等；而有的则必须成对使用，如表选择关系的“不是……而是……”等，翻译时有时也必须成对译出。类似的有表并列关系的“一边……，一边……”式、“不是……，就是……”式、“要么……，要么……”式、“一……，就……”式等；表转折关系的“不但不……，反而……”式等；有因果关系的“越……，越……”式等。看例：

[40] Either he did not speak distinctly or I did not hear well.

原译：不是他没有讲清楚，就是我没听明白。

试译：不是他没讲清，就是我没听懂。

[41] The stronger the motivation, the more quickly a person will learn a foreign language.

原译：一个人的要求越强烈，对外语的学习越快。（赵罍　译）

试译：欲望越强，外语学习就越快。

前一例使用了成对的关联词“不是……，就是……”，表示选择关系，强调非此即彼，二者必居其一，所以必用关联词。后一例，前一句本为省略句，前后小句分别用形容词和副词比较级形成句间关系，正与汉语“越……，越……”因果关系相应，又暗含条件关系；而 a person 用泛指，可译作汉语泛指人称句，结合二者，试译才会更地道。

（八）必译必显

典型的关联词主要是连词和关联副词，一般而言前者没有实义，不作句子成分，只表示逻辑关系，后者既有实义，又作句子成分。有时，关联词自身是有意义的，“关联成分本无衔接作用，而是通过自身的意义起间接衔接作用，它在上下文中无对应成分，所传达的某种意义以上下文中其它成分为前提。”（Halliday & Hasan，1976：226）关联词有人际意义、语篇意义和概念意义。请看突出关联词的人际意义影响其语篇意义的例子：

[42] 从前荷马写《依利亚特》这不朽的史诗，固然着力表扬了希腊军的神勇，却也不忘记赞美着海克托的英雄；只是今天的事，示威者方面太不行！——但是，素素，我来此本意倒不在此，我是为了另一件

事，——另一件事，却也叫我扫兴！（茅盾《子夜》）

　　"但是"本身的概念意义是转折，但在引文中其前后关系并非转折关系，说话者赋予它一定的人际意义，用它转换话题，所起的起用不再是前后小句的连接，而是将二者分开，已失去了衔接的语篇功能。请看汉译：

　　　　[43]"啊，你怎么知道我那样啊？"文恩运用策略，拿话套话说。
　　　　"因为，"她说，说到这儿，正赶着小娃娃来了一个倒栽葱，朵苏就扶她去了，扶好了才接着说："因为我知道么。"（张谷若　译）

　　此处的因为是必须译出的，文中正说明了这一点，表示一段话被其它人的行为打断了，话语断后再续，而且说话人害怕前面表达的原因话头丢了，又重复一次"因为"。

二、汉译组构关联词选示

　　邢福义（2001:33）提出了"选示"，即有选择地用某种形式显示两种或多种关系中的一种。从大的方面看，"选示"可作为关联词显现的另一种形式。选示的逻辑基础是事物间关系的多解性，选示过程是多选一的过程，即根据表述者的理解与需要有所选择的过程。汉译中的选示，除了逻辑关系的多中选一之外，还有一种，就是同义关联手段的选择，如同表示转折，用"然而"还是"但是"等。
　　选示，到底选哪一个关联词显示复句逻辑关系，关键依靠语用确定。
　　（一）因译者主观认定而选示
　　对原文复句关系的理解具有多重性时，译者可以凭自己的主观意愿选择一种关系显示。如定语从句除表示修饰关系功能外，还有表示并列关系、补充说明关系等功能。如：

　　　　[44] The government, which promises to cut taxes, will be popular.
　　　　原译：这个政府，它保证要减税，将会是深得人心的。（谭晓丽用例）

　　原文尽管表示的是限定关系，作定语从句，但整个句子表示的是未来的事情，定语从句因此具有了条件，或假设的意义，所以原句的逻辑关系由限定关系可转为假设关系，译作：

试译 1:政府如果保证减税,就会获得民心。

试译 2:只要保证减税,政府就会获得民心。

(二)因语境作用而选示

语境包括上下文、交际对象、交际背景、交际场合、语体风格等因素。这些因素会制约关联的选示。据王小敏(2000)研究,"但却"和"但……却"除了表转折关系外,还起协调语气,凑成整个语句的舒缓、和谐语音的作用。"但却"是转折点与转折界线重合,"但……却"则分别在同一语句的不同地方标明转折点与转折界线,其作用主要在于节律调整,意义上为双重转折。根据这一道理,汉译时就有必要对这一同义手段进行选择,因不同的语境而选择不同的关联词。

英语 not only… but also… 显示为递进关系,但汉译时译者也可译作并列关系。这完全取决于译者的主观认识、交际语境,甚至是偏好。如:

[45] He not only speaks English well, but also speaks idiomatic German.

原译:他不但英语讲得漂亮,而且德语也说得挺地道。(喻云根用例)

试译 1:他不但英语讲得漂亮,而且德语说得挺地道。

试译 2:他英语讲得漂亮,德语也挺地道。

"He speaks English well." 和 "He speaks idiomatic German.",就逻辑基础而言,可能地位平等,可能有层级性,可理解为递进关系,可用成对的关联词"不但……而且……",见试译 1;也可理解为并列关系,可去成对的关联词,只用副词"也"关联,显示关系,见试译 2。

第六节　汉译组构关联词强调

所谓强调,指使用关联词对某种格式所显示的某种复句关系加以突出,或加以着重,有时是同一逻辑关系重复标示,有时是多层逻辑关系重叠标示。汪国军(2010)认为科技英语口译存在关联词缺失,但汉源(1996)基于逻辑关联映现的并列、承接、递进、选择、转折、条件、假设、让步、因果、目的等主要句式,介绍了汉译较为常见的、由意合转为形合的手法。迄今为止,就汉译衔接手段的强调研究者少。强调可分层次,可能致使单个关联词显现,再强调可能促使成对关联词显现,更进一步强调可导致关联词重复叠加显现。汉译组构关联词的强调有其语用价值,有时不能当作累赘现象给规范掉。

一、显现强调

显现强调,指将原文为强调而显现的关联词译出,更指将原文潜在的逻辑关系通过关联词显现,比原文语形上更具强调功能。

首先是再现原文关联词的显现强调功能。请看本章例18中女孩的话,从原文整个句群来看,前一小句与后面的复句逻辑上具有转折关系,用 but 标示;复句本身又具有条件关系,用 if 标示,二重关系相叠构成了整个句群的复用强调。将原文的复用强调如实译作"但即使",译文就成了显现强调。

一般而言,复句内部的逻辑关系不明显,就可以借关联词突出出来,使意义表达更准确明了,有时会取得语气舒缓、音调和谐的效果。有时复句关系比较复杂,借助关联词可以厘清思路,分清层次。此时此地关联词的显现,顺带了强调的成分。原文中关联词可以不显现,汉译时可显可不显,显现就是加重,也就是强调。有时不显现关联词,也能理解,但要费些周折,有时为了便于或易于理解,译者用关联词将逻辑关系显现出来,就构成了显现强调,即显现是为了强调。显现强调与上一节的显现密切相关。如:

[46] On the contrary, the American government's desire to bring off a peaceful settlement grew with the likelihood of bloodshed in the South Atlantic.

关联词隐含:相反,随着南大西洋流血冲突的可能性的增长,美国更希望能够促成和平解决。

关联词显现:相反,由于南大西洋爆发流血冲突的可能性日益增长,美国更希望能够促成和平解决。(袁斌业 译)

[47] No matter what he does, he does it earnestly.

关联词隐含:他干什么都很认真。

关联词显现:他无论干什么,都很认真。

上述两例汉译,关联词隐含时成了单句,显现时成了复句。

处处使用关联词显现复句的逻辑关系,有两种倾向:其一是滥用滥译,满篇的关联词,有碍观瞻,而且处处强调,从全文看来是不可能的,很容易成为滥译的证据；其二是处处强调，达到一种修辞作用，这也只在复句和句群内出现。

显现强调，主要指不用也可、用了强调的情形。由于现在滥用关联词，尤其是滥用连词的现象越来越严重，所以，显现强调不是非译不可，若不是一种修辞手段，一般不提倡多用，还是遵守汉语少用关联词的特点为好。如：

[48] But another round of war in the region clearly would put strains on international relations.

原译：该地区战争的再次发生显然会使国际关系处于紧张状态。

改译：如果该地区再次发生战争，显然会使国际关系处于紧张状态。（袁斌业　译）

试译：该地区再发生战争，国际关系必会紧张。

原文还不算很复杂的单句，是个复杂命题，包括两个简单命题："战争再次爆发"和"国际关系再度紧张"。为了显豁两个简单命题的逻辑关系，在表达上显出层次，也便于阅读，改译显现关联词，将两个命题单列出，用关联词显示这一假设关系，可以避免原译呆板的语言结构。试译更进一步避免了欧化。

概而言之，关联词的显现比隐含会使译句具有明显的强调意味。显现与强调是互动的，显现可能起到强调作用，反之，强调可以促成显现。由于言者的主观突显，含有焦点标记的原因句的语义凸显度要高于结果句。原因本身含有未知的新信息，需经一番探索才可得，一旦获得便更加凸显，而这些新信息要用语法手段表示，这便是焦点标记。根据前景-背景理论，原因句是前景，结果句是背景，焦点信息在原因句中获得高度前景化。（李曦、邓云华，2020）与之相比，条件从句也是如此，下例的"既然"就是强调，试译去之，强调意味就淡多了。

[49] How could you, when you know that this might damage the apparatus?

译文 A：既然你知道这样会损坏仪器，你怎么能这样做呢？

译文 B：你知道这样会损坏仪器，你怎么能这样做呢？（毛荣贵用例）

试译：知道这会损坏仪器，你怎能这样呢？

相比较而言，试译显得轻描淡写，原译责备的语气要重一些，意味的差异全系于关联词"既然",原译的译者想较重地责备对方,这一语用强调促成了关联词的出现。

"因为……,所以……"被描述为最普遍最典型的因果类复句形式,但与实际使用情况存在一定差距。两个关联词成对出现的因果复句数量非常有限,成了非典型的特殊因果句;而"……,因为……"出现的频率远高于其它形式。(董佳,2012)因为语言上的因果有别于逻辑上的因果,后者强调因果间的必然性,前者则不强调,而以人的主观认识为据。如:

[50] For the next five years he did his best to persuade the Pope to accept his ideas; but the Pope remained under the Charles's influence, and all Henry's efforts were in vain.

原译:此后五年中,他尽全力试图说服教皇接受他的建议,但因教皇仍深受查理的影响,因此亨利的全部努力都无效。(汪福祥、伏力 译)

试译1:五年来,他力图说服教皇接受他的建议,教皇深受查理的影响,因此亨利前功尽弃。

试译2:五年来,亨利力图说服教皇接受他的建议,结果前功尽弃,因为教皇深受查理影响。

前小句是主句,后小句交待结果,中小句是产生结果的原因。"但因"与后面的"因此"有重叠之嫌,只保留一个足以反映前后的因果关系;原文显现的转折关系汉译成了显现的因果关系。试译2的"……,因为……"是一种语用凸显格式,已经越来越广为所用,表现出语用的语法化趋势。

二、汉译关联词复现强调

复现强调,按邢福义(1996:334)的解释,指分句之间本来隐含两种关系,复句同时用两种关系词语将其复现出来,起到突出强调的作用。如:

[51] 人们一边有高声的牢骚,低声的叹息,却也一边埋头向前。(苏叔阳《故土》)

[52] 列宁之所以把斯塔霍维奇同奥勃洛莫夫在这里相提并论,并不是因为他们彼此相像,而是把两种社会典型作一个相反的比较。(臧仲伦等译《列宁和俄国文学问题》第101页)

前一例,"一边……(也)一边……"显示并列关系,"……却……"显示转折关系。同时显示并列和转折关系,这就是"复现强调"。后一例,设译文三个小句分别为 A、B、C,A—B 是因果关系,B—C 是选择关系,三者则呈叠加关系,因果关系与选择关系在 B 小句处重叠。B 小句既解释 A 小句的原因,又与 C 小句形成选择关系。

汉译中复现强调并不少见,却也不多用,其使用条件必须是原语复句的分句之间隐含两种关系,意义的逻辑关系相叠决定了形式上关联词的复用。与上例类似的汉译如:

[53] She had a lot to say, but at the time she was unable to utter a word.

原译:她有满腹的话儿要说,但此时此刻,她却什么都说不出来。(喻云根用例)

试译:她有满腹的话儿要说,此时此刻却又什么都说不出来。

原文两个小句的关系为转折关系,实质上也含有并列关系。原译仅译出转折关系,没错,但译作并列和转折关系的叠加,如试译,也说得通,对比强调的意味更浓。又如:

[54] My assistant who had carefully read through the instructions before doing his experiment, could not obtain satisfactory results because he followed them mechanically.

原译:我的那个在做实验前仔细阅读过指导书的助手,因为机械地照搬,没能取得满意的结果。

改译:虽然我的助手在做实验前仔细阅读过指导书,但是因为他机械地照搬,没能取得满意的结果。(谭晓丽用例)

译者添加表转折关系的关联词"虽然……但是",把原文潜在的逻辑关系显示出来,旨在强调。"A,因为 B"因果复句能不能再加上"虽然 A,但是 B",形成复现强调,取决于 AB 之间是否存在因果兼转折的关系。改译可改为:

试译1:实验前我的助手虽然细读过指南,却因机械照搬,结果不佳。

复现强调的条件是两个关联词必须在同一小句内显现,否则就不属于复现强调，而属于一般性的显性强调。若将试译 1 后面的因果关系顺序作一调整，因果语序换作果因语序，"但是"与"因为"就要分用，各自进入一个小句，就变成了另一类多重复句关系，关联词叠用强调就成了一般的显现强调。如：

　　　试译 2：实验前我的助手虽然细读过指南，但效果不佳，因为他机械地照本实验了。

再看用"而……则"融并列和转折关系于一身的例子：

　　　[55] Einstein showed that the increase of mass with velocity, which Lorentz had applied only to charged particles, could be applied to all objects of any sort.
　　　劳伦茨认为质量随速度增加而增加的原理只适用于带电粒子，而爱因斯坦则证明它适用于任何物体。（谭晓丽用例）
　　　[56] World War II was, however, more complex than WWI, which was a collision among the imperialist powers over the spoils of market, resources and territories.
　　　原译：第一次世界大战是帝国主义之间为争夺市场、原料和殖民地而爆发的冲突，而第二次世界大战的起因则复杂得多。（谭晓丽用例）
　　　试译：一战是帝国主义争夺市场、原料和殖民地而爆发的冲突，二战的起因则复杂得多。

该例用"而……则"融并列和转折关系于一身，"而"表示转折表示，"则"表示对立关系，对立属于并列关系。本来第二小句只用"而"或"则"就能表示前后的转折关系或对立关系，二者并用，则平添了强调的意味。

三、汉译同义关联双重强调

　　同义关联双重强调，指同义关联词在同一分句中重复使用，起强调的作用。同义关联词能不能双重强调？刘凯鸣（1957）曾明确指出要对生造的虚词"但却"进行规范。周定一（1985）讨论说，"但却"是文章里习用的，可是谈论生造词时，常拿它当例子。要说生造，宋代朱熹就已把它当转折连词用过。这个词书面上用了八九百年了，而且五四以来，使用得越来越多，可就是进入不了口语，一般词典里也未收录。

同义关联词复现包括连用与分用两种。连用指两个关联词作为整体起关联作用,有"但却"等,"却"是表语气轻微的转折副词,"但"是表语气较重的转折的连词。如:

[57] 他向前走去,缓慢地穿过大厅,他的眼睛老对着那唯一的窗户,看那年轻人继续缓慢地,但却是无数次地,一分钟也不停地做着祝福的动作。(闻家驷 译)

分用指两个同义关联词中间夹有语言单位,有"但……却"等,如:

[58] 孩子们在跟前,从表面看,固然有它不便之处,但实际上却增加了共同的幸福。(闻家驷 译)

同义关联词重复除了强调作用之外,还有其语用价值。以"但却"和"但……却"类关联词为例。第一个语用价值是协调语气。除标明转折关系外,还起着协调语气、舒缓语句、和谐语音的作用,成为语句意义构成和语音构成的重要因素。(王小敏,2000)如:

[59] He became a brilliant scholar but only at the expense of his health.
    原译:他成为一名出色的学者,但却是以他的健康为代价的。(赵罍 译)
    试译:他成了知名学者,健康却付出了代价。

"但却"连用,顺应了汉语双音节词发展的趋势,可以与前后词形成和谐的音节,尤其是在前后词多为双音节或多音节词时,多半用"但却"而不是"但"或"却",这已是复用强调之外的另一种语音要求了。不仅"但却"如此,"但……却"也是如此。与之相对,试译只单用了关联词。

第二个语用价值是划界作用。在转折复句中,"但""却"分开使用,各司其职。"但"对前小句转折,多半位于后小句句首,起到将复句划分为转折句的划界作用;"却"标明转折点,多半活跃于后小句中间,突出真正转折的内容。如:

[60] Standing by friends during difficult times is important. But

seemingly trivial acts of caring are what keep friendships.

原译:在困境中与朋友共患难是很重要的。但那些看起来微不足道的关心呵护却能使友谊长存。(杨青、苏蕾　译)

试译:同甘共苦是很重要的。但微不足道的关爱却能使友谊长存。

[61] 原译:演员对剧本的阐释的重要性是人所共知的,但随着戏剧的发展而对之作出反应的人却是头等重要的,这后一方面人们却知之甚少。(刘国彬　译)

试译:演员对剧本的阐释极为重要,人所共知,但对剧情发展有所反应者却最重要,后者却鲜为人知。

前一例,“但”是对前句的转折,“却”标明转折点“那些看起来微不足道的关心呵护”,转折的是物。后一例,“但”是对前句的转折,“却”标明转折点“对剧情发展有所反应者”,转折的是人。“但”与“却”之间无论相隔有多远,夹入的词数无论有多少,除了调整节律外,“却”还有重提转折意义的作用,在“却”后面谓语成分较短时这一点表现得更为明显。请看同类的例。

[62] 但是他却决定,如果可能,就立刻把信交给她。(张谷若　译)

[63] ……;而她那方面,却充分表现出真正法国式的怀疑主义。(祝庆英　译)

[64] ……。然而,他却发誓,这两件得由他来挑选。(祝庆英　译)

[65] 我所能说的只有一点,那就是我是不自由的,而她却是自由的。(汝龙　译)

[66] 然而现在使他痛苦的却不是这件事。(汝龙　译)

[67] 他们这种情况常常使人感到可笑之至,然而他们却又如此这般地来显示他们的府邸。(闻家驷　译)

[68] 他们却把……看作恐怖之王,然而我却要等到那一天才去认真地考虑它。(闻家驷　译)

由上可知,“但……却”有许多变体,包括“但是……却”“但……则”“然而……却”“而……却”“可是……却”等。看实例:

[69] 源文:Счастливые семьи похожи друг на друга, каждая несчастливая семья несчастлива по своему.

原文:All happy families are alike, but each unhappy family is

unhappy in its own way.

　　转译:凡是幸福的家庭无一不大同小异,但不幸的家庭其不幸则各不相同。(庄以淳　译)

　　试译:幸福的家庭个个相同,不幸的家庭各不相同。

　　该例的转译是中国译者从英语转译了俄国作家托尔斯泰《安娜·卡列尼娜》的开篇句。转译用了"但……则……",其间相隔较远,加之其它成分赘于其中,念来不畅。此外,源文 Счастливые семьи 只是一般的复数含义,原文即英译,成了全称概念 All happy families,转译也就以歪就歪了。试译则最接近源文,再次表明转译不是迫不得已,一般不提倡。

　　[70] One may go wrong in many different ways, but right only in lie, which is why it is easy to fail and difficult to succeed — easy to miss the target and difficult to hit it.

　　原译:一个人可以以许多不同的方式走错路,但是走对路的方式却只有一个,失败容易成功难,不中标的容易击中标的难,其故即在于此。(吴奚真　译)

　　试译:错路万千条,正道就一条,因此失败容易成功难,失的容易中的难。

　　某种意义上说,"但是……却……"也是一种冗余,原译的冗长有部分责任。试译完全不用关联词,用"错"与"正"对,自然构成转折。但在 which is why 前后复句之间反映了因果关系,所以用"因此"代表"其故即在于此"更显简洁与流畅,也避免了半文不白之嫌。

　　汉译关联词复现强调,同义强调,但要注意效率原则,即讲究准确省时省力,用最经济的手段达到交际目的。无意义的同义重复常常是低效的。如:

　　[71] ……而我到巴黎又不是去做投机生意的,所以因此迟迟未去。(蒋学模　译)

　　这是《基督山伯爵》中的译文,吕冀平、戴昭铭(1985)批评说:"'所以因此'近几年在口语里常常听到,很有点要成为一个虚词的势头,在书面语绝少见到。无论从哪个角度考虑,也一定要把这个势头拦住。""所以因此"

已不是强调,而是啰唆。即使是"但""却"连用,也要讲究经济原则。再看一实例:

[72] You are not very subtle but you are very effective. I get the point.

原译:你说得不够技巧但却很实在。我明白你的意思。(徐黎鹃、黄群飞　译)

从"但却"连用的条件来看,上例不存在语用价值,不与"很实在"构成双音节,要么用连词"但",要么用副词"却":

试译 1:你说得不够巧妙,但很实在。我明白你的意思。

试译 2:你说得不够巧妙,却很实在。我明白。

第十一章　汉译组构气息休止问题

　　音乐有休止符,言语组构也讲停顿,讲气息的行与止,当行则行,当止则止,取决于生理与心理。语言的呼吸首先受制于生理条件,气有多长,会决定语句表达的长短。其次,语句要说多长,受制于说话人心理或主观表达意愿,想说长则可延续,想说短则可终止。

　　本章以汉译组构时用标点标示生命气息的停顿问题为例。标点符号与翻译有一种不易察觉的微妙关系,标点虽说不属于句法范畴,但与句法问题密切相关。汉译组构的标点运用也有规范的问题,比如前面所论的长句问题、流水句问题等,均不同程度地涉及标点问题,在此把标点专门列出讨论汉译组构的生命气息,以示重视。

第一节　汉译组构气息行止概说

　　言语具有生命气息,有呼有吸,行止之间,均靠标点显于书面。标点具有分割句子、传达语气、衔接语篇的功能。汉外语标点有同有异,有多有少,各有特色之处。面对同一思想内容,采用不同的停顿标记,在汉译组构过程中会产生些微差异,会影响思想的行与止。据霍四通(2021),陈望道翻译《共产党宣言》主要参照英文本,精心推敲了所用标点,减少逗号,增施分号,随情应境,随机调整,使得文字层次清楚,语义明晰,增强了译文的可读性。可见,汉译地道,标点也功不可没。

一、汉语语气停顿

　　标点符号是记录语句情感、语气、语法结构和停顿时间的符号。语气的停顿与标点符号密切相关,标点是语气停顿的主要手段。标点中无单独标示句调的符号,句号、问号、叹号兼有标示句末停顿和句调的职能。据林穗芳(1997),广义的"标点"可以综合考虑词汇、语义、逻辑、语法、语调、语用等因素,使用约定的书写符号、间隔安排、变换字体和其它技术手段对话语加以切分,标示停顿、语气以及词语的性质和作用,以辅助文字准确地表情达意,使易于阅读。

文言不需标点也能读,因为句子简短、结构匀称,常用发语词和语气助词。五四之后,白话文句子长短不一,散整兼顾,发语词和语气词消失了,欧化产生了包孕结构,白话文能读,得借助舶来的标点符号,正是标点加速了白话的形成。在郭绍虞看来,新式标点让书面的五四白话变成"有声"的语言,变成"鲜活"的语言,语气上趋近言文一致;标点同时使五四白话的语句结构变得"丰满繁复",变得复杂而繁多。(见文贵良,2015)

标点标示语气的停顿,遵循的也是语言的象似性。空间的距离有时可以映射于语言形式,有时语气的停顿得借助于标点。如"广州—哈尔滨"用指列车,由两个名词构成表示一个意义单位的概念,而"广州、哈尔滨"用指两个并列的地点,而非如同列车连起的一条线,是表示两个意义单位的两个概念。连接号和顿号将其区分,正显示了标点的停顿所产生的辨义作用。再看实例:

[1] Да што! — с благородною небрежностью проговорил Илья Петрович (и даже не што, как-то: 'Да-а шат-а!'), переходя с какими-то бумагами к другому столу и картинно передергивая с каждым шагом плечами, куда шаг, туда и плечо.

原译:"瞧您说的!"伊里亚·彼得罗维奇豁达而又随便地回了一句(甚至不是'瞧你说的',而是有些像'瞧—瞧你说哩—哩!')拿着什么公文朝另一张办公桌走去,每走一步都潇洒地扭一下肩膀,起哪个脚,扭哪个肩膀。"(陆永昌用例)

试译:"瞧您说的!"伊里亚·彼得罗维奇豁达而随便地说道(甚至不是"瞧您说的",似乎是"瞧——您说——的哩!"),拿着几份公文走向另一张办公桌,每走一步,都神气地晃一下肩,迈哪边的脚,就晃哪边的肩。

"瞧—瞧你说哩—哩!"反映的是结巴的语气状态,而试译"瞧——您说——的哩!"如实地反映了原文 Да-а шат-а! 对两个词的拖腔拖调,充分地再现了原文主人公说话的神情。

二、汉译组构气息的行与止

从汉译组构的流线型看,语流的主体是行进的,书面上右向推进,行进中不时中断或被打断,就构成了休止,即停止表达,用标点符号标示。这如同音乐上的休止符,是乐谱上标记音乐暂时停顿或静止和停顿时长的记号。

使用休止符,可表达乐句不同的情绪。休止符的命名主要依停顿时间长短来命名,恰如标点符号,尤其是点号依据停顿长短而命名一样。句子类型也将标点与音调密联一起,夸克等人(Quirk *et al.*, 1985:1611)将音律和标点作为与语法、词汇等并列的衔接手段:"有时标点符号与语用、重读、节奏、停顿或是与在话语中用来区别其它韵律特征相联系。"

汉译组构气息的行与止正反映了语言的象似性。亦即临摹性,指当语言表达式在外形、长度、复杂性及其组分之间的相互关系平行于所表达的概念、经验或交际策略。如受经济原则制约,省略号常用于表示引文或列举的省略,不需说的可以省略,不必说的尽量弱化,不愿说或不好说的也可用省略号。(储泽祥,2001)英/俄语三点式省略号译作汉语六点式省略号,几个小黑点,线性排列,虚实相间,时断时连,是点与线的中间模糊状态。省略号的圆点断断续续,正好对应相似于语流的断断续续。比如《乡村爱情》中赵四歪嘴说话结巴,字幕就需要借助省略号:"刘……刘……能,你……你……来……来了。"再看实例:

[2] Что касается меня, то я с этим согласен.
英译:As far as I'm concerned, I agree to this.
原译:至于我,我同意此事。
试译:我嘛,同意这事。

结构"Что касается…, то…"是一种类似于成语的复合句结构,原文中 Что касается меня 形式上是从句或分句,将下一分句的主语 я 在前一分句中重复,有突出的作用,惯常的译法是"至于……,(则)……",带有欧化的特点。其实汉语有相应的表达方式和标点符号可选,如试译更具口语特点。汉语的主谓语间一般不用逗号,若二者都比较长,可加逗号以显其间的停顿,既是生命气息在言语中的映射,更便于阅读时分清句法结构。还有一种,即使主语不长,说话人若要强调主语,也可用逗号将主语与谓语分隔,古已有之,如"青,取之于蓝,而青于蓝;冰,水为之,而寒于水"(荀况《劝学》)。为强调显示停顿,在主语后加"啊""呢""呐""么""嘛""吧"等语气词,则更应添加逗号。

一般而言,标点不构成明显的风格,但某些作家或文学作品会突出使用某种标点符号,形成一种风格。对于某部作品的不同译本,也可借助平行语料库统计各类标点符号的分布,长短句子的数量等,进而鉴定哪个译本更贴近原文的风格。

第二节　标点对汉译组构的重要性

"人们对标点符号的学习、研究与应用远不如对文字那样重视,这在语文教学、写作、翻译、编辑和新闻出版工作中都有所表现。"(林穗芳,2000:1)现行汉语标点绝大多数是 19 世纪末 20 世纪初从西方舶来的。书面语由标点和文字构成,传统认为标点是文字的辅助,可是随着时代的发展,尤其是信息技术时代,各种符号层出不穷,记录语言时,标点与文字同等重要,也成了翻译需要处理的对象之一。

一、汉语的标号与点号

(一)标点符号

标点,即标点符号,是"用来表示停顿、语气以及词语性质和作用的书写符号"(《现代汉语词典》,2012 年第 6 版)。标点符号分点号和标号两类。点号表示书面语言的停顿和语气,分为句末点号(句号、问号和叹号)和句内点号(顿号、逗号、分号和冒号);标号则指标点符号中的非点号部分,即引号、括号、破折号、省略号、着重号、连接号、间隔号、书名号、专名号等。

在文章中常遇到"句读"一词,一般认为,句读指书面语中表示句子之间或句子内部语段之间分界的符号,较专门的定义见《现代汉语词典》(2012年第 6 版):"古时称文词停顿的地方叫句读。连称句读时,句是语意完整的一小段,读是句中语意未完,语气可停的更小的段落。"句读是表示大小停顿的断句符号,相当于现行标点符号中的点号,"句"相当于句末点号,"读"相当于句内点号。

(二)标点与句法的关系

标点是目治符号,其基本功能是辅助文字,表情达意,表示停顿、语气、话语单位的性质和作用及其相互关系,因此与话语的语法逻辑关系基本对应。反言之,语法和逻辑是标点使用的基础,标点基本上反映了话语的意群单位。标点符号虽说不属于语法体系,仅是一种辅助手段,但能在书面上将话语的语法关系形象地标示出来,使人们能清楚流畅地阅读。标点有时是作者精心设计的,抒其情怀,显示语流的生命气息。所以,句法的规范在某种程度上涉及标点的运用规范。

(三)标点与言语的生命气息

标点还是耳治符号,体现话语的基本语调,所以标点还反映了话语的生命气息。标点主要表示语句的停顿,有时也表示句子的语气,同一段话,不同的人会有不同的停顿,也就有不同的语气。可见,语调有时也会决定标点的使用。

标点符号虽说不属于语音学,但与语调有密切关系。比如说语调中语速的急缓,可以决定选用哪一种标点,用顿号和逗号,还是用分号和冒号,都是应该考虑的。梅(May,1997)分析了伍尔芙(Virginia Woolf)的法文译本与福克纳(William Faulkner)的俄文译本的标点符号转换,发现译者采用了明晰化和解释化的策略,使法语和俄语标点符号更加完整、规范、清楚,但破坏了英语实验性的艺术手法。可见标点反映了原文的艺术性。又如鲁迅《少年闰土》中的一句话:

[3] 什么都有,稻鸡,角鸡,勃鸪,蓝背……

词与词之间通常用顿号表并列,此处用逗号,旨在再现闰土向"我"介绍乡下捕鸟时的情景:他绘声绘色,语速缓慢,娓娓道来。而逗号比顿号的时间间隔要长,选择逗号比较适合少年闰土的轻缓描述。

但是,语调不能像语法和逻辑那样对标点的运用起决定性作用,因为语调涉及音色、音高、音强、音速等各种变化,无法一一用标点形式化。教写作的人曾说,怎么说就怎么写,说的生命气息强于写,真要是这样,说写就可以统一。实事是,写的常常比说的复杂,语调不能与写下的文字每每对应,只能是基本或部分对应。写下的文章如能更多地照应说的语言,自然是件好事。

二、标点对汉译组构的重要性

汉外语标点有共性,并不表明外译汉中标点就可以直接对应过去,毕竟决定标点的因素除了逻辑语义之外,还有语法因素、语调因素等。标点的正确使用,有助于准确表达内容,划分结构层次,明确言语语气,对汉译的重要性仍然表现为如下几个方面。

(一)标示汉译语调停顿

无论是讲外语,还是讲汉语,话语流畅,有高有低,有快有慢,有长有短,有轻有重,有续有顿,蕴涵一种情感,成就一定的语调。人们不大可能一口气说出冗长的话而无停顿,所以停顿是语调的一种显著特征。结合林穗芳(2000:38)的总结,停顿可分为四种:第一,因说话换气的需要而产生的生理停顿,例子比比皆是,违反了生理规律的汉译也不少见:"戈尔巴乔夫本人恐怕还不知道他将走多远才能让同胞放弃几十年来的懒散作风和玩世不恭的态度。"(《参考消息》1987年1月有3日)第二,因语言结构的需要而产生结构停顿,如词、句、段之间的间隔;第三,因思维活动而有意安排的思维停顿,如沉吟、犹豫不决等;第四,因突出某个语意而产生的修辞停顿,如"我,还是老意见,支持你们搞革新。"

点号主要表示停顿,根据停顿的长短可分不同的级别,依次为顿号,逗号,分号,句号,问号和感叹号等;冒号表示停顿的伸缩性则较大。(胡裕树,1995:389)生理停顿和心理停顿比生理停顿和修辞停顿用得多,用得活。比较四种停顿,与标点相对应的停顿主要是结构停顿,结构停顿的基础是生理停顿、心理停顿和修辞停顿,是后三者的书面形式体现,但不与其一一对应。

(二)标示汉译语气类型

语调的变化呈现为语气。依据语气,句子可分为陈述句、祈使句、疑问句和感叹句四类。相对而言,陈述句用得最普遍,疑问句其次,感叹句和祈使句较少。翻译中生命气息的休止涉及标点符号的使用,小至位置前后一点之差,如曹明伦(2018)指出翻译中对话体语篇标点符号的位置,一句话末尾的标点应放在引号内,如"鲍勃,到这儿来。";中间有停顿的问句应把问号置于句末,如"你今年多大了,鲍勃?",而非"你今年多大了?鲍勃。"

标示语气类型,常用的是句末标点,如句号、问号和感叹号,分别表示陈述语气、疑问语气和感叹语气,视语气的强弱,用句号和感叹号表示祈使句。语气类型标注不同,有时会产生相当大的差别。有一次,托洛茨基给斯大林发过一份电报,电文如下:

[4] You are right I should apologize.

斯大林解读为:You are right, I should apologize.

托洛茨基原意为:You are right? I should apologize?

斯大林误解了托氏的本意,托洛茨基反而因祸得福,平息了两人之间的争执,避免了一场历史悲剧。(见汪德华,2001)

(三)标示汉译语法关系

与结构停顿相关,标点表示语言单位的语法关系,如顿号表示并列关系,逗号表示待续关系,分号表示既分又合,冒号表示、提示、解释或说明。据孙坤与王荣(2010),1997年马尔姆谢尔(K. Malmkjær)发现安徒生童话的英译本标点符号的使用密度具有由强至弱的阶梯性:逗号、分号、句号,其中逗号最普遍,这与丹麦原文标点符号使用大不相同,更接近英语使用规范。2005年索菲娅(H. Sofia)通过实证研究,得出结论:翻译文本在数量上使用更多的标点符号,标点符号密度提高了,从而把句子变短了,句子总数增加了。相同的语言单位使用不同的标点,语法关系会发生变化。如:

> [5] Don't eat fast.
> 不要吃得太快。
> [6] Don't eat, fast.
> 不要吃了,要节食。

第一句是小句,第二句是复句,中间加一逗点,把原先的一句分成两句。再如:

> [7] I can say to you, without any flattery, that the Chinese way of cooperation is more inventive and fruitful than others.
> 原译:我可以对你说——我这样说没有任何奉承之意——中国的合作方式比别国的合作方式更有特色,更有成果。
> 试译:跟您说(不是奉承),中国的合作方式比其他国家更具特色,更有成效。

梁丽与王舟(2001)认为原句的插入语相当于嵌入主句的小分支,汉译同样可用破折号的语篇功能衔接插入语和主句。不过,更地道的汉译方法是改用括号,更显插入补说之功。

(四)标示汉译语义关系

与思维停顿相适应,顿号、逗号、分号、冒号等标点标示语流中的意群,表明语意的连续性;与语气类型相适应,句号、问号、叹号等标点标示语义的结束,表明语义的完整性。相同的语言单位使用不同的标点,语法关系有变化,语义关系也会发生变化。不同的标点反制语义关系,这一点在翻译中非常明显。比如上面的两个例子,如果说出来,不注意语流的停顿,或者停顿的长短很模糊,就会产生误解,加点不加点,制约了语义。标点不仅对语言作品起到标义作用,对音乐作品也有辅佐作用。再如杨晓静(2011)认为标点符号的转换在以往的翻译研究中通常忽略,没有得到研究者的重视,她将标点符号纳入歌曲翻译研究的视野,是因为点符在歌曲中所扮演的角色除了辅助语言符号更确切地表达意义、标明语符的分段、分句、分行、分节外,还要与音符相呼应,标明音符结构的乐段、乐句、乐节、动机,并对音符的间隔时值进行区分。

第三节　汉外互译标点运用情况

人类思维的共性大于异性，双语交际中话语的逻辑与语义也基本相同，这决定了中外语在标点上以共性为主，异性为辅。共性与异性的比较有助于汉译时各种特点的突出与转化。

一、汉外标点及功能比较

根据 2012 年国家颁布的《标点符号用法》和英/俄语标点的用法，现将汉、英、俄三语的标点的写法与功能列如表 11-1，便于比较。

表 11-1　汉、英、俄部分标点比较

汉语		英语		俄语	
标点	功能	标点	功能	标点	功能
句号 。	用于陈述句和语气舒缓的祈使句末尾的停顿	句号 .	结束一个句子	句号 .	用于陈述句和祈使句末尾
问号 ？	用于疑问句和反问句的末尾的停顿	问号 ？	标示直接问句或引用问句	问号 ？	用于各类疑问句的末尾
叹号 ！	用于感叹句、语气强烈的祈使句和反问句末尾的停顿	叹号 ！	标示带强烈感叹语气的词、词组或句子	叹号 ！	用于具有惊奇、愤怒、赞许、兴奋、肯定、否定等强烈感情色彩的感叹句的末尾
冒号 ：	用在"说、想、是、证明、宣布、指出、透露、例如、如下"等词语后过，表示提起下文；用在总说话语的后边，表示引起下言语的分说	冒号 ：	引起注意	冒号 ：	用于表示下文同上文具有因果性、解说性等意义关系
分号 ；	用于复句内并列分句之间、非并列关系（如转折关系、因果关系等）多重复句第一层的前后两分之间的停顿	分号 ；	连接句子中的句子	分号 ；	用于结构较为扩展的句子成分和并列复句
逗号 ，	用于句内主谓之间、动宾之间、状语后边、复句内各分句之间的停顿	逗号 ，	分开句中的词和词组	逗号 ，	用于分隔各种同等成分和并列复句的各个分句
顿号 、	用于句内并列词语之间的停顿	无		无	

夸克等人在《英语语法大全》(Quirk *et al.*, 1985:2234)中介绍,从美国布朗语料库中以同等比例抽取了总数约为 7.2 万词的语料,得出了八种主要标点的使用频率,统计结果见表 11 - 2。

表 11 - 2　英语标点使用频率

分隔号	逗号	句号	破折号	分号	括号	问号	冒号	叹号
频率	4054	3897	189	163	156	89	78	26

由表 11 - 2 可知,逗号的使用频率在句内分隔号中居首位,句号的使用频率在句末标点中居首位,二者都是最常用的标点。而破折号问世较晚,在句内标点作用中却位居第二。

二、汉外互译标点运用比较

标点在汉外互译中往往发生较大变化,譬如使用种类不同,使用数量不同,使用位置有别,汉语标点的种类、层次和使用数量一般多于外语。林穗芳(2000:132—135)曾做过英汉互译标点运用的比较。下面是以毛泽东《论持久战》片段外译为例作的调查,现摘录其中部分数据,编成表 11 - 3。

表 11 - 3　汉译英/俄标点使用调查

语言　标点	句号	逗号	顿号	分号	冒号	总计
汉语	12	33	6	3	2	56
英语	12	23				35
俄语	13	25				38

由表 11 - 3 可知,汉语标点使用量最大,56 个,种类也最多,用了五种。而英语和俄语标点使用量相差无几。

汉语标点使用量大于英/俄语,有几个原因:

第一,汉语多一种顿号,英/俄语用逗号表示最小的停顿,顿号为汉语所特有,用来表示间歇小于逗号的停顿。即使这样,英/俄译本的逗号也少于汉语原文。

第二,汉语属于分析语,汉字属表意的语素-音节文字,缺少表示语法意义的形态变化或附加成分,汉字等距排列,词与词之间一般不留空分隔,字在书写形式上不显其属上或属下的关系,所以需要使用较多标点。

第三,英/俄语很少在主谓语之间加逗号,而汉语却可以自由使用,或因生理停顿,或因强调停顿,或因结构停顿。

上例是汉译英/俄的例证,下面再请看英译汉的例证。1940 年 10 月 21 日,英国首相丘吉尔向被德国法西斯占领的法国人民发表广播讲话,其英文和两种汉译标点运用情况见表 11-4。

表 11-4　英译汉标点使用调查

语言 标点	句号	叹号	逗号	顿号	分号	冒号	破折号	总计
英语	21	1	35			2	2	61
汉译 1	21	1	48	5		4	2	81
汉译 2	22	2	45	5	1	3	2	80

由表 11-4 可知,两个汉译本标点使用总量比原文分别多出 21 个和 19 个,句末标点(句号和叹句)使用量大体相当,句内标点(逗号、顿号、分号和冒号)相差非常明显,尤其是逗号的使用量汉译均比原文多出十个以上。

第四节　汉译组构标点运用规律

全译的本质,要求依原文特点,如实传达原文生命气息,其中也包括标点。读懂原文的标点,也是译之前提。赵海娟与杨俊峰(2018)将通过标点符号的不规范使用(如省略、添加、叠用等)吸引读者注意、表达特殊意蕴的修辞称作标点形貌修辞,无论是标点的独用、添加叠用,还是不常见标点的使用,都属于对标点常规性的"偏离/变异",属于"突出"语言的行为。在特定的言语活动中,译者有一定的选用标点的自由,如句号与感叹号、句号与分号,逗号与分号、逗号与冒号等,都有两可的选择。但是,如何正确地运用汉语的标点去应对西语的标点,还是有些规范可循。

一、肯定共性,保持标点规范

在标点符号上,汉语与西语既接轨,又保有自己特色。在汉外书面语中,共性最大当数标点符号。汉语本身标点从无到有,从少到多,大部分是后来从西方引进的,但有些是本身创立的,如句号、顿号、专名号、书名号等。这表明外译汉共性是主要的,异性是次要的。有共性,便于遵守,有异性便于创新与引进,创新与引进是在遵守现有共性的基础上逐步完成的。正确地使用汉语标点,将有助于域外思想的汉译,促进中外思想的交流。共性可能是东西方语言与生共有的,也可能是在语言接触过程中相互吸收而成为共性部分的。中西两大语系的标点用法相似,往往不加思考即可对应使用。

五四前后,陈望道积极提倡白话文,最早提倡使用标点符号,倡导横向书写,他认为标点符号作为"文字标识",可助人们理解文字:"文字之标识不完备,则文句之组织经纬时或因之而晦,而歧义随以迭出。而语学浅者,尤非特此为导莫能索解。"他在《标点之革新》文末更是一针见血指出:"标点可以神文字之用。"(转自霍四通,2021)如:

[8] Henry, please! Don't sit on my writing table: you'll break it.

原译:亨利,规矩点!别坐在我的书桌上;你要把它压坏了。(杨宪益 译)

试译:亨利,规矩点!别坐我书桌:你会压坏的。

该例基本是对译,完全照用了原文的标点,因为二者在逗号、感叹号、冒号和句号上的用法相同,语境允许照搬照译。又如:

[9] Now, as the ship lay cleared for sea, the stretch of her main deck seemed to me very fine under the stars. Very fine, very roomy for her size, and very inviting.

原译:现在这条船已卸货完毕,正升火待发,我觉得它那向前伸展的主甲板在星光下显得十分好、宽阔并且很有吸引力。(熊文华用例)

试译:现在船已卸完货,正升火待发。繁星点点,主甲板向前伸展,在我好看极了。十分好看!十分宽阔!十分诱人!

熊文华(1989)认为 very inviting 孤立地看,语义上既可描述 ship,又可描述 main deck。为避免歧义,翻译时延伸了主谓关系,出现了原译。其实,前一句有 very fine 描述 main deck,后一句只是顺势补充描述 main deck,这是通过相同词汇而产生的语篇衔接,后一句具有一种惊叹的意味。试译依照原文的形式译过,传达了原文的气势。不过,标点有所改变,如最后一句译成了三句,且用三个感叹号,将原文陈述句表达的感叹之意更加显化了。再如:

[10] Oh, you mean Jane, I suppose, because he danced with her twice. To be sure, that did seem as if he admired her. Indeed, I rather believed he did. I heard something about it. But I hardly know what — something about Mr. Robinson.

原译:哦,我想你是说吉英吧,因为他跟她跳了两次。看起来他是真的爱上了她呢——我的确相信他是真的——我听到了一些话——可是

我弄不清究竟——我听到了一些有关鲁宾逊先生的话。（王科一　译）

　　试译：哦，我想，你说的是吉英吧，因为他俩跳过两次舞。他好像爱上她了，我看是真的，听到一些闲话。但是，有关鲁宾逊先生的闲话我弄不清究竟。

　　保持原文的标点，也就保留了原文的句法关系，试译如实译出了原文的标点，而原译无端地给原文加上了破折号，一共四个，比操印欧语的人更要形态化。因为原文的语境如下："我"（班纳特太太）听卢卡斯小姐说彬格莱真爱她的大小姐吉英，激动不已，想探个究竟，但又不好直问，一激动就吞吐起来：to be sure、did seem as if、indeed、rather believe he did、hardly know what 等言语片段，反映了她激动的心情。而王科一的译文另用汉语并不常用标号（即破折号）标明语音急促，并不恰当。

二、区别中西，力避标点照搬

　　肯定共性，实际上是理解了标点的实质。标点规则与语义和语法虽说有关，但不一定非得受之束缚，作者使用标点有一定的自由，比如说表示句间停顿，西语中逗号、分号、破折号等均可以使用，有的还偏爱某一种标点。

　　（一）找到明显的差别，以求变通

　　照文移译，当然最为理想。但双语标点运用规律毕竟有距离，有差别，所以，有时不必囿于原文标点，要顺应汉语的标点习惯，有所变通，有所改造。如：

　　[11] "For then," he said, "we shouldn't, should we? quite know what to do."

　　原译："因为那时，"他说，"我们不应该，对不对？完全知道怎么办嘛。"

　　改译：他说："因为那时我们不太可能知道怎么做，对不对？"（熊文华用例）

　　试译：他说："因为当时，我们不太知道怎么办，是不是？"

　　原文录自真实的口语，标点使用和分融方式都显得不规范。原译未成句，改译改变了原文的意群切割方式，试译则进一步作了变通。再如：

　　[12] Кто виноват из них, кто прав, — судить не нам.

255

原译：他们之间谁是谁非——不应当由我们来评断。（童宪刚　译）

俄语两种标点符号连用，叫复合符号。上例原文用了逗号和破折号，旨在强调从句 судить не нам 的内容，将其提至主句之前。汉语没有这种用法，原译将原文的破折号移植过来，不太合适。在句序上可以保留原文从句在前，主句在后的结构，中间可加逗号，也可以不加，加则成复句，不加则成单句，原先的从句成了话题，话题前置便是一种强调手段：

试译 1：他们谁是谁非，不应由我们评断。
试译 2：他们谁是谁非不应由我们评断。

（二）找到细小的差别，以求微变

现代英/俄语破折号经常代替逗号，分隔作用比逗号在视觉上更明显，如果搬进汉译，视觉上产生的分隔作用比英/俄语更明显，所占空间更大，因为汉语的破折号比英/俄语的破折号长一倍。如：

[13] Что ты не виноват — это мне давно и хорошо известно.
原译：你没有过错——这一点我早就知道了。（童宪刚　译）
试译：你没有错，我早就清楚了。
[14] Стоит ему оступиться — и смерть неминуема.
原译：他只要一失足——就免不了一死。（童宪刚　译）
试译：只要一失足，他就难免一死。

例中的破折号均应换作汉译的逗号。前一例从句提前，利用外位结构强调了后者的内容，二者用破折号分开。后一例用破折号，以表示较长的停顿。但汉语两个小句构成复句，直接用破折号连接的情况极为少见。

相对而言，分号比逗号的分融时间要短，逗号比句号分隔时间要短，一句之中，如何调用三者，也是译者要关注的。如：

[15] They are like street cars running contentedly on their rails and they despise the sprightly flivver that dashes in and out of the traffic and speeds so jauntily across the open country.
原译：这些人犹如街上的有轨电车，满足于在自己的轨道上运行；而对于那些不时出没于车水马龙间和欢快地奔驰在旷野上的廉价小汽

车却不屑一顾。（叶子南　译）

　　试译：这些人犹如街头有轨电车，满足于沿轨行驶；对穿行于大街小巷和驰骋于广袤田野的廉价小车却不屑一顾。

　　原文是并列复句，一气呵成，汉译却不能如法炮制，但可用一个间隔时间较短的分号从中将句子一分为二，前半部分又用逗号将两个小句分开。这样译文显得有条理，有层次，也基本反映了原文的语势。

　　（三）找到文体差别，以求发挥汉语优势

　　标点在使用上具有明显的文体差别，比如汉语文学作品多用短句，也就多用句内标点，标点用得比科学文体要多；再如问号、叹号和省略号在法律、条例等公文中一般不用。在许有江(1997)看来，书面语是无声的，不像口语那样凭借语调、重音和节奏等手段表达特定的情态。翻译时常需要变换句式，灵活使用标点符号（如叹号、问号、破折号和引号），以再现原文含义和情态。如：

　　[16] I invite heads of companies, editors of magazines, politicians, Broadway producers, artists, writers, economists, photographers, scientists, historians — a mixed bag of achievers.

　　原译：我邀请的人有各界的成功人士：公司老板、杂志编辑、政治家、百老汇制片人、艺术家、作家、经济学家、摄影家、科学家、历史学家等等。（汪福祥、伏力　译）

　　最后的 a mixed bag of achievers 如果译作"成功者的荟萃"，就很拗口。它实指前面提到的十种人，是十个名词的同位语。a mixed bag of achievers 这个同位语离谓语 invite 太远，整句若译成"我邀请的人有公司老板、杂志编辑、政治家、百老汇制片人、艺术家、作家、经济学家、摄影家、科学家、历史学家等各界的成功人士"，全句前后照应就有些吃力。况且，汉语习惯先总结，后详叙，因此对原来的语序应作适当的调整，将 a mixed bag of achievers 调至谓语之后，再将每种人逐一列出。原译使用了冒号，使长句变得节奏，但还不够简洁，可改为：

　　试译：我邀请了各界成功人士，有公司老板、杂志编辑、政治家、百老汇制片人、艺术家、作家、经济学家、摄影家、科学家、历史学家等。

　　原文表示句中停顿全用逗号，试译转用顿号和逗号，在时间间隔上显出了差异,原文的破折号则消失了。

三、依据文气,辖制句中标点

文气时时会辖制标点的标立。常说译文醋畅,指的是文气醋畅。什么是文气? 文气是文章的气势或脉络。气势与译文的语气相关,当然,译文所反映的应该是原文的气势,但汉外语反映气势的手段不同,行文的节奏又与标点密切相关。有时加一标点,能显现原文的节奏,有时换一标点,能调整汉译的韵律。如叶圣陶在《潘先生在难中》一文标点的修改:

[17] 原稿:他心头突然一沉。似乎觉得最亲热的一妻两儿忽地乘风飘去,飘得很远,几至于渺茫。

改稿:他心头突然一沉,似乎觉得最亲热的一妻两儿忽地乘风飘去,飘得很远,几乎至于渺茫。

"一沉"之后句号改为逗号,使前面的主语"他"顺延下来,句子结构完整,前后语义衔接紧密。再看汉译:

[18] What I dreaded was that in some unlucky hour I, being at my grimiest and commonest, should lift up my eyes and see Estella looking in at one of the wooden windows of the forge.

我最害怕的是,在某个不走运的时候,当我一身污秽,一脸粗俗的时候,一抬头,只见埃斯特拉站在铁匠铺的木窗朝里面张望。(毛荣贵用例)

试译:每当我时运不佳、一身污秽、满脸粗俗的时候,一抬头,就能瞥见埃斯特拉正透过铁匠铺的木窗,向里探望,我就不寒而栗。

原文由 What I dreaded 引入一个情景:每每"我"时运不佳、形象不佳的时候,只要我一抬头,就能看到一双……原文写得有起有伏,读 should lift up my eyes and see Estella looking in 时,前后两个动词短语尽管有 and 一词相连,实际上前一短语的语调可用升调,后者则用降调,一直降到底。译者没有将 and 译作"和"之类,代之以逗号,读之一顿,上口,有了节奏,正把握了原文文气的跌宕之处。为了显示原文的气势,还可改为试译。又如:

[19] Когда состоится заседание месткома и какова повестка дня?
原译:地方委员会会议什么时候召开? 会议的议事日程是什么?

试译:地方委员会何时开会? 日程是什么?

原文 и 连接两个疑问句、祈使句和感叹句时,之间不用逗号分开。这一句法规则汉译里无法对应转换,上例不能译作"地方委员会会议什么时候开和议事日程是什么?"因为它只是再现了原文的词序连接词的形式,并非真正从本质上再现原文的文气。原文是两问合为一问,汉译只有重复使用问号,将原句译作句群,才能显出连续追问的语势:先问何时开,再问讨论什么。

四、句中添加标点,语境消歧

汉译时标点的转化需要视听结合,多半要从听的角度思考,其次结合读的角度,耳治与目治合一,才有产生最佳效果。汉译时增设标点是对译之外采取较多的措施。有时原文的歧义据语境理解了,汉语可以力避歧义,最好的手段就是适当增添逗号,句子便意清顺畅了。汉字书写字字紧跟,有时语素、词、词组等单位界限不清,易生歧义,此时只有借助标点。如众所周知的"下雨天留客天留我不留",是逐客令还是留客令,就看你如何断句、书面上如何加点号了。看例:

［20］不过二十多年的优越生活他享受得够了。(《书的夜话》)

句中"不过二十多年"有两种读法,一种是"不过"后略作停顿,另一种是连读。前一种在"不过"后添逗号,即可避免连读误解。再看译例:

［21］Bradley, a former senator from New Jersey, underwent hospital treatment for the condition last month. On Friday he was asked to explain his condition by a member of the audience following his speech in Muscatine.
上个月来自新泽西州的前参议员布莱德利因心律不齐而入院接受治疗,而星期五,当他在穆斯凯丁演讲完后,有一听众要求他讲讲自己的身体状况。(毛荣贵用例)

第一句在汉语中有两解:1)前参议员是上个月从新泽西州来的;2)上个月,来自新泽西州的前参议员……根据语境,第二解是真解。要消除歧义,可在"上个月"后面加一逗号,也与后面的"星期五"形成时间对照。

259

试译:上个月,来自新泽西州的前参议员布莱德利因病入院,而星期五,他在穆斯凯丁演讲,有听众要求他讲讲身体状况。

五、多用汉语标点,保持句法常态

汉语常态之一就是多用短句,句内标点用得比西语多。汉字既是目治的文字,又是耳治的文字,汉译句子可以充分考虑视听结合的效果。口译或在译口语材料、戏剧作品以及新闻报道时,不仅要照顾目治特点,还要照顾耳治。笔译若兼顾目治与耳治,自然求之不得。

先说多用标点。英/俄语用相应词汇手段和标点符号表达停顿,翻译时要考虑到原句的特点,兼顾汉语的标点使用特点,灵活变通原文表达停顿的词汇手段和标点手段,以适应汉语的常态。比方说,表示最短的句中停顿,可改用汉语的顿号,甚至是不用标点,如"东南西北中"。看实例:

[22] The stars and the earth and the blades of grass and the trees and the wind and the clouds and the shadowy patches of darkness and light — the wise earth said it was not wrong.

原译:群星、大地、草叶、树木、风、云彩,明暗斑驳的智慧大地,它们都说没错。(史津海 译)

试译:群星与大地、草叶与树木、轻风与云彩、光明与黑影,智慧大地的一切都说没错。

原文短短一句,竟用了七个 and,and 在句中有停顿的功能,不过原文尽管都用 and 相连,还是有层次区分的,基本上是按范畴划分语段:the stars and the earth ‖ the blades of grass and the trees ‖ the wind and the clouds ‖ the shadowy patches of darkness and light,一对一对地,每个成对的试译语段有两个概念,两个概念之间不再用标点间隔,而是用连词"与"字相连,其间隔比标点更短。四对范畴的罗列与总括词 the wise earth 之间的破折号可以保留,也可用比顿号间隔长一点的逗号表示,且可用总括词"一切"与前面关联起来,这样,试译就比原译显得有节奏,有层次。

再说多用短句。英/俄语句子普遍长于汉语,用汉语常态的句子形态去换英/俄语常态句子,考虑汉语固有的句读,必然涉及标点,尤其是句内标点的运用。如:

[23] A man that is young in years may be old in hours if he has lost no time.

原译：一个在年数上幼小的人如果他没有浪费过任何时间就可以在钟点数上是老大成长的了。

改译1：一个按年数还幼小的人，如果从未浪费过任何时间，按小时数就可算是老大成长的了。

改译2：人若未尝虚度光阴，则计其年月虽犹稚幼，计其时刻已堪称老成矣。（朱文振　译）

改译1是现代白话体，改译2是文言体。原译依原文句子结构，译得冗长饶舌。从1到2句读之间的字数越来越少，靠的就是句中两个逗号的分隔作用，才保住了汉语句子组构的常态。

六、显化生命气息，反映话语节奏

汉语的结组之法，本质上是一种声气之法。申小龙（1995：253）认为，句子的节奏同人的呼吸是相应的。如果句子的节奏同呼吸不相应，就不好念，也往往就不好理解。音节、气韵是由言语表情达意，通过唇吻而产生的自然现象。可见，控引情理与开阖自如是浑然一体的，情韵的表达与句法的长短天然相依，这就是汉语句法的声气内涵。

标点所起的停顿作用之一是生理停顿，它反映的正是话语的生命气息。标点的使用和语调的停顿直接对应，选用的标点数一般少于语调的停顿数。在能用标点标示的地方用标点，也就能尽量显示话语的律动，让读者感受到话语生命的节奏。如：

[24] Some people believe that I — and the 50 percent of Americans who take vitamins — are the dupes of the $4 billion a year supplement industry. They say a balanced diet contains all the nutrients we need.

原译：有些人认为，我和其他百分之五十服用维生素的美国人是受了年产40亿补品的工业部门的骗。他们说营养平衡的饮食含有我们所需要的全部营养。

原文从语表上有两个醒目的分隔号，即成对破折号。原文所反映的生命气息是这样的：先说出 I，这时可能突然想起还有 50％的美国人，有点像临时插入的旁白,不像深思熟虑过的,多少带有口语色彩。结合这一分析,原文的节奏大致可分为:Some people believe that→I→and the 50 percent of Americans→who take vitamins→are the dupes→of the ＄4 billion a year supplement industry→They say→a balanced diet contains all the nutrients→we need。当然,说话的切分、停顿和节奏不一定对应于标点的标设,但能对应时尽量对应,尤其是书写口语。例中 that 和 who 分别用逗号代替,将语义层次通过语形上的停顿、文字上的标点符号展现出来。据此,上述译文可以改为:

试译:有人认为,我,还有一半的美国人,服用维生素,都上了补品业的当。补品业年产值达 40 亿美元,对外宣称营养平衡的饮食含有人体所需的全部营养。

再看下面俄译汉例子。原文前句用了三个动词,并用 и 相联,但表达的还是三个短促的动词,连词 и 也只是表示一种停顿,原译用"饮酒、争辩和出声大笑"表达,韵律上拖沓无力,显不出男人们相聚的生活节奏,更与后句的喜气洋洋不协调。试译就调用了四字格,激活了原文的生命气息。

[25] Мужчины пили, спорили и хохотали, — словом, ужин был чрезвычайно весел.
原译:男子们饮酒、争辩和出声大笑,总之,晚餐上是喜气盈溢。
(童宪刚　译)
试译:男人们开怀畅饮,你争我吵,哈哈大笑,总之,晚餐吃得喜气洋洋。

七、引进标点功能,丰富汉语表达

标点的使用与使用者关系密切,尤其是文学创作。作家有个人的创作风格,最终也会落脚于标点。以俄苏作家为例,莱蒙托夫爱用省略号,屠格涅夫爱用分号,高尔基和阿·托尔斯泰爱用破折号,常用它代替冒号、逗号,或突出某个词。看下面的译文:

[26]我将按照我的条件做这些事情:第一！佛斯科夫人和我无论什么时候要离开这所房子就离开。第二！……第三！……(转自林穗

芳,2000:54)

三个用叹号的地方一般用逗号。用叹号,是为了突出说话人喜欢夸张的性格。最突出的例子是高尔基的《海燕》,几百词的诗,却用了十一个破折号,戈宝权全盘照译,曾引起国内学者的关注。再如某些标点符号的连用现已广泛用于汉语,最典型的就是问号与感叹号的连用。如:

[27] «Это я разве сдулал?!» — закричал он.
"这难道是我干的吗?!"他喊叫起来。

汉译照用了原文句末连用的问号和感叹号,表示一种特殊的感情色彩:问中带叹或叹中有问。问与叹中,以问为主,以叹为次。

古文很少用标点的,近来从西方文学翻译中引进了一种无标点文字,主要出现在现代派作品中。如爱尔兰詹姆斯·乔伊斯意识流代表作《尤利西斯》,全书十八章,最后一章40余页通篇不用一个标点,不断句,模仿意识流程,描写女主人公莫莱睡意蒙眬的情态。现选取片段。

[28] ……那天我们躺在霍斯头的杜鹃花丛中穿着灰色的苏格兰呢戴着他的草帽那天我想法使他向我求婚是的我先是把那快香子饼从我嘴里送给他那年和今年一样是闰年十六年了天哪在那个很长很长的接吻以后我差不多喘不过气来是的他说我是山中一朵花是的我们是花朵所有的女人的身体都是那就是他这辈子讲过的一句真话今天太阳是为你而发光的那就是我喜欢他的缘故因为我知道他明白或感觉得到女人是什么我知道我永远在他身旁我要把我能给予的一切愉快都给予他引着他走一直到他要求我说同意我起初将不回答只是看着海洋和天空我正在想的事情是这么多他不知道关于麦尔维还有斯坦霍普先生还有赫斯特还有父亲还有老船长格鲁佛斯还有水手游戏所有的鸟儿都飞翔我说把腰弯下来把碟子洗干净他们在码头叫他司令官房子前面的卫兵在白色的头盔上戴着头巾笑还有她们的长梳子还有早上的拍卖希腊人犹太人阿拉伯人还有鬼知道什么人来自欧洲各个角落和丢克街家禽商店在外面咯咯咯地叫拉比萨隆斯和可怜的毛驴不知不觉地已经一半睡着了那些发呆的家伙穿着斗篷睡在台阶上的阴影中还有牛车的大轮子和几千年的老城堡老的是的还有那些穿白衣服戴着穆斯林头巾的漂亮的摩尔人像帝王一样要求你在他

们的铺子的那一席之地坐下还有朗达在旅馆的古老窗户前晃过一眼躲在格子后面等着他的恋人来吻这块铁……

八、以点号为主，辅以标号

点号有顿号、逗号、分号、句号、问号、叹号、冒号等，表示语流的种种停顿。标号有破折号、括号、省略号、书名号、引号、连接号、间隔号、着重号、专名号等，表示词语或语句的性质与作用。问号与叹号兼属标号：在句末为点号，表示停顿；同时为标号，表示句子语气结束。整个汉译应该是点号为主，标号为辅。标点的规范汉译自然在标点范围展开，而有时必须辅以一定的标号，才能把译文整理得清清楚楚，文从字顺。如：

[29] "Everything becomes exaggerated this time of year — it's like cramming for a test, where people are trying to be sociable, to do a lot of entertaining, to get things done in a couple of seeks which they might want to do all year long." said Winters.

原译："每年的这个时候，每一件事情都似乎被'绷紧'了，就像为应试而作填鸭式的用功。此刻，人们都变得好交际起来，进行大量的娱乐活动，在一两个星期内做完原来要花费一年的时间完成的事情。"温特说。（毛荣贵用例）

试译：温特说："每年一到此时，一切都像'赶场'，仿佛为备考而临阵磨枪。人们开始广泛交际，大行娱乐，一两个星期要做完一年的事情。"

原文 exaggerated 本义为"夸大的；言过其实的；被夸张的"。译者译作"绷紧"，用引号将其形象意义突出，将原语词的内涵通过标号标示出来，引起汉译读者的注意。将 cramming 译为"作填鸭式的用功"，存在矛盾：填鸭式往往指教师的行为，而用功指学生的行为，两者刚好对应，不能互为修饰关系。原文并未指明是教师还是学生的行为，所以可作两解，取教师角度，可译作"满堂灌"；取学生角度，译作"临时抱佛脚"，又归化过度，在此取后者为宜，译作"临阵磨枪"。再看一例：

[30] This calls into question all of our assumptions that gay men are feminine.

原译：这就使我们的"男同性者女性化"的全部设想受到了质疑。（毛荣贵用例）

试译：这样，我们对男同性恋都女性化的所有假设就受到了质疑。

原文的定语从句与被限定语是解释关系，有 that 引导，逻辑关系非常清楚，可汉译为定中短语"我们的男同性恋者女性化的全部设想"，但读起来有些夹缠，需要多读一遍才能弄清。译者将从句内容用引号加以标示，使短语的定中关系一目了然，读起来主次分明。不过，该从句不长，不用引号也能明了。再看两例：

[31] The researchers then examined cells extracted from the hippocampus, a brain region vital to memory and learning. In rats, cells in the hippocampus are furiously connecting in the first days of life.

原译：接着研究人员检测了取自海马（一个对记忆和学习至关重要的大脑部位）的细胞。在老鼠身上，海马细胞在生命的最初几天里迅猛相连。（毛荣贵用例）

试译：接着，研究人员检测了海马（记忆和学习不可或缺的大脑部位）细胞。老鼠出生后最初几天海马细胞会迅猛结缔。

该例译者充分利用了括号的注释作用，将 hippocampus 的同位语 a brain region vital to memory and learning 置于括号内，用作注释，阐明其内容，相当于科学定义，从汉译形式上厘清了原文的层次关系。

[32] The discussion implies that if every valuable (meaning scarce as well as desired) resource were owned by someone (the criterion of universality), ownership connoted the unqualified power to exclude everybody else from using the resource (exclusivity) as well as to use it oneself, and ownership rights were freely transferable, or as lawyers say alienable (transferability), value would be maximized.

原译：这一讨论表明，如果任何价值的（意味着既稀缺又有需求的）资源为人们所有（普遍性，universality），所有权意味着排除他人使用资源（排他性，exclusivity）和使用所有权本身的绝对权，并且所有权是可以自由转让的，或像法学学者说的是可以让渡的（可转让性，

transferability)，那么，资源价值就能最大化。

改译：这一讨论表明，具有稀缺性和需求性的有价资源有以下一些特征：为人们拥有叫作普遍性；所有权排除他人使用资源和所有权本人使用资源的绝对权称为排他性；所有权可以自由转让或法学家所称可自由流通则是可转让性。一旦人们拥有这种资源，就可能实现其价值最大化。（季益广用例）

试译：讨论表明，有价资源不可或缺又为人所需，一旦具备普遍性（为人所有）、排他性（所有权排除他人使用资源和所有权本人使用资源的绝对权）和可转让性（所有权可以自由转让，即法学上的可让渡），就可以实现价值最大化。

原译照译了原文的括号，但整个译文不知所云；改译破除括号，将概括性名词与释义合而为一；试译还是采用原文的括号，只是括号内外的内容做了互调，作为有价资源的属性放入正文，提纲挈领，对属性的释义置于括号内，主次分明，这一调整应该说比原文显得更有逻辑性。试译发挥了原文中括号的功能，但已属创造性发挥，在标点占主体的情况下，充分地运用了标号的功能。

第十二章　汉译组构问题溯因

汉译语言在许多方面有别于本土作品的语言，主要体现为翻译腔和翻译体，二者都是对汉语的偏离或变异。外译汉一般是要求遵循汉语的规范，但是对汉语的偏离屡屡发生，不是犯规，就是超规。如何使犯规得以守规，使超规得以立规，一面保护汉语，一面发展汉语？外语不逮、汉语不济、急于操觚、译法失当和主观因素五个方面是汉译组构产生各种问题的基本原因。

第一节　外语不逮

说外语不逮，似乎不少人不愿承认。译者外语不逮，指外语水平未到达足以翻译的地步，好比是泛读不及精读，精读不及翻译的阅读和理解。每个词似乎明白了，某句式似乎明白，译作汉语却不符合汉语，说明还是没有在汉语参照下真正理解原语。

一、从语表到语表

从语表到语表，指将原语的语表形式换作译语的语表形式。最容易犯的毛病就对原文理解不透，又不敢贸然意译，于是勉为其难，只有照葫芦画瓢，逐词对过，这是外语不逮给人最深的印象，这类汉译现象并不少见。还有一种情形，因为语际的共性多于异性，英语有不少句型结构与汉语差别不太大，以至于可以直译，无须大调。如：

[1] The information went in one ear of Lola and out the other.

原译：这句话从罗拉的一只耳朵进去，又从另一只耳朵出来。（郭富强用例）

试译：这话罗拉一耳朵进，一耳朵出。

[2] He was so angry that he couldn't speak.

原译：他是那样愤怒，以致不会说话。

试译：他气得话都说不出来。

[3] Когда ему было только три года, его отец умер.

原译：当他只有三岁的时候，他的父亲就去世了。

试译：他三岁死了父亲。

例1还只是从语形上理解了原文，并未抓住认知中最简洁的概念网络和意义结构，原译属于直译，且是信息冗余的直译，还可按所理解的事物直陈出来，显示世界图景的简单性。后两例显然是受了英语的连接词 so...that... 和俄语的连词 когда 所引导的复句模式的影响，译者只识其表，未及其里，结果译文洋味十足，久而久之，这种译文也见怪不怪了。比较试译，可见地道汉语的简洁与明快。再如：

[4] She hung by her legs from a peg in the wall, and pretended she was dead.

原译：她把自己的后腿挂在墙上的短桩上，而装着是死的。（周时挺用例）

这是《伊索寓言》的译文。原译"自己""（墙）上""而装着是死的"要么显得多余，要么显得别扭，译者生怕丢掉原文的每个词，对应下来，译得怪腔怪调，与中国寓言语言相比，相距遥远。

试译：她后腿挂住墙上的小桩，装死。

二、由表不能及里

翻译主要受制于原文的语言形式，没有创作自由，有的形式因素想躲也躲不过。不能破解原文的形式，也就不能理解原文内容，只能得原文的形式。

翻译要想译得自由轻快一些，就得深入。只有深入，才能浅出，只有心中有数，笔下才能自由。"原著表层结构与汉语差异越大，译文越要自由，动笔之前越要深入。即使原著寓意乍看很明显，也还是要深入；或许应该说，越是这样越要深入。浅尝辄止，自以为知味，译出来未必像样。"（翁显良，1982）如：

〔5〕Torcello, which used to be lonely as a cloud, has recently become an outing from Venice. Many more visitors than it can comfortably hold pour into it, off the regular steamers, off chartered motor-boats, and off yachts; all day they amble up the towpath, looking for what?

原译：托车罗过去经常像一片云那样孤独，最近却变成了从威尼斯出来游玩的地方。比它能够舒舒服服地容纳的人数多得多的游客涌进那里；搭定期汽船来的，包租摩托艇来的，驾游船来的，他们整天缓步走上那条纤路，找什么呢？

原译受困于原文语言形式，尤其是第二句绝不能耳闻，目读也难。"找什么呢"太对原文，没有显出游客到此一游的真正内涵，整个译文的味没有出来。试读改译，细品其中的味：

改译：托车罗往日寂寞如孤云，近来却成了威尼斯外围的游览点。来客多了，这个小地方就拥挤不堪。搭班船的，坐包船的，驾游艇的，一批批涌到，从早到晚，漫步进村观光。想看什么呢？（翁显良　译）

三、能入但不能出

更有译者外语不逮，遇到繁复的原文，一旦陷入，就不能自拔。而译出的东西，不知所云。译者外语不错，能很好地进入，破解原文形式，但是只能入乎其中，不能出乎其外，能入不能出。比如说，剖析原文语言形式，头头是道，似乎弄明了原文的逻辑关系，其实只是局部清楚，而不能掌控宏观的逻辑关系，也使他跳不出原文的桎梏。其深层次的原因是对中西思维的转换不太了解，受西方思维方式的限制，可用外语思维，但不能很好地用汉语思维。问题还是在原语理解，以及原语与汉语的转化两方面，不能灵活面对原文语言形式及其所反映的思维方式。如：

〔6〕Once the existence of this wave-length had been discovered, it was not long before its use as the uniquely recognizable broadcasting frequency for interstellar communication was suggested.

原译：一旦这种波长的存在被发现，人们提出把它用作星际通讯的、独特的可辨认的广播频率就为期不远了。（张德富等　译）

后小句的被动态处理得不错,前小句则有欧化倾向。所谓"发现",是指"经过研究、探索等,看到或找到前人没有看到或找到的事物或规律:发现新的基本粒子"(《现代汉语词典》2012 年第 6 版)。"发现",是指已然之物,未然之物通常用"发明"。据王灿龙(1998)研究,"发现"进入了无标记被动句双音节动词表,它可以用来表达无被标的被动句。当然,该例还可改为无人称句。

试译 1:这种波长一旦发现,独特可辨的传播频率用于星际通讯就为期不远了。

试译 2:一旦发现这种波长,独特可辨的传播频率用于星际通讯就为期不远了。

这类现象有时也受译者翻译观的影响。由于长期受西方植根于亲属语言转换的"等值""等效"类翻译标准观的影响,中国译者也力求忠于原文,对原文形式了如指掌,有时甚至是过于迷信或迷恋原文形式,甚至是在其面前诚惶诚恐,不能脱壳,不敢轻易变更,深陷其中而不能自拔。

第二节　汉语不济

翻译是表达的艺术,汉语基本功弱的译者,表现为译文成句了,但成活难。钱锺书、傅雷等大家虽经欧风美雨,他们的译作却能欧而化之,其欧化是良性欧化,也是古今中外的大融合。后来有些译者,汉语基本功力不够,词汇不大丰富,句式使用缺少变化,连基本的语感都缺乏。

一、缺乏汉语基本功

汉语基本功,不是仅仅听得懂,说得出,看得明,更重要的是会欣赏,善写作,要有熟练驾驭和自如运用的本领。为此,须大量阅读汉语原著,经常训练汉语写作。有的句子通与不通,简不简练,词语选择妥不妥帖,凭语感就能判断,即使学了语法,仍旧要借重语感。语感实际上是"人与语言这一对象相适应的感觉,是人们直觉地感受、领悟、把握语言这一对象的一种能力、一种方式、一种结构"(王尚文,1991)。请看例:

[7] Then he dumped some gravel in and shook the jar causing

pieces of gravel to work themselves down into the space between the big rocks.

　　原译：然后，他把一些碎石倒入瓶中，晃动瓶子，使得好多碎石自然地下落以填充大石头之间的空隙。（黎芳、武喆　译）

　　原译力求译出数量（some）、目的（to work）、大小（big）等内容，其实说把"碎石"倒入瓶中，自然是"一些"或"好多"；前面说了"倒入瓶中"，后面若能省去"瓶子"，就充分利用了汉语的"承前省"；"使得"的使动意义过重，一种结果关系可以靠前后句义自然连贯；与"碎石"相比，石头自然指"大石头"了，更何况瓶中的石头又能大到哪里去呢？不妨再作修改：

　　试译：他再把碎石倒入瓶中，晃了晃，碎石自然下落，填满了石头之间的空隙。

　　试译更具有描述性，更符合汉语的语感。这种语感的培养有赖于汉语经典名著的阅读。比方说，"嘴甜心苦，两面三刀，上头笑着，脚底下就使绊子，明是一盆火，暗是一把刀，他都占全了！"（《红楼梦》第65回）它用足了汉语句子组构的声气特点，六个短语两两相对，构成句子的主题，末了一句是评论。

　　外汉译者的汉语至少要与外语不相上下，打个平手，最好是超过外语，如果低于外语，就不禁不由地跟着原文走了。译者的汉语水平不高，正如不平衡，一旦受到外语冲击，就显出了窘态，汉语句法使用体系失去平衡，向外语句法妥协，甚至举手投降。

二、忽视汉语特点

　　除了基本功外，中文不济，还指忽视了汉语的特点。这类译者具有汉语基本功，只是在外语面前常忘了汉语的某些特点，甚至是优点。这些特点包括重意合不重形合、多使用流水句、少用关联词、多用短句等。这是主要特点，还有一些特点，如定语以前置为主，但并不排斥后置，如果一律前置，也就会造成翻译腔。范德一（1980）认为："汉语里没有类似英语中定语从句的结构，定语只能放在它所修饰的词之前，而且一般不宜过长，这也给定语从句的翻译带来了困难。"其中第二句话说得绝对，值得商榷，如果把这个观点教给学生，肯定是误导。汉语定语前置是常态，但也有部分可以后置。这一现象自古有之。再拿名词的单复数来说，本不是汉语特别引人注目的问题，

但在翻译的作用下,表复数的"们"的使用得到了加强,即使如此,也并非遇外语的复数就要加"们"。如:

[8] The leaders will be the space settlers themselves.
原译:领导人将是太空移民们自己。(郭建中用例)

原译受原文复数的影响。汉语的单复数很多是同一的,靠语境去理解,并不困难。如果 settlers 要译作"移民们",为什么 leaders 不译作"领导们"。再说,原译加"们"使得语音失调,念起来不顺。就在这句后面不远,就可以读到"太空移民习惯于太空旅行,他们每天都生活在太空旅行中"。当然,此处,并不一定是译者外语不逮,可能是一时疏忽造成的。改译方式有三:

试译1:领导者将是太空移民自己。
试译2:太空移民将自己领导自己。
试译3:太空移民将自我领导。

得原著之意之味,只能算是理解了,能否用汉语表达出来,有时要充分发挥汉语的优势。就一般文体而言,不受形式的束缚,用最适宜的汉语表达方式传情达意,就能获得最佳的翻译效果。所以,一个译者,要充分发挥汉语优势,他必须对汉语言有较深的感悟,从这一点来看,某些译者和未来的译者需要提高汉语的修养。缺乏修养,汉译会相形见绌。看例:

[9] (In the bus station lobby, I looked for signs indicating a colored waiting room, but saw none. I walked up to the ticket counter.) When the lady ticket-seller saw me, her otherwise attractive face turned sour, violently so. This look was so unexpected and so unprovoked I was taken aback.

"What do you want?" she snapped.
原译:……当那位女售票员看见我的时候,她在其他情况下很动人的面孔变了,显出愠怒,强烈的愠怒。这种脸色是那样出乎意外,而且那样无缘无故,使我大吃一惊。
改译:(在长途汽车站大厅里,找来找去就是不见黑人候车室的牌子。我走到售票台。)那位女售票员看见我,原来颇为动人的芳容勃然变色。本无冒犯,因何发火? 我为之愕然。

（"你要什么?"她厉声喝问。）（翁显良　译）

为显示情境,将改译的前后文放入括号。原译受原文形式影响,语表上讲究对应;原译的表达显得形态化,形式丰富而意义松散,只是因了原文优势,而忽略了汉译优势。地道的汉语是洗练的,讲究言简意丰,以少寓多。再看改译,简洁,上口,"原来"与"勃然"相应,把女售票员的芳颜变化活脱脱地对照出来了。"本无冒犯,因何发火? 我为之愕然。"更是改造了原文句子形式,成了汉语的流水句,读来畅快! 翁显良不愧为翻译老手。

三、传达意义无生气

汉语与外语水平势均力敌的译者,翻译起来虽说勉强达意,语不越规,其译文往往语不新鲜,话不活泼。这种无生气的汉译文,也见于受原文或欧化影响颇深的作家。"他是一个画家,住在一条老闻着鱼腥的小街底头一所老屋子的顶上一个 A 字式的尖阁里。"（徐志摩《巴黎的鳞爪》）徐志摩尽管用"的"不多,但多层定语太多,一个锁定一个,层次繁复,读得喘不过气来。长句不说,仅以最简单的英/俄语句子汉译为例。如:

[10] Mother loves son more than father.

俄译:Мать любит сына больше, чем отец.

原译 A:母亲爱儿子多于父亲。

原译 B:母亲比父亲更多地爱儿子。

原译 A 和 B 中国人不常说,或不地道,或太文绉;原文说父母的爱只有程度的差别,可用"X 比 Y 更 V"的句式将原文的比较程度表现出来。简洁说法是:

试译:母亲比父亲更爱儿子。

再看稍难的例子:

[11] She liked to be with him better than with others.

Она любила бывать с ним больше, чем с другими.

原译 A:她欢喜和他在一起,并不那样欢喜和别人在一起。

原译 B：她欢喜和他在一起，胜过欢喜和别人在一起。

原译 C：和他在一起，比较和别人在一起，是她更加欢喜的。

试译 1：她喜欢和别人在一起，更喜欢和他在一起。

试译 2：她更喜欢和他在一起。

原译 A、B、C 听起来没有中国味，原译 A 虽然诮出了比较程度，但说得啰唆；原译 B 形式切合原文，但不活泼；原译 C 不是中国话，听来别扭。与上例相比，该例的比较对象内容多了一些，用"X 比 Y 更 V"句式已容纳不下，得用"V，更 V"的比较句式，如试译 1；甚至是只用一"更"字，便能蕴含或暗含"喜欢和别人在一起"，如试译 2。

第三节 急于操觚

急，要分两面看。一是翻译类型的性质本身就急，如新闻快报；如口译，尤其是同传，容不得多思考，本身就是急就章，译得好坏，在于同传训练的功底如何。还有一种急是不当的急，是译者急功近利而不愿沉心译事，不愿反复读改而草草交稿。

一、急于下笔

理解不够，阅读的单位限定过小，多半在句内，未读全句全段全篇，就贸然下笔，仓促译下，有时如同声传译似的，没能自上而下、自下而上地来回理解，最终又未多作修改，就匆匆交出译稿。

翻译时时急天天急，要数新闻媒体了。每天电讯雪片似地涌来，大量挑选，大量译出，只要比较《参考消息》和《人民日报》，不难看出二者汉语句法的异同，所以新闻界的汉译对汉语表达的影响越来越大。造成新闻急件汉译欧化的原因有三：

一是洋腔洋调明显。电视和广播，尤其是电视，分秒必争。迅速、简洁、正确、客观、普及，这些都是新闻之美。新闻文体，平易清畅就已称职，应该尽量使用白话。可是我们的新闻文体已沾染洋腔洋调。余光中（2002：52）说得一针见血："文坛和学府的洋腔洋调，来自外文书籍的翻译；报纸的洋腔洋调，则来自外电的翻译。翻译外电，为了争取时间，不能仔细考虑，如果译者功力不济，就会困在外文的句法里，无力突围。"

二是用词用句累赘。译者无空琢磨，遇着原文的形式就顺下来，成句即可,虽然不难理解,却不太可读。即使是简单句,也弄得复杂得很。譬如说长句,读报谁能慢慢分析欧化长句的结构?看电视,谁能去前后反复去揣摸?"我认为,报上的文句,如果要读者重读一遍才能了解,就不算成功;如果竟要再三研读才有意义,那就是整个失败了。"(同上:54)面对这种复杂的长句,译者实在不必拘泥原文的结构。他不妨把长句拆散,然后重装。富有翻译经验的人,也许还能猜出原文的结构,可是一般读者,便只剩茫然了。

三是古今中外杂糅。正因为是急件,译者一面要译得快,还想力求译得简,于是,句法是欧化的,用语往往是文言的。句法欧化,因为译者的功力无法化解繁复的西式句法,只好依样画葫芦。用语太文,因为译者总想文言比较节省篇幅,同时节约时间,文不文,白不白,结果就夹杂了。

二、急功近利

急功近利,指译者要在较短的时间内获得成效或利益。据笔者所知,一部国外畅销书到手,三五人甚至更多的圈内朋友一人一章,匆匆译出,无暇互校,赶紧送交出版社,出版社完成编辑工作,就下了印刷厂。急功近利的翻译建国前就有,当时许多从译人员迫于生计,把翻译当作赚取稿费养家糊口的手段,计时快译,计时计件的翻译时常发生,不讲译德,译出一些死的说不出的句子,那是屡见不鲜的。时至今天,这种现象虽不常见,却也存在。

中央电视台 2003 年 12 月 12 日"为您服务"栏目专门讨论了"翻译质量"问题。讨论了几种现象,其中就有急功近利造成的不规范问题。畅销书译得快是出问题的关键。据首都师范大学张卫族教授统计,畅销书《杰克·韦尔茨》共 400 页,翻译硬伤就有 700 多处。再如我国每年出版科技翻译图书 7000 余种,有严重的质量问题。如《时间简史》,差错百出,如译名不统一、句子丢失等。

种种问题的出现,除了部分译者水平不高外,还有些书商为了降低出版成本,用低稿酬物色在校研究生,更有甚者让在校本科生操觚译书,导致质量严重下降。上述节目中有位大学生译者说,时间紧,任务重,有时只有查词典,"强译"抢译。中国译协副会长尹承东说:大学生不宜翻译,他们还只是外语学习者。此话有理。因为他们双语使用的水平还不很高,处于学习阶段,语言使用时常不规范。

这种急功近利的现象与责任编辑也有关,节目采访中信出版社《杰克·韦尔茨》的责编,她说:编辑工作只是做出版加工,不做校对,译责自负。这种现象对社会贻害无穷,有人已拿起法律武器,痛击这种急功近利的翻译现象。如《钢铁是怎样炼成的》电视剧受欢迎之后,小说有人迅速译出,但译本有 6000 多处错误,为此一位教授起诉,出版社败诉。

第四节　译法失当

译法失当指翻译策略和方法的选择不当,如第二章所述,译法选择直接影响汉译组构的优劣。译法失当具体指:当意译时不意译,直译不当成硬译,直译选择欠慎重。

一、当意译而不意译

意译不拘泥于原文的形式,可解决译语与原语形式的矛盾,强调原文的意义,灵活地将其译出。外译汉,意译占较大的份额。当意译时不意译,汉译的形合因素增加,导致直译的成分加大,而直译往往有悖初衷,言不达意,译得生硬。如:

[12] Their strength lay only in the lack of consciousness on the part of the people.

硬译:他们的力量仅仅在于人民这方面缺乏觉悟。

这一句倒是不长,但译者简单地采用了直译法,句法符合汉语,但是意思不明了,不准确。众所周知,直译的终极目的也是读者能懂,不懂是否定直译的试金石。如果原文并无独特的形式风格,可用汉语固有表现法,又何必外求,何苦硬译? 上句可译为:

意译:帝国主义之所以显得强大,只因为人民还没有觉悟起来。

(黄邦杰　译)

试译:他们强大,只因部分民众尚未觉悟。

改译用一对关联词"之所以……是因为",显示了原文的因果关系。同时原文的 part 没有译出,还应改为试译。同理可析下一例:

[13] The boulder was so large that it could not be moved out whole. First it had to be blasted into small pieces.

原译:石块那样大,以致不能把它整个挪出去,必须先把它炸成小

块才行。(吴炜彤等　译)

　　试译:石块大,挪不出去,得炸碎才行。

二、直译意译欠结合

　　直译不行时,便转向意译,但也有转向不灵的时候,还得硬着头皮直译。这种窘境连大学问家大翻译家季羡林(1951)也感叹过:"在把外国文译成中文的时候,原文句子一长,副句一多,立刻就来了困难。不拆散吧,译成中文,句子太长,不容易懂;拆散吧,又与原文神味不合,左思右想,总是没有办法。"请看例:

　　[14] Surviving in the jungle is a science. The jungle peoples have become perfect in this science, and you can too. Learn as much as you can about what to expect in the jungle. Make sure you have the right equipment. Then no part of the jungle will seem completely unfriendly or frightening.

　　原译:在丛林中活下来是一门科学。对这门科学丛林地带的各族人已日益精通,你也能精通它。尽可能多了解丛林中会发生的事。你必须保证做到有合适的装备。那么丛林似乎就没有什么不友好的或是可怕的了。(吴炜彤等　译)

　　试译:丛林求生是一门学问,丛林居民已经精通,你也会精通的。多想想丛林中可能发生的事。如果能确保自己装备到位,对丛林似乎也就无所畏惧了。

　　启用直译法,想创造新的表现法,但也不是随意而为,新句法,要新得有价值,能促进译语的交流,符合基本习惯,满足大众需要,无生硬之感,所表达的意思简单明了。上例原译倾向于直译,过于照顾原文的形式,译文显得过于形态化;试译在直译的基础上倾向于意译,直意结合,显得空灵一些,也更好读。

三、直译不当成硬译

　　费奥多罗夫(Фёдоров,1983:123)将逐字翻译(буквальный перевод)当作形式主义批评:"翻译之形式主义指字面上准确地逐字逐句地传达原文。要么破坏原意,要么破坏译语的正确性,或者兼而有之。"无论国内外,常将直译、死译、硬译、对译混称,有失偏颇。就目前看来,直译仍受争议,而死译与硬译则明显受责。直译与意译已成为公认的翻译策略,是全译二分的结果。如果说直译是全译策略之一,那么,死译是无知之举,硬译是有意为之。

直译有利于丰富汉语的句法,那么直译的选择一定要慎之又慎,在有把握、能对两种语言具有鉴别能力的前提下,觉得原文的确比汉语的表达方式好,才可以直译。否则,虽然不是硬译,但也不是道地的汉语,也就造成不必要的阅读困难。如:

[15] He has an urge to travel.
原译:他有去旅行的强烈欲望。(赵罶　译)

这种译法虽不生硬,但也无引进的必要,如果成立,平时都可以学欧洲人说:"我有一个和你谈谈话的想法,我不知道你同意不同意。"通过类推仿造,会发现许多译法是不能说的,有些说法是欧化说法,不利于交际。原译可改为:

试译:他渴望旅行。

这只是书面译法之一种,如果是口译,还可说:"他想去旅行想得要死了。"出现类似原译的译法,在于译者不善于将短语概念化或词化,即不善于将"有……的强烈欲望"概括为"渴望"。

第五节　主观因素

翻译是件积累经验、凭经验的活动,主观性非常强,主体主观上的种种因素均会影响汉译的效果,这种影响有主动,也有被动的,最终导致汉译组构出现违规或者超规。

一、趋外心理

说外译汉崇洋似乎过重,说"趋外心理"比较恰当:译者有趋近原文形式的心理。笼统地说汉语不如西欧语言,是片面的。但能说汉语是艺术性语言,语义型语言,比较适于文艺抒情;英/俄语是科学性语言,形态型语言,比较适于科学表达。我们钦佩西方语言精确时,西方却羡慕汉语的朦胧,所以翻译文学作品,完全可以发挥汉语的优势,翻译文学作品,可以基于汉语的优势,适当吸收西方语言的优点,但绝不能一边倒,出现如下的译文:

[16] I bought this book (in order) to acquire the relevant knowledge (in order) to pass the interview (in order) to get the position...

原译:我买了这本书,以便获得有关的知识,以便通过面试,以便得到那个职务……(陆丙甫用例)

英/俄语几个目的状语前后相随并不少见,与其用"以便"之类的连词表示目的,将后面的目的逐个译成分句,不如让它们前后顺接来得干净利落。

试译:我买这本书,是为求知、面试过关、求职……

趋外心理深层的原因在于,有的译者极力推崇西方文化,用其价值观衡量自己,其中包括用西方语言观规约汉语。任何语言本来就不是自给自足的,若受西方政治和经济强势的影响,甚至是压迫,所吸收的就不仅仅是西方语言的长处,连同它的短处也吞了下去,把汉语的优势挤到一角,甚至是淡忘了。请看集恶性欧化写作于一身的例子:

[17]民间宗教仪式的复兴表征传统的地方认同对于现代化过程中基层的社会经济合作有下述功能。(《村落视野中的文化与权力——闽台三村五论》,142 页)

[18](人缘)也是社会赖以使社会资源拥有量较多者获得合法性的途径。(同上,206 页)

批评者曹树基说:"我敢断定编辑先生也读不懂这类词句。当编辑们读不懂所编著作的文句时,应该请有关专家来把关,并对那些明显不符合汉语语法规则的词句进行修改,才是一种认真负责的态度。"(见杨守建,2001:172)

二、被迫移植

有趋外心理的人毕竟并不多,译者有时是被迫移植西洋句法。被迫移植显然出于被动,成了无奈的选择,但不管怎样,它还是一种主观接受。被迫移植多少带硬译的特点,是硬译向刻意创新的过渡地带。被迫移植与硬译有程度的区分:一见生疏,二看生硬,三读不通,这便是硬译;一回生,二回熟,三回四回成朋友,这就是移植。有的移植活了,有的夭折了。

盘根错节式的西欧语法与行云流水般的汉语语法必然会发生冲突。那么,译者首先将原文信息解码,经换码成为自由的信息相似块,将它融会于心,然后按译语的表达方式进行编码,这时按照译语民族的逻辑程序和思维时间流程将句序排列,在符合译语表达习惯的同时,尽量照顾原语的表达形式。如:

[19] Чем дальше лейтенант Дрёмов сидел не узнаваемый и *рассказывал себе и не о себе*, тем невозможнее было ему открыться.

原译:……说的是自己的又不是自己的事……

斜体部分原译想模拟移入汉语,译者没法译了,只有硬着头皮译成汉语。被迫移植是硬译与移植的实验室,是试译的地方。一切可能的尝试都在这里发生,硬译大部分因不合译语习惯而被淘汰出局,移植因其不可或缺而保存下来,进入了译语句法体系。可是据汉语思维特点分析,中国读者可能不甚了解。这种形合译文语句生硬,意义不清。按汉语思维,根据深层结构逻辑语义关系进行思维特性转化,似乎应译为:

试译:……把自己当作别人讲……。

还是郭绍虞(1989)说得好,中国人的思维能将错综复杂的事物理出头绪,导出规律,简而化之,然后由简到繁,把握事物。

三、无意而为

不出于特殊考虑,人们是很难去有意做某事的。许多情况在无意中发生。译者更有可能是无意中搬了西洋的句法。当然,其深层原因是习性使然,或者汉语功底不厚,求字面对应比深思熟虑来得要快要熟。西洋句法有不少表达式汉语见所未见,闻所未闻,有的译者因袭前人的译法,有的译者因了自己的经验,驾轻就熟。

一般说来要尊重原语的文化特色,所取法则首先是摹似。傅雷(1984)曾主张"在最大限度内我们要保持原文句法。但无论如何要叫人觉得尽管句法新奇而仍不失为中文",当中文不足以传达原文信息时,他又主张"采用西洋长句"(实可推而广之,包括其它表达法),"为创中国语言,加多句法变化"等。现代汉语有许多新的词语、表达法、新句式和修辞法都是通过翻译而固定下来的。如:

[20] Деревня, и только она, *источала, источит и будет источать* так не прекрасные человеческие качества, как скромность, так тичность…

农村,也只有农村,过去、现在和将来都赐给人们这样的美德:谦虚、委婉……

例中斜体部分表达式为汉语所无,模仿到汉语中,给汉语增添了新的表示法"过去、现在和将来都赐给",这完全是一种异族思维特性的模拟,无意中为汉语输入了一种经济而严密的表达式。

一种汉译组构现象要进入汉语句法体系,有一个渐进的过程。犯规与超规都伴随着这一过程,前者会不断地受到社会和汉语本身的规约,被纳入规范的轨道,后者会不断地受社会和汉语本身的肯定,被确立为新的规范。

四、刻意创新

汉译创新也有主观因素,可称之为刻意创新。有这种意识的人往往是语言学者、作家兼译家、语言意识清醒的翻译高手等。

既然是创新就应该允许失败。刻意创新贵在主动吸收,主动引进。这方面鲁迅等人是典型代表。"两千年来,翻译工作上不断地出现反规范化作用,也不断地受到限制。有不计其数的外国语词和语法,通过翻译工作介绍进来,但是由于长久不能吸收,就不知不觉地淘汰掉了。一千多年前的所谓直译的佛经,以及五四以来的所谓直译的文学书(实际上是死译),到现在都很难找到了。"(董秋斯,1955)这种反规范就包括刻意创新,其中有的进入汉语,有的昙花一现,成了译者的"个人用法",仅存于其译作之中,如果给现代人看,如编入中学语文教材,则需加注说明,以免误导学生。据顾振彪(1993),叶圣陶组织修改《最后一课》,叶老念一句原译文,由法文好的编辑评说译得是否准确,再由大家充分发表意见。句子修改得大致可以了,请普通话好的编辑评说是否合乎普通话的规范。反复推敲之后,最后由叶老定夺。

有一种是必须遵从原文的移植,旨在创新,如诗歌诗行的排列与节奏的移植,以反映原文的风格特色,如智量(1985)"在全部译文中保持了原诗每一节的 ababccddeffegg 的押韵规律,同时,在每一诗行中尽力做到可以读出四个相对的停顿来,用以代替原诗每行的四个音步"。常常需要移植的是原文特有事物形象的保留,有时采用照词翻译的策略,随着加以注释,既传达了原文中的文化形象,又为译语读者理解原汁原味的外来文化设置了缓冲的空间。吸收西欧语法不是不可以,而是要适宜,要看文体特点。刻意创新一旦过度,想着原文处处都是特点,那就会走向反面,成了硬译的帮凶。

第十三章　汉译组构优化基本原则

全译是选择的艺术,是同义表达的选择艺术,旨在选取最恰当的合乎汉语句法的形式。严复之译事三难"信达雅"实为中国文章正轨,写作之道,不过这位翻译大家道出了翻译艺术性之所在,即表达求"雅","雅"即"雅正",即规范。换言之,理解了,转换了,但表达得如何,正可以看效果,正可以见水平。

前面各章就其典型而具体的问题及其对策和原因进行了探讨,在此有必要总结汉译组构优化的原则。一般而言,准确、鲜明、生动既是语言表达的要求,也是语言表达的效果。同样,汉译要信守汉语表达最基本的原则:准确性、鲜明性、生动性。文贵精,不贵多,也就要恰当确切,鲜明活泼地用最少的文字,形象地表达人事风物的特征,具有高度的艺术表现力,如《红楼梦》写"竟是一夜大雪,下将有一尺多厚,天上仍是搓棉扯絮一般",不落俗套。不过,因双语的差异而导致全译转化有时滞涩,还得添一原则,即流畅性原则。

第一节　准确性优化原则

语言表达运用词语、选择句式、选择语气等方面需要完全符合表达的目的,即讲究准确性。阎德胜(1992)认为:写作和翻译中的语言运用都要讲究准确、鲜明、生动、简练,古往今来的作者和译者都是把用语准确放在第一位的,因为准确是调整言语行为的首要逻辑准则。原文多数能符合事实或真情地反映世界,能准确地认识事物,但某些情况下,也有违背事物的特点、规律的现象,除非作者有意如此,否则汉译组构在正确理解原文的前提下也应讲究准确,至少可以追求准确定义、准确着色和准确入境。

一、汉译准确性

准确,即正确合理地表情达意,指能恰如其分地描写人事风物的状态,表达作者的思想感情;所谓"准确",指说写者所择词语的意义与其试图传递的特定的思想感情信息的高度吻合。(王玉仁,2001)何为准确,至今无定论,其边界未确定,对此,拉连科(Раренко,2008)明确表示不应用"逐字译"代指翻译的"准确性",认同"艺术是创造的产物,而创造与机械论水火不容"。笔者认为,具体而言,汉译准确性指汉译时使用贴切的词语,表达明确的概念,构成恰当的句子,作出正确的判断和推理。

汉译的准确性也是如此,要求译文恰如原文一样准确无误地反映它所反映的内容。用词恰当,表意明确,是对汉译质量最起码的要求,要求汉译合语法,通逻辑,切语境。不准确即不规范,滋生歧义,产生误解。全译是同义选择的艺术,汉译首先应善于在汉语同义或近义手段中分清细微的差别,遵循词语的约定俗成,既传达原文的内涵,又让汉语读者能准确理解原文之意。

为了汉译准确,译者常要多次扮演贾岛的角色,演绎"推敲"的故事。苏联卫国战争转入反攻,有位将军向斯大林报告:"敌人撤退了!"斯大林纠正道:"不是撤退,是逃跑!"由"撤退"而"逃跑",点清了战事的变化和敌我的立场。再看例:

[1] The rain now becomes a torrent, flung capriciously by a rising wind.

原译:这时,雨下得简直是倾盆如注,狂风吹得雨水飘摇不定。

试译1:这时,大雨如注,顺风恣意飘泼下来。

试译2:这时大雨如注,顺风恣意地泼了下来。

原译将"狂风"作主语,影响了前后句子的连贯和流畅,没有准确表达capriciously的内涵;试译依然承前句省略主语"大雨",将狂风变成大雨飘泼的助力之一,全句一气呵成。原译为torrent添加了物象"盆",试译1则改为"瓢",均为原文所无。试译2,只用一"泼"字,便更接近原文的朴素了。

二、汉译组构求准确

小句是全译的中枢单位,对词和语有左顾作用,对复句和句群有右盼作用,而组句需遵循语法和逻辑规则,要求表达符合逻辑,词语搭配恰当,关联词缀连正确,概念准确;句子结构完整,判断正确,推理合理。汉译的准确首先表现为词语方面,它是判断或推理的基础。

语言都讲究炼字,有的甚至到了异乎寻常的地步。汉译更讲究炼字,应集汉字的义、形、音于一身,要让平淡的字词产生奇妙的效果。世上佳作多为文字清浅简练之作,"平易近人的语言,往往是作家费了心血写出来的"(刘士聪,2004:194)。翻译同义选择的艺术也主要表现为词语的辨析与选取,常要考虑词义的大小、轻重、色彩、搭配与文体范畴。

(一)准确定义

语言不准确,轻则影响表情达意,重则使人误解,破坏交流。其具体表现有许多,比如义项彼此区分不清、词的分类不清、上下位概念错位、语义搭配不当、构句不完整等,其最基本的要素涉及词语表达的准确。原文要素若不准确,全文翻译也会不准确,比如尼古拉耶夫和什韦佐娃(Николаев,Швецова,2014)通过研读翻译手稿,明显地发现莱蒙托夫所译的海涅诗歌偏离了原作;在他们看来,这种偏差就是不准确。因此,原文的准确翻译,首先取决于词义的准确翻译,而词义翻译又难在多义词的选择。多义词在任何语言里都大量存在,不过,一旦进入特定语境,词便可定义。汉译时,词语入境后意义或含义一时不明,应查典或问询,切不可不求甚解想当然,翻译中许多词不达意或因词害义的问题就是这样产生的。

面对多义词,关键之处可避用歧义词语,可加上消除"歧义"的限制性词语,进行语义辖定,以便消歧义。比如"He is generous with his money."一定语境下可译作"他很大方",意为"慷慨",而有时则要界定,译作"出手很大方"。再如:

[2] Everything has suddenly gone quiet. Birds do not chirp. Leaves do not rustle. Insects do not sing.

原译:刹那间,万物都突然沉寂无声。鸟儿不再啁啾,树叶不再沙沙作响,昆虫也停止了欢唱。

试译:刹那间,万物俱寂。鸟儿不语,树叶无声,百虫不鸣。

例中原文句群"Birds do not chirp. Leaves do not rustle. Insects do not sing."简洁明快,形式严整;原译前一句不简,后面三个排比句也欠简洁;试译将并不整齐的"不再啁啾""不再沙沙作响""也停止了欢唱"予以归整,分别译成"不语""无声""不鸣",准确地传达了原文的突发之势。此外,将原文的两个句号改为逗号,间隔更短,更能反映暴雨来临前的节奏。

在科尔克尔(Колкер,2010)看来,准确性是源于译者的自由和对作者意图的认真把握,而译者的自由是极度忠实于原作的精神。这是一种笼统的规约,就准确而言,朱军(2007)则认为"准确"是在"正确"基础上更高的语言要求,因为"正确"指语言要符合语音、词汇、语法的要求,这是语言规范的基本要求。在强调文学语言独特的审美追求在于形象性、精练性、情感性、音乐性之后,万兴华(2003)认为文学语言不那么在意语言的准确性。这一认识是不对的,文学的准确不等于逻辑的准确。请看例:

[3] Всё ясно, — неопределённо сказала Маргарита Сергеевна и, пристально посмотрела на девушку, добавила: — Благодарю вас за то, что вы слушали мою болтовню. Позвольте поцеловать вас, милая Галя...

А потом они пили чай, спать легли по-дорожному, рано.

原译

"都清楚了,"玛尔加里塔·谢尔盖耶夫娜含糊地说了一句,接着她仔仔细细地瞄了姑娘一眼补充道:"谢谢您听了我的胡扯啦。亲爱的加利雅,让我亲亲您……"

然后她们吃了茶点,按旅途上的习惯,她们睡得很早。(陆永昌用例)

试译

"都清楚了,"玛尔加里塔·谢尔盖耶夫娜含糊地说,仔细地瞄了姑娘一眼,又说道:"多谢您听我的乱说一通啦。亲爱的加利雅,让我亲亲您……"

吃完茶点,她们按旅途习惯,早早地睡下了。

若将 пили чай 简单地译成"喝茶",读者可能发问,为什么睡觉前喝茶?为什么空腹睡觉?其实,"茶"在此不仅仅是中国概念的"茶",而应取西方人爱用的有喝还有吃的茶点。汉译时除第一时间想起第一义项之外,若有疑问,便可选择其它的义项,以达原文的意义。

(二)准确选义

除语音、语法和语义三者汉译要正确之外,语言组织不仅要符合语言规范,而且要使话语与所要表达的信息相切合,同时与客观实际相切合,在话语输出过程中,不产生信息损耗或增值。(陈汝东,2000)由于汉语的同义或近义词很丰富,汉译时要细辨同义近义词,选择得当,这将有助于积极表达。若不加分析,不作细辨,笼统使用,汉译势必有失确当。注意同义词使用,可防文中同词重复,同义词可在句中或段中连用,无形中使内容丰富多彩。如:

[4] О чём бы разговор ни был, он всегда умел поддержать его: шла ли речь о лошадином заводе, он говорил и о лошадином заводе;

говорили ли о хороших собаках, — и здесь он сообщал очень дельные замечания; трактовали ли касательно следствия, произведённого казённою палатою, — он показал, что ему не безызвестны и судейские проделки; было ли рассуждение о бильярдной игре — и в бильярдной игре не давал он промаха; говорили ли о добродетели — и о добродетели рассуждал он очень хорошо, даже со слезами на глазах; об выделке горячего вина — и в горячем вине знал он прок; о таможенных надсмотрщиках и чиновниках — и о них он судил так, как будто бы сам был и чиновником и надсмотрщиком.

不管谈什么，他总能凑上去的：说到养马，他也讲一点养马的事；说到好狗，——这下子他也来叙述几条很不错的意见；议论到法院的侦讯时，——他就表示他对审判的伎俩并非毫无所知；谈论到打台球了——他又总是打中；一讲起道德——他议论得可好了，甚至眼里充满了泪水；谈到酿烈性酒吧——他也知道烈性酒的好处；谈论到海关稽查和官吏吧——他谈论得那么好，就像他自己当过海关官吏和稽查似的。（唐松波用例）

原文用到了言语动词、动名词或短语，如 разговор、шла ли речь、говорил、сообщал、трактовали、показал、рассуждение、рассуждал、судил 等，有两个地方还省去了同样作谓语的言语动词，译者照样用丰富的同义言语动词谈、说、讲、说到、议论、谈论、谈到等，一如原文的风格。

（三）准确着色

汉语有不少词都带有色彩，语体的，感情的，不一而足。有时词语入句入篇会产生临时的色彩，更应引起译者的注意。语体色彩有书面与口语之别，感情色彩有褒贬之分。汉译时仔细品味，恰当使用，无疑会对表情达意起到良好的作用。整个翻译就是一个广义的修辞行为，正如陈汝东（2000）所言，从修辞行为的动态发生时序看，话语组织是依次按照正确＋准确＋适切＋恰切四个层次进行的：首先是每一种语言的语言结构体系，也就是话语组织的正确性，其次才是话语与修辞主体、交际对象以及其它语境因素的匹配关系，也就是话语组织的准确性、适切性和恰切性。体现了由低到高的过程。如：

［5］Слыхал я от людей разные истории, большие дела, которые были. А какой герой есть, я не знаю. Я сейчас тоже немного расскажу.

Я осетин. Такая страна наша Осетия: день идёшь стоит гора, и второй идёшь, и неделю идёшь — каменная гора кругом стоит. Когда лес на ней растёт, когда лёд лежит, когда снег лежит, вода льётся, беспрерывно льётся, реки большие и маленькие, разные реки бурлят, бурлят прямо как сумасшедшие, голоса не слыхать. В гости ходить — через гору надо, и в лавку идти — через гору надо, покойника тащить — через гору надо, плясать идти — через гору надо. Затруднительно жить в Осетии.

原译

我听人讲过各种故事和从前的一些大事情。可是这英雄是什么样的,我不知道。我现在也来讲一点。

我是沃舍梯人。我们的沃舍梯是这样的地方:你走一天路——碰见的是山,你走两天,走一个星期——石头山到处都是。山上有时候长着森林,有时候盖着冰,有时候盖着雪,水在流,不停地流,河有大的,有小的,各种河波浪汹涌,汹涌,简直像发了疯,声音都听不见。去做客——要翻山,就连上小铺——也要翻山,抬死人——要翻山,去跳舞——要翻山。真难啊,住在沃舍梯。(唐松波用例)

试译

我听人讲过各种故事,还有从前的一些大事。可这英雄什么样呢,我不知道。我现在也来说说。

我是奥塞梯人。我们奥塞梯是这样的:你走一天路,碰见的是山,走两天,走一个星期,到处都是石头山!山上有时长着树,有时结着冰,有时盖着雪。水在流,不停地流;大河小河的,涌啊,发了疯似的,啥声音都听不见。去做客,要翻山;就连上小铺也要翻山;抬死人,要翻山;去跳舞,要翻山。真难呐,住在奥塞梯!

小说模拟高加索地区奥塞梯山民的口气来叙述。叙述者年轻,没有文化,却懂得山区各民族的语言并和他们交往。小说的叙述带有日常口语和民间故事的色彩,汉译也照原文用了口语句式,用了"是……的、的、啊、呐",甚至还用感叹号代替句号表示惊叹之意。

(四)准确入境

入情入理,最终入境,所以汉译选择词语时要注意语境,写作使用的词语都是在具体语境中表达特定意义的,同样的词语用于不同的语境意思会有不同。因此,只有根据特定语境选择恰当的词语才能准确地表情达意,最终才能产生词语的临时语境义。翻译的语境由小至大涉及上下文语境、交际语境和文化语境三类。上下文语境指文本内的汉译符合语音、词汇、语法的要求，是语言规范的基本要求。有时即便是语言层的语境，背后是更大的文化语境。比如冯凯伦(2008)曾批评将汉语典籍的"四月十五日"就不能简单译作 April 15，因为中国古代使用阴历，所对当时的时间需要换算成阳历，这是历史文化语境，否则照字面译，就会产生时代的错位。因此，汉译要敬惜文字，每一个字都要放在三类语境中考量。如：

[6] Almost all men have been taught to call life a passage and themselves the travellers.

原译：几乎无人不晓浮生如过路，人呢，不过是个过客。

试译：几乎人人受过这样的教诲：浮生如路人似客。

原译将 have been taught 译作"晓"，过于中性，"晓"可能是主动获知，也可能是被动告知，而原文具有告诫意味，所以试译"受过……教诲"比较恰当；加之"这样的"指代，更明确了前后的逻辑关系。life 本为"生命"或"一生"，入句产生语境意义，尤其是因 passage 而添"短暂虚幻"之意，对人生有了消极的看法，译作"浮生"极其准确。人人受诲的话语最易成为格言，所以应考虑格言化；其中 call 即 regard as，具有暗喻功能，译作"若""如""似"，虽转暗喻为明喻，却更便于揭示原文内涵；因"浮生如路"四字格的作用，themselves the travellers 也压缩成了"人似客"，最终构成了七言，可进入汉语格言。

[7] — Что вам нужно? — сказала она быстрым, не своим, грудным голосом.

— Долли! — повторил он с дрожанием голоса. — Анна приедет нынче.

— Ну что же мне? Я не могу её принять! — вскрикнула она.

— Но надо же, однако, Долли...

— Уйдите, уйдите, уйдите! — не глядя на него, вскрикнула она, как будто крик этот был вызван физическою болью.

译文 1

"你要什么？"她用迅速的、深沉的、不自然的声调说。

"多莉！"他颤巍巍地重复说。"安娜今天要来了。"

"那关我什么事？我不能接待她！"她喊叫了一声。

"但是你一定要，多莉……"

"走开，走开，走开！"她大叫了起来，并没有望着他，好像这叫声是由肉体的痛苦引起来的一样。

译文 2

"你要干什么？"她急急地用不自然的胸音说。

"陶丽！"他颤声又叫了一下。"安娜今天就要来了。"

"关我什么事？我不能接待她！"她嚷道。

"这可是应该的啊，陶丽……"

"走开，走开，走开！"她眼睛不看他，嚷道。她这么叫嚷，仿佛是由于身体上什么地方疼痛得厉害。

试译

"你要干什么？"她急切地问，声音低沉，有点不自然。

"陶丽！"他颤抖地又说了一遍。"安娜今天就要来了。"

"关我什么事？我不能接待她！"她嚷道。

"可得接呀，可是，陶丽……"

"走！走！走！"她连看都不看一眼，嚷道，仿佛撕心裂肺似的。

译文 1 的"用迅速的、深沉的、不自然的声调说"是典型的欧化表达，这种表达有时可以，但此处却显得不自然，因为原文实际说了三件事：быстрым 描写语速，не своим 显示说话不自然，грудным 表明发音部位及其产生的效果。译文 2 的"急急地用不自然的胸音"有所改进，至少将"急急地"独立出来了，有些汉化，但"胸音"仿佛是医学术语，不具文学性。试译分三件事，用三句译，是地道的汉语。此外，既然是嚷，即大声喊，连用三个 Уйдите，汉译完全可以用三个感叹号，更显急迫之情！

第二节　鲜明性优化原则

语言表达讲究色彩分明、观点明确等，即鲜明性。描绘状物，色彩需明亮；人物情态，轮廓需清晰；表达观点，有时不含糊；这些呈现于汉译组构，就是要求讲究鲜明性，即恰当选用词语、恰当选用句式和恰当传达修辞。在汉译过程中，"鲜明"之中"鲜"虽在"明"前，但求鲜明，"鲜"的前提却是"明"。反言之，汉译若不明确，也就无法鲜亮起来。全译因准确之后求鲜明，因鲜明进而求生动。

一、汉译鲜明性

鲜明，即准确合理地表情达意，指意图清晰，态度明朗，明确表达；具体而言，是要求用词造句褒贬有别，色彩分明，明朗而突出地表现人事风物的个性特征和本质特点。鲜明以准确为基础，所以鲜明性原则放在第二位。不准确，就不可能鲜明。鲜明性重在表现角度的独特性，即从一般的艺术现象中、从大家认定的法则中通过自己的遐想与凝思形成某种反思或发明。

顺应过去习惯了的表现方式，以传统的法则为规范，以前人的艺术为楷模，其语言系统是成立的，是前人的艺术积累，同时也成了一种独立封闭的体系。掌握良好的传统功力，也能译出像样的作品，但是往往不鲜明，艺术语言只有经过不断的锤炼后才能达到单纯和鲜明。鲜明的文字往往富于创造性、想象力和表现力，或有新发现，或有新见解，不人云亦云，不是陈词滥调。为此，要学习前人，可读艺术理论书，或读大师传记，或赏各种艺术佳品，更要在自己和他人的实践中获得各种艺术表达方式和具体生动的体验，充分发挥人天然的、感性的、有意识的形象思维，以突破逻辑思维，为创造意识的发展提供更多的可能性。如：

[8] How amused every one would be if they knew what really happened.

原译：如果大家知道事情真相，准得把人笑死。

试译1：大家要是知道真相，准得笑死。

试译2：大家准会笑死，要是知道了真相。

试译2保留了原文的句式，这一句欧式对汉语已是润物细无声了。"真相"本指"事情的真实情况"，已含"事情"，所以不必叠加，可隐而不言。amuse之前加How构成感叹句，语气极度增强，显出了强烈的语势。How仅译作"多么"，不够味道，也不够鲜明。译作"把人笑死"，也近如其分，有突出的意味；但是"把人"这一把字句，却迟缓了语势，也属多余。

二、汉译组构求鲜明

鲜明性原则要求遣词造句语意明确，条理清楚，能将事物的性质、状态以及事物之间的复杂关系明确地告与读者，给人以清晰的印象。汉译时色彩分明，一是一，二是二，明确而不含糊。

（一）如实反映原文的超常搭配

语言鲜明化手段有多种，如对仗、并置、成分错位、超常搭配等，均可有效地突出意象，增强艺术效果，客观事物的主观化也能有效增添意象的新颖与鲜活。(李军，2002)汉译要鲜明，除了根据原意精选汉语同义近义词外，还可据汉语特色多用动词和形容词，因为二者是说明事物存在方式和性质程度的，最易表现作者的思想倾向。表现思想倾向又依靠词义的褒贬，色彩中性的词只要切合语境，也具良好效果。词义选择之后，还有一个搭配问题，常规搭配合乎规范，超常搭配有时会产生鲜明的印象。如：

[9] The woman dentist has dedicated her existence to the rotten teeth of derelicts, to derelicts' odour and filth.

女牙医把自己献给了无家可归者的烂牙，献给了无家可归者身上的臭味和污秽。

译文的显意之笔是两个"献给了"。"献给……烂牙，献给……臭味和污秽"符合语法，却又超出词语间的语义内容和逻辑范畴，这就是"超常搭配"。词的搭配变异主要用于艺术语体，是艺术语体的言语特征之一。例中超常搭配"献给……烂牙，献给……臭味和污秽"的修辞特点是新颖别致，"献给"是褒义词，后面所接一般正能量的词或大词、壮词，可原文反其道而行文，所用的是贬义词，汉译如实译出，两个"献给"符合作者的原意，不落俗套，同样新颖别致，优于常规表达。又如：

[10] Дети бегали по всему дому, как потерянные; англичанка поссорилась с экономкой и написала записку приятельнице, прося приискать ей новое место; повар ушёл вчера со двора, во время самого обеда; чёрная кухарка и кучер просили расчёта.

原译：孩子们像野小鬼一样在家里到处乱窜。英籍家庭女教师跟女管家吵了嘴，写信请朋友替她另找工作；厨子昨天午餐时走掉了；厨娘和车夫也都辞职不干。（草婴　译）

试译：孩子们像丢失了似的在家里东奔西跑。英国女家教跟女管家拌了嘴，写信让朋友替她另谋差事；厨子昨天用餐时走掉了；厨娘和车夫也都要结账走人。

原文描写孩子们用了 бегали，只是普通一词，原译译处"乱窜"，"窜"在汉语里多指匪徒、敌军、兽类等乱跑或乱逃,色彩显得是贬义,用于孩子过重。另外,试译用"拌了嘴""谋差事""走人"分别代替"吵了嘴""找工作""辞职不干",也具有了口语色彩。

(二)恰当选用句式

句式有时显露感情,一般而言,以陈述句为主,却显呆板,恰当使用反诘、排比、对偶,变换句式,则能增强语言的鲜明感。用肯定亮明观点,用双重否定、反问句式加强语气,使原文内容更加鲜明强烈。注意整散句的使用。整句形式整齐,声音和谐,气势贯通,意义鲜明,适合于表达丰富的感情,能给人以深刻而鲜明的印象。如:

[11] To say that this new China is the same as the old is to be utterly ignorant or ideological — perhaps both.

原译:说这个新中国与旧时的一样纯属愚昧无知或意识形态使然,或许兼而有之。

改译:说新中国一如旧中国,不是愚昧无知,就是意识形态作祟,也许兼而有之。

例中原译唠唠叨叨,缠夹不清,几句相互缠绕,扣合不当,长句承载了太多要言说的内容。这还不算典型的夹缠,但笔译如此,三层意思合为一句,也显得略长了,不如分清主次,分层铺陈,所以试译来得清晰畅快,干脆有力。再如:

[12] В комнату вошла Анюта, Юрина жена. Красивая, длинногая.
原译:进屋的是阿纽达,尤利的老婆。漂亮,高个子。
试译:进屋的是阿纽达,尤利的老婆。漂亮,长腿。

原文"Красивая, длинногая"是承前省略主语的句子,原译照这种结构处理了,但 длинногая 引申出"高个子",似无必要,再者腿长个不一定高,原文的语义被窄化了。从语音效果看,Красивая 与 длинногая 的音节数相同,均为四个音节,译作"漂亮,长腿"才不失原文整齐的音美功效。

(三)恰当传达修辞

比喻、对偶、对比等修辞能增强语言表达的鲜明性,借助修辞格来增强语言表达的鲜明性,是一条切实可行的途径。譬如比喻,可以具体形象胜万千赘说,给人以想象的空间,激发联想。原文的修辞手段一般要如实译出,且要译好。如：

> ［13］— Вы вся такая воздушная! — смешливо говорит он Людмиле, вспомнив гадалку из «Двенадцати стульев» Ильфа и Петрова.

> 原译 A:"您整个像空气一样!"他笑着对柳德米拉说,这时他想起了伊利夫和彼德罗夫合写的《十二把椅子》中的算命女人。

> 原译 B:"整个身子轻得像燕子一样!"他笑眯眯地对柳德米拉说,这时他想起了伊利夫和彼德罗夫合写的《十二把椅子》中的算命女人。

> 试译:"您像风一样轻盈!"他笑眯眯地对柳德米拉说,这时他想起了伊利夫和彼德罗夫合写的《十二把椅子》中的算命女人。

原文 такая воздушная 本义为"空气的",原译 A 只明其本义,译者太直白,不美;原译 B 读出了转义即引申义"轻飘飘的",但"整个身子轻得像燕子一样!"译得又过了,仿佛是"身轻如燕",过犹不及! 试译则将本义与转义合而为一,既不失本体,又不失喻体,意象更美。再如:

> ［14］(В коридоре.)
>
> Самохвалов. С непривычки.
>
> Новосельцев. Дым отечества нам сладок и приятен.
>
> 萨玛赫瓦洛夫:呵呵,抽不惯。
>
> 诺瓦谢利采夫:国产的烟也是甜的。

该例是选自俄罗斯电影《办公室里的故事》的台词,写主人公在统计局走廊一边吸烟一边聊天的场景。萨玛赫瓦洛夫从瑞士回国带回一些小礼物,其中有外国名牌香烟"万宝路"。诺瓦谢利采夫刚吸一口就咳嗽起来,萨玛赫瓦洛夫对其调侃,诺瓦谢利采夫则用 Дым отечества нам сладок и приятен 回应,以示国外的东西再有名也没有国产的好。这句话出自俄国著名喜剧 Горе от ума(《智慧的痛苦》,曾误译作《聪明误》)的主人公恰茨基之口,进步青年恰茨基在国外漂泊多年,回国后说"故乡的炊烟格外香甜亲切",这句话可谓肺腑之言。"香烟"与"炊烟"本来风马牛不相及,但汉译正好舍"香"丢"炊",以"烟"相连,一语双关,正可以反映原作的调侃之情。

第三节　生动性优化原则

语言表达力求描绘或表达具体形象可感,即讲究生动性;为追求汉译如原文一样可见、可听、可触、可闻,能让事物和读者感官上可以直接接触,汉译组构也应讲究生动性,即追求用词形象丰富、讲究句式灵动和善用修辞手法。

一、汉译生动性

生动,即有生命气息,有动感,指言语新鲜活泼,绘声绘色,活灵活现;具体而言,是要求用语具体形象,注意炼字炼词,行文灵活多变,以表现人物形象和生活图景。在范秀娟(1999)眼里,生动是指语言新鲜、鲜明、活泼、富有生气。语言生动并非多用修辞和华丽辞藻,更可表现为材料的新颖、形式的特别、句式的活泼等。

生动是对语言表达的较高层次的要求。生动的语言不但感情充沛,而且形象具体,有声有色,动态多变。欲求生动,先得有丰富的词汇,才可表现灵动鲜活之美,具有感染人的力量。其次行文方式要灵活巧用,讲究长短、骈散、主被、肯否的交错,语言活泼明快具有音韵和谐之美,显示生命的律动。善用修辞,使语言形象可感,锤炼词语,使语言形神兼备。如:

〔15〕I was born in the working-class. Early I discovered enthusiasm, ambition, and ideals; and to satisfy these became the problem of my child-life. My environment was crude and rough and raw. I had no outlook, but an uplook rather. My place in society was at the bottom. Here life offered nothing but sordidness and wretchedness, both of the flesh and the spirit; for here flesh and spirit alike starved and tormented.

原译:我出生于工人阶级。很早我就发现自己满怀热情、抱负和理想,而实现这一切成了我童年生活的问题。我的环境野蛮、粗暴而严酷。我没有别的前景,只有向上爬。我处在社会底层。在这里,生活提供给人的只有肉体上和精神上的贫瘠和不幸,因为在这里肉体和精神都同样遭受到饥饿与折磨。(郭富强用例)

试译:我出身工人。从小我就满怀热情、抱负和理想,可是年少如

295

我,要实现有多难。环境野蛮、粗暴而严酷,我别无出路,只有往上爬。活在社会底层,生活赐予你的只有身心的贫瘠和不幸,因为身心在此同样遭受饥饿与折磨。

该例摘自杰克·伦敦散文《生命意味着什么》,作者用朴实而深沉的笔调记述了一生的历程。这是第一段,记录了作者童年的艰苦生活和糟糕的生活环境。语言简朴、描写生动,给人留下深刻的印象用品。原译尚缺散文的内在节奏美感,句稍长,韵稍欠,主人公生命的律动未充分跃出纸面。试译则显得动态多了,语言因简而空灵,气韵生动,把文字的空隙留给了想象。

二、汉译组构求生动

汉译的生动性涉及语汇、语法、语体等因素,至少要求用词富有生气,可以绘声、绘色、绘态等,讲求句式灵动,善用修辞手法,等等。

(一)用词富有生气

词句是构成篇章的基本语言单位,篇章的文采靠具体的词句体现。汉译要善于选用生动形象的词语,为语句添光增彩。语言要具有形象性,首先思想认识上要有新意,其次用词造句要特别讲究。

从丰富的汉语词汇中选取词入句进行锤炼,词语生动可让译句增色。若只惯用脑中常用的有限的词语,也就不会超越一般的报刊水平。词语上求汉译生动,可从绘声、绘色和绘态三方面入手。三者虽为事物外在特征的描写,却可还原文以形神兼备,或以形传神。

第一,绘声,以显音乐性。描绘人或事物的声音,通过音乐性传神地描绘事物的特点,人物的个性。语言的音乐性主要表现为声调和谐,有节奏感。汉译用词造句,要搭配好声调的平仄,单双音节,用好拟声词等,就可使语言富于音乐性。和谐优美,有一种音乐的韵律回荡其中,诗情画意的语言有时表现在韵律与节奏上,读来琅琅上口,极富音韵之美。拟声词从声音方面抓住读者便是其表现之一。如:

[16] Веселый денщик надул щеки, хлопнул по ним ладошками выстрелив воздухом, как в цирке, и очень добродушно сказал:

"Шпион!..."

原译

快乐的勤务兵鼓起腮帮子,用巴掌朝腮帮子上一拍,像杂技团小丑那样啵的一声喷出一口气,非常亲切地说:

"他是个间谍！……"（陆永昌用例）

试译

活泼的勤务兵鼓起腮帮，两手一拍，像杂耍小丑那样"啵"地喷出一口气，极亲密地说：

"间谍！……"

原译将动词 выстрелить 译成了"啵的一声"，一个"啵"字将整个句子译活了，译出了味道，惟妙惟肖地模拟了双击鼓腮，气流一冲发出声音，能够使整个句子更为形象、生动。原文"！……"是一种新颖的绘声描写方式，对应为汉语的"！……"，仿佛在"啵"声发出之后，气流继续进出，直至消失，以声响气息回应前面的"极亲密"的神态。

第二，绘色，以显画面感。语言要有穿透力，就要有视觉效果。即语言形象生动，叙事写人，要避免使用抽象的字眼，尽量选用图画般鲜明的词句，把事物的光、色、影一一描绘出来。李军（1993）认为变静为动，化美为媚，是语言艺术的最高追求；表现事物的动态之首要在于善用动词。如：

[17] Some fishing boats were becalmed just in front of us. Their shadows slept, or almost slept, upon that water, a gentle quivering alone showing that it was not complete sleep, or if sleep, that it was sleep with dreams.

渔舟三五，横泊眼前，樯影倒映水面，仿佛睡去，偶尔微颤，似又未尝深眠，恍若惊梦。

译文深受古文影响，干净明快，生动有韵。"渔舟三五，横泊眼前"仿佛拈起原文的意象，完全按汉语的意境构筑语篇；"slept, or almost slept"译作"仿佛睡去"，"倒映水面"又将 upon that water 译得动了起来；"it was not complete sleep, or if sleep"凝练为"似又未尝深眠"，译 that it was sleep with dreams 为"恍若惊梦"，解释"未深眠"的原因。前三句主要写动，由舟而至整个水域，由樯而至水面；后四句主要写静，写樯影，由物界到梦境，整个画面动感呈现。

第三，摹态，以摹情状。要善用生动形象的词语准确地描写出事物的状态，如实反映原文的静态、动态，有时为解决原作内容与汉语表达手段之间的矛盾，还可以动静相生、以动衬静、化静为动等。除了动词之后，形容词也具有摹态作用，尤其是其生动形式，比如形容词叠用，具有很强的语用功能。

钟健(2016)认为重叠是世界上很多语言,特别是汉藏语系共有的形态化过程。形容词生动形式通过重叠使形容词"显量",更能使之"足量",从而显得生动形象。如:

[18] Huge carts filled with nodding lilies rumbled slowly down the polished empty street.

满载摇曳多姿的百合花的大车隆隆作响,慢悠悠地驶过空旷光洁的街道。

摹绘手法的运用,特别是大量运用叠音词,或摹声或绘色,或描形或写状,调用听觉、视觉、触觉等描摹所见与所闻,会取得淋漓尽致、形象逼真的艺术效果。例中"隆隆作响"描摹了声音;"慢悠悠"原本是用来形容人的动作缓慢而悠闲,这里用来形容大车,将它拟人化了,形象地描摹出大车优哉游哉的情态。该例叠音词或是双声,或是叠韵,绘声绘色地描摹出两种情状,如见其物,如闻其声,念起来顺口悦耳。

有时许多新鲜的词汇和话语方式先活跃于人们嘴上,落在纸上有各种复杂形式,汉译时要透过语法去还原情境,译出生动,译出情境。如:

[19] I was so impressed by these words that I used them later for a Christmas card.

原译:我为这些话所深深感动,后来我就把它们写在圣诞贺卡上。

试译:这番话太感人了,后来我写进了圣诞贺卡。

例中原文虚词、代词等照单译出,如"为……所……""把它们",原译显得虚胖;试译去掉被动形态,减少代词的翻译,舍去了介词,译得更实更简洁;用"太"译出 so... that... 的程度,也恰如其分,具口语色彩,一种深为感动的模样跃然纸上。

(二)句式讲究灵动

文采常表现为变化之美,可集于句式的选用,即通过长句与短句、整句和散句、肯定句与否定句等多种形式的灵活搭配,追求参差错落、灵动自然的美感,一如口头表达的灵活。正如王寿沂(1995)所持的观点:语言运用有"喜新厌旧"的倾向,旨在新鲜生动,为此要不断追求变化,舍常式求变式,要反常,以合道。

长短交错,即长句与短句交错使用。长句与短句是相对而言的。用词较多，结构较复杂的句子为长句；反之，为短句，长句的修辞效果是表意严谨、精确、细致，短句的修辞效果是表意简洁、明快、有力。长短句交替使用不但表意丰富，增强抒情效果，而且往往产生一种错落有致的美感。如：

[20] I was in the middle before I knew that I had begun.

原译：等我发觉我自己开始爱上你的时候，我已经走了一半路了。

改译：我是到了不能自拔的时候，才发现爱上了你。

试译：我发现爱上了你，但已欲罢不能。

该例选自英国简·奥斯丁的《傲慢与偏见》，原译把 in the middle 译成了"走了一半路"，过直了；改译理解了原文内涵，借用了汉语成语"不能自拔"，避免了洋腔洋调；试译则直意兼顾，避用"（当）……的时候"，before 反映的先后关系，完全靠汉语的语流表示；用"欲罢不能"译 in the middle，更能显出深陷爱河、人在爱途的心态。

长句总是长译，句式单调，缺少变化；虽说不失规，但会导致行笔平沓。如：

[21] But Russia and China, both with veto powers in the Council and backed by India, South Africa and Brazil, have vehemently opposed the idea of slapping U. N. sanctions on Damascus, which Western diplomats say would be the logical next step.

原译：但拥有否决权并得到印度、南非、巴西支持的俄罗斯与中国强烈反对联合国对大马士革进行制裁这一主意。西方外交官说，联合国制裁对叙利亚而言是可想而知的下一步。

试译 1：俄罗斯与中国都有否决权，得到了印度、南非、巴西的支持，强烈反对联合国制裁大马士革。尽管西方外交官认为制裁是必然的。

试译 2：在联合国都有否决权，又获印度、南非、巴西的支持，俄中两国强烈反对联合国制裁叙利亚。尽管西方外交官宣称下一步制裁是必然的。

这是某报译自路透社 2011 年 8 月 11 日的报道。Russia and China 离谓语 oppose 较远，原译将其拉近了，但汉译之后前面的定语过长，不如将其定语独立，主语蒙后省略，更具汉语流水句态。与此同时，"强烈反对"之前的施事和之后的受事太长,未将 the idea of 及其内涵分清,结果汉译"这一主意"显得啰唆;原译"是……的下一步"就是典型的翻译腔,常见于《参考消息》《环球时报》等报刊;原译未借语境之力承前省略被制裁者,汉译用词也不凝练。试译一分为三,长句化短,极尽变化之能事,译文鲜明,原译由呆板变得生动,摇曳多姿,成了汉语典型的流水句。另,which 含让步意味,缀补"尽管"将其逻辑关系点明,更便于读者理解。

(三)汉译善用修辞手法

汉译高手无不善用修辞,要特别重视原文比喻的汉译,力求将抽象具体化、形象化;重视拟人手法的汉译,使无生命体充满生机和感情,灵动起来。传达原文的排比,可使句子气势贯通,增强表达效果。

有的汉译忽视修辞,语无生色。不特别重视比喻、拟人、夸张等修辞手法,会失去原文的生气。有时原文的修辞手法还可以转化为其它手段,比如原文繁复,汉译可简,以求明了。如:

[22] The study found that non-smoking wives of men who smoke cigarettes face a much greater than normal danger of developing lung cancer. The more cigarettes smoked by the husband, the greater the threat faced by his non-smoking wife.

原译:这项研究表明抽烟男子的不抽烟妻子罹患肺癌的危险比一般人大得多,丈夫抽烟越多,其不抽烟的妻子面临的威胁越大。

试译 1:研究表明,丈夫抽烟而妻子不抽,妻子患肺癌的危险大得多。丈夫抽得越多,妻子威胁越大。

试译 2:研究表明,丈夫抽烟而妻不抽,妻患肺癌的危险大得多。丈夫抽得越多,危险越大。

该例展示了不断修改不断简洁的趋简过程。non-smoking wives of men who smoke cigarettes 译作"抽烟男子的不抽烟妻子"颇为准确,但入句之后交际价值不足,它实际上包含两个判断:丈夫抽烟,妻子不抽烟,按其实际逻辑关系表达,才可跳出原文的形式羁绊。另外,将丈夫抽烟移前,妻子不抽置后,正好与下一句的思维顺序相对应,形成一种内在节奏,更有利于消除晦涩。此外,greater than normal danger 语义显得冗余,比较级本来就与一般相比;his non-smoking wife 中 wife 的定语 his non-smoking 也属多余,可承前语境省略;从全句看,连 his non-smoking wife 整体也可删除,仍会将"危险"理解为是针对妻子的。再如:

[23] Она зашла в глубь маленькой гостиной и опустилась на кресло. Воздушная юбка платья поднялась облаком вокруг её тонкого стана; одна обнажённая, худая, нежная девичья рука, бессильно опущенная, утонула в складках розового тюника; в другой она держала веер и быстрыми, короткими движениями обмахивала своё разгорячённое лицо. Но, вопреки этому виду бабочки, только что уцепившейся за травку и готовой, вот-вот вспорхнув, развернуть радужные крылья, страшное отчаяние щемило ей сердце.

译文1：她走到小客厅尽头，颓然坐在安乐椅里。她的薄薄的、透明的裙子像一团云一样环绕着她的窈窕身躯；一只露出的、纤细柔嫩的少女的手臂无力地垂着，沉没在她淡红色裙腰的皱襞里；在另一只手里她拿着扇子，用迅速、急促的动作扇着她的燥热的脸。虽然她好像一只蝴蝶刚停在叶片上，正待展开彩虹般的翅膀向前飞，但她的心却被可怕的绝望刺痛了。（周扬 译）

译文2：她走到小会客室的尽头，颓然倒在安乐椅上。轻飘飘的裙子像云雾一般环绕着她那苗条的身材；她的一条瘦小娇嫩的少女胳膊无力地垂下来，沉没在粉红色宽裙的褶裥里；她的另一只手拿着扇子，急促地使劲地扇着她那火辣辣的脸。虽然她的模样好像一只蝴蝶在草丛中被缠住，正准备展开彩虹般的翅膀飞走，她的心却被可怕的绝望刺痛了。（草婴 译）

试译：她走到小客厅尽头，颓然坐到安乐椅上。轻飘的长裙云雾般地蓬起，裹着她那苗条的身材；一条纤细的少女般的胳膊无力地垂下来，埋在粉红色宽裙的褶裥里；另一只手拿着扇子，频频轻摇，扇着火辣辣的脸。虽然她模样恰似彩蝶缠在了草丛，正要振翅飞走，可她的心却被绝望深深地刺痛了。

радужные крылья 在原文中是组合在一起，радужные 本义是"彩虹的"，就算译者用其本义，理解为比较关系，修饰 крылья，可是支配它的两个 вспорхнув 和 развернуть 也支配 крылья，后一支配在汉语里可译作"振翅（而飞）"，这样 радужные 就被挤得无立锥之地了。好在通过语篇，可发现前面有 бабочки，而 радужные 正是修饰其 крылья 的，不如将这一修饰关系提升至 крылья 的上位概念 бабочки，译作"彩蝶"。

第四节　流畅性优化原则

语言流畅是个隐喻,意即行文如顺畅的流水,毫无阻塞,念起来顺口,听起来悦耳。流畅以通顺为基础,通顺和流畅合称"顺畅"(季泽昆,1984)。汉语表达虽然也有不流畅的现象,与之相比,受外语影响,译文的流畅成了一个难题。李翔玲(1992)指出汉语主题化现象作为汉语重要的语法特征越来越引起中外学者的关注,但与翻译的关系则尚未引起足够的重视,其中就涉及翻译的流畅性。王文强(2015)以典故外译为例,强调必须要保证译文语言的流畅性,不可为了传达典故的意义而牺牲译文的流畅性。其实,外译汉也是如此,基于意义和结构的通顺,可追求语音流畅。若能做到音节搭配匀称和谐,语音舒缓自然,语句就流畅了。因此汉译更应讲究流畅性,即讲究音美、语势和连贯,等等。

一、汉译流畅性

流畅,即表达流利,语句通畅,指听读起来快而清楚,无滞无阻;具体而言,是要求语言表达语言运用规范、准确、连贯、得体,读起来文从字顺,通畅流利。可见,流畅是基于通顺的更高层次的语言标准。语言不畅和语言不通属于两个概念。不流畅未必就不通顺,但不通顺一定不流畅。流畅自然在原文中可以做到,已属不易,而译作比原文追求流畅更难。流畅自然的文字要求一不生造词语,如语从己出,二能运笔自如,若行云流水。(刘士聪,2004:537)所以,汉译首先求通顺,其次求流畅。

桐城派把"文气论"说得很具体,即指语言的内在的节奏,语言的流动感。这是一个精微的概念,但不是不可捉摸。积字成句,积句成章,积章成篇。只是汉外组构章法有别。陈用仪(1986)借用德国语言学家的主述位切分理论分析西汉翻译,指出印欧语言往往借用动态的叙事句形式来表达静态的判断句内容,因此叙述句与判断句常常界限不清;而主述位和主谓语基本上是重合的,谓语通常必须是新知信息,汉译时若照西语语序翻译,则会失去流畅性。汉译时,不妨听听汪曾祺(1999:13)的建议:"合而读之,音节见矣;歌而咏之,神气出矣。一篇小说,要有一个贯串全篇的节奏,但是首先要写好每一句话。所谓可读性,首先要悦耳。"如:

[24] Writers cannot bear the fact that poet John Keats died at

26, and only half playfully judge their own lives as failures when they pass that year.

原译:作家们无法忍受这一事实:约翰·济慈二十六岁时就死了,于是就几乎半开玩笑地评判他们自己的一生是个失败,这时,他们才刚刚过了这一年。

试译:诗人约翰·济慈 26 岁早逝,作家们为其惋惜:一过 26,便戏称一无所成。

原文说作家们不能接受事实,实指替济慈英年早逝而惋惜;"几乎半开玩笑地评判"实为"戏称"。凡此种种,表明译者汉语思维不简练,不善于概念化,即不善于概括。试译仅为原译一半字数,可见流畅与简洁情同姊妹。

二、汉译组构求流畅

文章句不通,语不畅,无论观点如何深刻、新颖,构思如何巧妙、严谨,都会妨碍打动读者。汉译流畅化,就是力避译文诘屈聱牙,不生搬硬套原文形式因素,使汉译变得流畅。那么如何求得汉译流畅呢?

(一)讲究音美

好文章语言应该流畅,而非疙里疙瘩,读起来应该琅琅上口,而非佶屈聱牙。这首先指向语言的美学因素。汉语的语音修辞手段,如音节、字调平仄、协韵、儿化韵、叠音、拟声、谐音、双音节搭配匀称和谐是汉译流畅的主要资源。以汉语音节为例,汉字一字一音节,汉语词既有单音节,也有多音节,现代汉语双音词占多数。因此,汉译要讲究单双音节搭配问题,配得协调,就很自然。

汉译形式膨化有时极不显眼,译句看似无问题,但总觉得不妥。究其因,是过多地保留了原作松散的形式而未予提炼,导致译语形式繁复而信息含量小,好像得了多语症。如"的的不休"的现象,就给人以语音拖沓之感。如:

[25] Оскорблять можно честного человека и честную женщину, но сказать вору, что он вор, есть только la constatation d'un fait.

译文 A:对正直的男子和正直的女人才谈得上侮辱,但是对一个贼说他是贼,那就不过是陈述事实罢了。(周扬　译)

译文 B:对正派的男人和正派的女人才说得上侮辱,但对贼说他是个贼,这只是确认事实罢了。(草婴　译)

303

译文 C:侮辱只可能是对一个正派的男人和一个正派的女人,对一个贼说他是贼,这只是 la constatation d'un fait。(智量　译)

试译:对正派的男人和女人算得上是侮辱,不过,说贼是贼,这只是 la constatation d'un fait。

注:la constatation d'un fait 即"实话实说"。

"一个"多余,在汉语里可省,实为泛指,不必译出;同时将"的"放在男人和女人之前,可管控两个对象。"但对贼说他是个贼"拗口,不具口语特色和简洁性。尽管用法文会妨碍汉语阅读,这一陌生化正好反映了原文的内容。

(二)讲究语势

语势"指一个句子在思想感情运动状态下声音的态势,或者说,是有声语言的发展趋向。这中间,包括气息、声音、口腔状态三大部分。"(张颂,2004:100)汉译不畅,有时是思维不清。思维不清是对原文思想把握不准。所以,翻译时要先厘清原文思路。译之前,深入理解原文,作者写了什么,怎样写的,通盘考虑,理出头绪,尽量做到一气呵成,文如泉涌,言语乘势而下,行文自然流畅。

受原文形式影响,汉译思维不清。译者有时会下意识地随原语结构而去,沉溺其中不能自拔,以至译文不连贯不清晰,使读者迷惑不解,根本原因还是理解不透,或拙于译语表达。如:

[26] The beauty of our country is as hard to define as it is easy to enjoy.

原译:我们国家的美丽风光是很难描绘的,正如它很易于被人们看到一样。

试译 1:我国锦绣河山虽难以描绘,却适于怡情。

试译 2:我国锦绣河山欣赏有多易,描绘就有多难。

试译 3:我国美景便于欣赏,却难以名状。

试译 4:我国美景好看不好说。

试译 5:我国美景易看不易说。

试译 6:我国美景可赏不可状。

原文 as 前后小句之间是对比兼转折关系,是原文的特殊之处,其"对比"之意是 but 等只表转折的连接词不可比拟的,基本的翻译套路是,"X 有多……,Y 就有多……",如试译 2。而整个原译比较拗口,略显啰唆,翻译腔也比较重,后一句则晦涩,未译明原意;试译彰显了原文前后内容对比之中的转折关系,尤其把山水怡情却难以名状译得明明白白。原文十分简明,甚至是简易,汉译也可译得简明,如试译 1—3 用复句如实传达原意;试译 4—6 则用紧缩句,使用"好—不好""易—不易""可—不可"的对比结构,同时构成转折之意,简明地传达原文复句内涵,干净利落。

掌握了语势,就掌握了说话的轻重缓急。汉译修改求流畅,并非大删大改不可,往往只要在原译基础上断开一处,或加标点,或删减多余的关联词语,即可化腐朽为神奇。如:

[27] It had been a fine, golden autumn, a lovely farewell to those who would lose their youth, and some of them their lives, before the leaves turned again in a peacetime fall.

原译:那是个天气晴朗,金黄可爱的秋天,对于那些在和平时期的秋天树叶再度转黄之前将要失去青春,有的要失去生命的人们是一个动人的送别。

试译:那是个晴朗的金秋,在欢送着青年。待到秋叶再落、和平回归时,他们将青春不再,有的甚至生命不在。

原译中"对……是一个送别",怪腔怪调,欧味很浓,将英语的形合硬搬进汉语,忽视了汉语重意合的特点。试译将原文一分为二,先说金秋时节欢送青年;再说一年过后的迎归。一送一迎,前后两种命运,分头表达,更符合汉语规范。再如:

[28] So if a man's wit be wandering, let him study the mathematics; for in demonstrations, if his wit be called away never so little, he must begin again. If his wit be not apt to distinguish or find differences, let him study the schoolmen; for they are cymini sectors. If he be not apt to beat over matters, and to call up one thing to prove and illustrate another, let him study the lawyers' cases.

如智力不集中,可令读数学,盖演题须全神贯注,稍有分散即须重演;如不能辨异,可令读经院哲学,盖是辈皆吹毛求疵之人;如不善求同,不善以一物阐证另一物,可令读律师之案卷。

该例充分译出了原文语势。译文用了三个排比句,与原文对得天衣无

缝,连提示语都——对应:

if... let...; for...	如……,可……,盖……
if... let...; for...	如……,可……,盖……
if... let...	如……,可……

图 13-1　英汉排比翻译比较

排比句的运用,不只使行文流畅,亦倍增文章气势。三句结构基本相同。三层之中,第一层"盖"句容量多于其它两层;第二层"如"句容量多于其它两层,整个排比整齐之中略显参差,反映了气势的变幻;第三层,无"盖"字引领的句子,反倒使文章掷地有声。

(三)语意连贯

话语要统于话题,围绕中心,按照各句与中心及各句之间的关系依次展开,可凭关联词、方位词、数词、代词等语法手段,或用排比、对偶、层递等修辞手段来组构。句子之间要有语义和语气上的联系,可通过承前省略、代词呼应、关联词语、重复词语等确保上下文呼应。汉译时还可增、更多是可减衔接手段,避免因思维差异产生翻译腔。

译者的"过度显异"导致译文晦涩难懂,对"异国情调"若是一味采取异化的翻译策略,会产生文化焦虑,有违读者的认识期待和译语文化的陈规;与此同时,过分强调了译文的流畅通顺,影响原文的效果。(王文强,2015)这一观点所针对的虽说是汉译外,但反过来,要保障汉译的流畅,就要对原文的某些特征予以汉化,如部分关联词的隐含、定语标记的省略、长句的慎用等。比如,英语多用代词、虚词,尤其是连词,容易造成语义虚化、实义不多的结果,如"当当不止"、被动频用、代词常见等。如:

[29] To ensure healthful living, God left us some clues as to which foods we should eat to keep specific parts of our body healthy!

原译:为了确保健康的生活,上帝留给我们一些线索来告诉我们该吃什么食物以对我们身体的一些部位有益。

试译:上帝劝诫我们该吃啥补啥,以保健康。

原文中 us、we 和 our 是因语法关系的需求而设,若个个译出,则过于坐实,不如保留一个,后面的承前省略,靠汉语的意会,显得既实在又空灵。原译"吃什么食物以对我们身体的一些部位有益"起先改为"吃什么对某个器官有益",突然想到平常有人从中医角度常挂嘴边的一句说法"吃啥补啥",

这种"以形补形"食疗法的核心思想是用动物的五脏六腑滋补人体相应的器官,如吃猪肺可"清补肺经",吃猪肚可"温中和胃"。又如:

[30] The church was surrounded by yew trees which seemed almost coeval with itself.

教堂四周有紫杉环抱,几乎一样古老。

[31] He read until his guests arrived.

原译:他阅读直到他的客人到了。

试译:客人到了,他才放下阅读。

前一例避用了被动句,用汉语"有"字句表明事物的存在;汉译后一句省去了主语,承前省略紫杉和教堂,如行云流水。后一例,原译受 until 的词典注释"直到……才"的影响而欧化,试译不拘于形式,按事件发生的先后时间顺序或者行为的因果关系布局,符合事理,也更符合汉语语法,更具可读性。

主要参考文献

Baker, M. *Routledge Encyclopedia of Translation Studies*[M]. 上海：上海外语教育出版社，2004.

Baker, M. & G. Saldanha *Routledge Encyclopedia of Translation Studies*[Z]. New York: Routledge, 2009.

Catford, J. C. *A Linguistic Theory of Translation*[M]. London: Oxford University Press, 1965.

Cruse, A. *Meanings in Language*[M]. Oxford: Oxford University Press, 2000.

Delisle, J. , H. Lee-Jahnke, M. C. Cormier 编著，孙艺风、仲伟合编译. 翻译研究关键词[M]. 北京：外语教学与研究出版社，2004.

Halliday, M. A. K. & R. Hasan. *Cohesion in English* [M]. London: Longman. 1976.

Halliday, M. A. K. *An Introduction to Functional Grammar* [M]. London: Edward Arnold, 1985.

May R. Sensible Elocution: How Translation Works in and Upon Punctuation[J]. *The Translator*, 1997(1): 1 – 20.

Pinkham, J. *The Translator's Guide to Chinglish* （《中式英语之鉴》)[M]. 北京：外语教学与研究出版社，2000.

Quirk, R. , S. Greenbaum, G. Leech and J. Svartvik. *A Comprehensive Grammar of the English Language*[M]. London: Longman Company, 1985.

Sinclair, J. *Collins Cobuild English Grammar*[M]. 北京：商务印书馆, 1999.

Steiner, G. *After Babel*[M]. New York: Oxford University Press, 1992.

Toury, G. *Descriptive Translation Studies and Beyond*[M]. Amsterdam/Philadelphia: John Benjamins Publishing Company, 2012.

Гвоздев А. Н. *Очерки по стилистике русского языка (второе издание)*[M]. М. Учпедгиз, 1955.

Колкер Я. М. О точности и достоверности перевода[J]. *Иностранные языки в высшей школе*. 2010. (2).

Николаев Н. И. , Швецова Т. В. К вопросу о точности перевода (Они любили друг друга... М. Ю. Лермонтова) [J]. *Вестник Северного (Арктического) федерального университете. Серия: Гуманитарные и социальные науки*, 2014. (4).

Раренко М. Б. О границах «точности» и «вольности» в художественном переводе[A]. *Ментальность. Коммуникация. Перевод. Сб. статей памяти Федора Михайловича*

Березина 1931 – 2003. Сер. "Теория и история языкознания"[C]. M. 2008.

Фёдоров А. В. *Основы общей теории перевода (лингвистические проблемы)* Изд. 4 – е. [M]. M.: Высшая школа, 1983.

〔俄〕列夫·谢苗诺维奇·维果茨基,李维译.思维与语言[M].杭州:浙江教育出版社, 2002.

〔美〕艾·威尔逊等著,李醒等译.论观众[M].北京:文化艺术出版社,1986.

〔美〕库尔特·辛格著,周国珍译.海明威传[M].杭州:浙江文化出版社,1983.

〔英〕霍恩比著,李北达译.牛津高阶英汉双解词典(第四版增补本)[M].北京:商务印书馆,2002.

包振南.科技英语中的被动语态及其译法[J].中国翻译,1981(2).

暴笑瑜.认知语言学视角下避免"的"字滥用的翻译方法——以 A Companion to the History of the Book 的汉译为例[D].太原:山西大学,2020.

曹明伦.对话体语篇翻译的提示语处理[J].中国翻译,2018(1).

曾自立.汉语量词的英译[J].中国翻译,1995(5).

常　亮.现代汉语句子复杂化计量研究[J].安徽文学,2013(9).

陈　原.辞书与语言规范化问题[J].辞书研究,1999(2).

陈　瓒.修饰语和名词之间的"的"字的研究[J].中国语文,1955(10).

陈昌来.介词与介引功能[M].合肥:安徽教育出版社,2002.

陈宏薇.方法·技巧·批评——翻译教学与实践研究[C].上海:上海外语教育出版社, 2008.

陈满华.译著应标注译者和"三原"信息[N].中国社会科学报,2013 – 08 – 05.

陈荣东,陈庆增."地道的译文"——文学翻译艺术派的追求述评[J].解放军外国语学院学报,1999(6).

陈汝东.论修辞的四个微观原则[J].术语标准化与信息技术,2000(4).

陈用仪.主述位切分与翻译的准确和流畅[J].中国翻译,1986(2).

成伟钧、唐仲扬等.修辞通鉴[M].北京:中国青年出版社,1991.

池昌海.现代汉语语法修辞教程[M].杭州:浙江大学出版社,2002.

储泽祥.标点符号的象似性表现[J].湖南师范大学社会科学学报,2001(1).

储泽祥.汉语规范化中的观察、研究和语值探求——单音形容词的 AABB 差义叠结现象 [J].语言文字应用,1996(1).

戴庆厦.汉语的特点究竟是什么[J].云南师范大学学报(哲学社会科学版),2014(5).

但汉源.意合与形合:英汉翻译中的逻辑关联映现[J].外国语(上海外国语大学学报), 1996(1).

邓春霞.以直译为主,还是以意译为主[J].九江学院学报,2008(2).

邓中敏,曾剑平.政治话语重复修辞的翻译——以《习近平谈治国理政》为例[J].中国翻译,2020(5).

董　佳.汉语因果复句的原型表达[J].陕西师范大学学报(哲学社会科学版),2012(3).

董　杰,韩志刚.论"使"字句的句式意义[J].天津大学学报(社会科学版),2012(6).

董秋斯.翻译工作中的汉语规范化问题[J].中国语文,1955(12).

顿官刚.英译汉的"的"字问题[J].天津外国语学院学报,2002(3).

范德一.英语定语从句译法初探[M].翻译通讯,1980(4).

范秀娟.学术论文写作中的生动表达[J].社会科学家,1999(6).

方 薇."翻译伦理"还是"道德规范"? ——从 Ethics of Renarration 的汉译问题说开去[J].中国外语,2017(1).

方梦之.中国译学大词典[Z].上海:上海外语教育出版社,2011.

冯家佳,黄建凤.广西传统手工艺品宣介的汉译英规范探究——基于翻译目的论的勘正示例[J].广西社会科学,2017(7).

冯凯伦.语境信息与准确翻译[J].中国科技翻译,2008(1).

冯世则.意译、直译、逐字译[J].翻译通讯,1981(2).

冯世则.风格的翻译:必要、困难、可能与必然[J].翻译通讯,1982(5).

傅雷.致林以亮论翻译书[A].中国译协《翻译通讯》编辑部.翻译研究论文集(1949—1983)[C].北京:外语教学与研究出版社.1984.

高 原.谈关联词的意义问题[J].外语学刊,2003(1).

顾振彪.叶圣陶与语文课文语言文字的规范化[J].语文建设,1993(7).

郭 潮."化"尾动词的语法特点[J].汉语学习,1982(3).

郭绍虞.汉语语法修辞新探[M].北京:商务印书馆.

郝丽萍.认知优化原则与翻译过程优化[J].教育理论与实践,2013(27).

何 杰.现代汉语量词研究[M].北京:民族出版社,2000.

何 伟,伟圣鑫.英汉小句状语成分分布对比研究[J].外语与外语教学,2021(2).

贺 阳.现代汉语数量词中的若干欧化语法现象[A].中国人民大学中文系.语言研究的务实与创新[C].北京:外语教学与研究出版社,2004a.

贺 阳.从现代汉语介词中的欧化现象看间接语言接触[J].语言文字应用,2004b(4).

贺 阳.现代汉语欧化语法现象研究[J].世界汉语教学,2008(4).

胡明扬.现代汉语规范化漫议[J].语文建设,1995(2).

胡明扬,劲松.流水句初探[J].语言教学与研究,1989(4).

胡晓翔.译林求疵(三)[J].上海科技翻译,1995(3).

胡裕树.现代汉语[M].上海:上海教育出版社,1995.

黄伯荣,廖序东.现代汉语[Z].兰州:甘肃人民出版社,1985.

黄杲炘译.伊索寓言[M].武汉:湖北教育出版社,2007.

黄少安.交易成本节约与民族语言多样化需求的矛盾及其化解[J].天津社会科学,2015(1).

黄忠廉,李亚舒.科学翻译学[M].北京:中国对外翻译出版公司,2004.

黄忠廉,许 萍.汉译偏正结构中"的"字最佳使用量探析[J].修辞学习,1997(6).

黄忠廉."翻译"新解——兼答周领顺先生论"变译"[J].外语研究,2012(1).

黄忠廉."翻译"定位及其名实谈[J].东方翻译,2015(3).

黄忠廉.Language acquisition 与 language learning 汉译之我见[J].当代语言学,2004(2).

黄忠廉.翻译本质论[M].武汉:华中师范大学出版社,2000.

黄忠廉.林语堂:中国文化译出的典范[N].光明日报,2013 - 07 - 15.

黄忠廉.译学本体建设的术语厘定问题[J].外国语,2015(5).

黄忠廉等.翻译方法论(修订版)[M].上海:华东师范大学出版社,2019.

霍四通.《共产党宣言》中文首译本标点符号的使用及版本价值[J].复旦学报(社会科学版),2021(1).

季羡林.从斯大林论语言学谈到"直译"和"意译"[J].翻译通报,1951(2).

季泽昆.怎样的语言才是流畅的?[J].逻辑与语言学习,1984(3).

蒋　明."的"字的滥用和妙用[J].当代修辞学,1983(3).

劲　松.被字句的偏误和规范[J].汉语学习,2004(1).

克里斯特尔,沈家煊译.现代语言学词典[M].北京:商务印书馆,2000.

老　舍.谈文字简练[J].语文学习,1958(5).

李　辉.走进福斯特的风景[A].上海译文出版社编.作家谈译文[C].上海:上海译文出版社,1997.

李　军.强烈鲜明的动感——余光中散文的语言艺术浅谈[J].当代修辞学,1993(6).

李　军.鲜明诗歌意象的语言手段[J].修辞学习,2002(6).

李　珊.现代汉语被字句研究[M].北京:北京大学出版社,1994.

李　炜.香港公文中出现的语法、修辞、词汇、欧化等问题及其解决方法[A].双语双方言(六)[C].香港:汉学出版社,1999.

李　曦,邓云华.英汉因果复句关联词焦点标记演变的认知阐释[J].外语教学,2020(3).

李　引,王桂芝.英语被动句与强调的英汉比较[J].外语学刊,1996(1).

李如龙.汉语的特点与对外汉语教学[J].语言教学与研究,2014(3).

李翔玲,王云安.汉语主题化与翻译的准确和流畅[J].上海科技翻译,1992(2).

李向农."关系网"与偏正结构[J].汉语学习,1986(3).

李秀香.英语意义被动句与汉语受事主语句的比较[J].四川师范学院学报(哲学社会科学版),2001(2).

李宇明.术语论[J].语言科学,2003(2).

李长山,陈贻彦,孙征译.全本伊索寓言[M].北京:中国对外翻译出版公司,2003.

梁丽,王舟.标点符号的语篇衔接功能与英汉翻译中的信息处理[J].中国翻译,2001(4).

林煌天.中国翻译词典[Z].武汉:湖北教育出版社,1997.

林穗芳."标点"的概念和汉语标点系统的特点[J].编辑学刊,1997(3).

林穗芳.标点符号学习与应用[M].北京:人民出版社,2000.

林语堂.论翻译[A].罗新璋.翻译论集[C].北京:商务印书馆,1984.

刘爱兰,余东.张爱玲《老人与海》译笔的"动态美"[J].信阳师范学院学报(哲学社会科学版),2016(6).

刘丹青.汉语名词性短语的句法类型特征[J].中国语文,2008(1).

刘街生.现代汉语同位组构研究[M].武汉:华中师范大学出版社,2004.

刘凯鸣.怎样进行虚词规范[J].中国语文,1957(7).

刘宓庆.现代翻译理论[M].南昌:江西教育出版社,1990.

刘宁生.汉语偏正结构的认知基础及其在语序类型学上的意义[J].中国语文,1995(2).

刘士聪.汉英英汉美文翻译与鉴赏(英汉对照)[M].南京:译林出版社,2004.

刘英凯.归化——翻译的歧路[J].现代外语,1987(2).

刘永生.从句子层面看领属性"N1/P＋的＋N2"结构中"的"字的隐现[J].修辞学习,

2004(6).

鲁　迅.《鲁迅全集》[M].北京：人民文学出版社,1957.

鲁　迅.关于翻译——给瞿秋白的回信[A].翻译研究论文集(1894—1948)[C].北京：外语教学与研究出版社,1984.

陆丙甫.语句理解的同步组块过程及其数量描述[J].中国语文,1986(2).

罗常培,吕叔湘.现代汉语规范问题[J].语言研究,1956(1).

骆小所.论艺术语言的义境美[J].云南师范大学学报(哲学社会科学版),2000(1).

吕冀平,戴昭铭.汉语规范化：一个亟待解决的重要课题[J].学术交流,1985(1).

吕叔湘."五四"翻译笔谈[J].翻译通报,1951(5).

吕叔湘.汉语语法分析问题[M].北京：商务印书馆,1979.

吕叔湘.吕叔湘语文论集[M].北京：商务印书馆,1983.

吕叔湘.通过对比研究语法[J].语言教学与研究(试刊),1977(2).

吕叔湘.现代汉语单双音节问题初探[J].中国语文,1963(1).

马春华.假设复句和条件复句的欧化：将＋主句动词[J].安徽大学学报(哲学社会科学版),2010(6).

毛荣贵.新世纪大学英汉翻译教程[M].上海：上海交通大学出版社,2002.

梅立崇.从汉民族具象思维的角度对汉语进行审视[J].世界汉语教学,1992(3).

潘绍中.关于英语形象词语的汉译[J].翻译通讯,1982(6).

庞林林.浅谈汉语部分量词英译[J].外国语言文学,1986(3).

戚晓杰.语言观与汉语规范[J].东方论坛,2000(4).

秦礼君.现代汉语语法专题[M].北京：海洋出版社,1990.

秦旭卿.《母亲》译本中的一句话[J].中国语文,1960(2).

屈少兵.现代汉语被动标记研究[D].武汉：华中师范大学,2004.

汝　龙.谈谈翻译[J].语文学习,1958(5).

申小龙.当代中国语法学[M].广州：广东教育出版社,1995.

申小龙.汉语句型研究[M].海口：海南人民出版社,1989.

沈家煊.句法的象似性问题[J].外语教学与研究,1993(1).

施关淦.关于"省略"和"隐含"[J].中国语文,1994(2).

施秋蕾.词汇衔接的重构与英汉语篇翻译质量——以小说 Atonement 的翻译为例[J].外语教学理论与实践,2014(1).

石定栩,苏金智,朱志瑜.香港书面语的句法特点[J].中国语文,2001(6).

适　达.前正后偏复句小议[J].逻辑与语言学习,1994(4).

舒　乙.老舍文学语言发展的六个阶段[J].语文建设,1994(5).

思　果.翻译新究[M].北京：中国对外翻译出版公司,2002.

思　果.翻译研究[M].北京：中国对外翻译出版公司,2000.

宋玉柱.关于"被"字句的语义色彩问题[J].学语文,1984(5).

苏培成.标点符号实用手册[M].北京：中国社会科学出版社,1994.

孙　坤,王　荣.当代国外标点符号研究[J].当代语言学,2010(2).

孙迎春.译学大词典[Z].北京：中国世界语出版社,1999.

陶　源.基于俄汉平行语料库的чтобы从句翻译操作规范研究[J].解放军外国语学院

学报,2015(5).

滕延江,张晓梅.标记理论的哲学叙述及其应用扩展[J].齐鲁学刊,2006(4).

童宪刚.俄语标点法[M].北京:人民教育出版社,1984.

万兴华.并非所有文体都讲求语言的准确性——对文体语言的一种思考兼论文学语言的特征[J].豫章师范学院学报,2003(3).

汪曾祺.汪曾祺代表作[M].北京:华夏出版社,1999.

汪德华.英汉语言中标点使用的歧义生成[J].邢台师范高专学报,2001(4).

汪国军.科技英语口译逻辑问题评析[J].湖南科技大学学报(社会科学版),2010(3).

王　力.中国现代语法[M].上海:商务印书馆,1943.

王　力.王力文集(第二卷)[M].济南:山东教育出版社,1985a.

王　力.王力文集(第九卷)[M].济南:山东教育出版社,1985b.

王　力.中国语法理论[M].北京:中华书局,1954.

王　毅.规范论下的无本回译:On China汉译评析[J].中国翻译,2017(5).

王艾录.义句与音句[J].汉语学习,1991(4).

王灿龙.无标记被动句和动词的类[J].汉语学习,1998(5).

王超尘等.现代俄语通论(下)[M].北京:商务印书馆,1984.

王东风.连贯与翻译[M].上海:上海外语教育出版社,2009 .

王建华.语块认知与同传流畅性——一项基于语块认知训练的实证研究[J].外语教学与研究,2016(5).

王克非.近代翻译对汉语的影响[J].外语教学与研究,2002(6).

王克非.英汉/汉英语句对应的语料库考察[J].外语教学与研究,2003(6).

王利峰,肖奚强.形容词定语后"的"字隐现习得研究[J].汉语学习,2007(2).

王利众.俄汉科学语言被动句对比[J].解放军外国语学院学报,2001(6).

王铭玉.现代俄语同义句[M].哈尔滨:黑龙江人民出版社,1993.

王尚文.语文教学的错位现象[J].教育研究,1991(10).

王寿沂.求变:语言生动的要诀[J].语文建设,1995(1).

王维贤等.现代汉语复句新解[M].上海:华东师范大学出版社,1994.

王文强,汪田田.翻译应注重异国文化与语句流畅之间的有机统一——以《红高粱家族》英译本为例[J].西华大学学报(哲学社会科学版),2015(2).

王小敏."但却"与"但……却"及关联词作用的再思考[J].甘肃高师学报,2000(3).

王玉仁.准确与模糊——关于词语选择的标准[J].辽宁师专学报(社会科学版),2001(1).

王振福.论衔接与连贯的显明性和隐含性[J].东北师大学报,2002(4).

王振平.句子长度与译文质量的关系[J].天津外国语学院学报,2006(4).

王志军,杨小茜.以语料为基础的英汉被动句对比及其认知阐释[J].山东外语教学,2002(5).

王宗炎.辨义为翻译之本[J].翻译通讯,1984(4).

王宗炎.英汉应用语言学词典[Z].长沙:湖南教育出版社,1988.

韦世林.汉语——逻辑相应研究[M].昆明:云南教育出版社,2000.

蔚　林.小说要译得平易些[J].翻译通报,1950(5).

文贵良.新式标点符号与"五四"白话[J].华中师范大学学报(人文社会科学版),2015(3).

翁显良.写实与寓意——谈记叙文翻译[J].翻译通讯,1982(1).

翁义明,王金平.文学语篇机器翻译的特征与局限——汉语流水句人机英译对比研究 [J].当代外语研究.2020(06).

吴福祥.结构重组与构式拷贝——语法结构复制的两种机制[J].中国语文,2014(2).

吴克礼.俄苏翻译理论流派述评[M].上海:上海外语教育出版社,2009.

吴炜彤等译.世界见闻——英语阅读义选(英汉对照)[M].天津:天津人民出版社,1988.

吴正一.英国式的幽默[J].翻译通讯,1980(5).

伍立杨.闻芬芳,循旧径[N].文汇报,2000-06-26.

羡闻翰.有关现代汉语规范化的几个问题[J].中国语文,1979(1).

向　若.翻译要尽量用人民的活语言[J].语言学习,1954(9).

项　东,王　蒙.中国传统文化文本英译的音译规范刍议[J].中国翻译,2013(4).

肖石英.翻译腔的句法结构探析[J].南华大学学报(社会科学版),2006(5).

肖申生.名词的定语和助词"的""之"[J].中国语文,1979(3).

谢晓明,王宇波.概念整合与动宾常规关系的建立[J].汉语学报,2007(2).

辛加宝.同义词研究[A].吴竞存.《红楼梦》的语言[C].北京:北京语言学院出版社, 1996.

邢福义.汉语语法结构的兼容性和趋简性[J].世界汉语教学,1997(3).

邢福义.承赐型"被"字句[J].中国语文,2004(1).

邢福义.动词作定语要带"的"字[J].中国语文,1957(8).

邢福义.汉语复句研究[M].北京:商务印书馆,2001.

邢福义.汉语语法三百问[M].北京:商务印书馆,2002.

邢福义.汉语语法学[M].长春:东北师范大学出版社,1996.

熊文华.翻译中的歧义[J].语言教学与研究,1989(4).

徐莉娜.Unit Noun与汉语量词的比较与翻译[J].中国科技翻译,1997(3).

徐思益.关于汉语流水句的语义表达问题[J].语言与翻译,2002(1).

徐素萍.留学生受英语干扰形成的汉语关联词误用浅析[J].东南大学学报(哲学社会科 学版),2000(2).

徐阳春.也谈人称代词做定语时"的"字的隐现[J].中国语文,2008(1).

徐阳春."的"字隐现的制约因素[J].修辞学习,2003(2).

许家金,徐秀玲.基于可比语料库的翻译英语衔接显化研究[J].外语与外语教学,2016(6).

许文胜.基于语料库的英汉文学作品衔接性副词对比研究[J].外语教学与研究,2015(2).

许有江.试谈标点符号在译文中的修辞作用[J].中国翻译,1997(5).

许余龙.对比语言学[M].上海:上海外语教育出版社,2002.

薛亚红,端木三.形名组合的出现率:词长搭配和"的"字隐现[J].语言科学,2018(5).

阎德胜.用词准确是翻译中的首要逻辑准则[J].外语研究,1992(2).

杨　静.回译:追根溯源的文化活动[N].中国社会科学报,2012-06-11.

杨甸虹.英语量词的新用法及翻译[J].中国翻译,1997(3).

杨合鸣.古今语法差异[M].北京:社会科学文献出版社,1996.

杨璘璘.文学译文的语言地道性和杂合性——以张译《德伯家的苔丝》为例[J].语文建

设,2014(10).

杨守建.中国学术腐败批判[M].天津:天津人民出版社.2001.

杨晓静.音、语、点三符全译转换说[J].学习与探索,2011(4).

叶圣陶.什么叫汉语规范化[J].语文知识,1955(12).

叶子南.翻译对话录[M].北京:清华大学出版社,2003.

宜　闲.漫谈直译[J].翻译通报,1950(1).

殷希红,乔晓东,张运良.利用术语定义的汉语同义词发现[J].现代图书情报技术,
　　2014(4).

尹延安.19世纪在华西人规范西学汉名史探[J].上海翻译,2020(6).

余承法.全译方法论[M].北京:中国社会科学出版社,2013.

余光中.余光中论翻译[M].北京:中国对外翻译出版公司,2002。

俞　敏.白话文的兴起、过去和将来[J].中国语文,1979(3).

袁毓林.流水句中否定的辖域及其警示标志[J].世界汉语教学,2000(3).

原苏荣,陆建非.汉英副词性关联词语篇章衔接功能比较[J].上海师范大学学报(哲学
　　社会科学版),2011(2).

岳中奇."的"的有无与名词性偏正结构的语义差异[J].河南大学学报(社会科学版),
　　2002(2).

张　辉,杨　波.认知组构语义学与比喻语言字面义及非字面义的区别[J].重庆大学学
　　报(社会科学版),2008(1).

张　磊,武恩义.英语量词的语义及功能分析[J].商丘师范学院学报,2006(1).

张　颂.播音创作基础[M].北京:中国传媒大学出版社,2004.

张爱民,韩　蕾.偏正结构的语法地位[J].徐州师范大学学报(哲学社会科学版),1997(1).

张会森.现代俄语的变化和发展[M].北京:人民教育出版社,1984.

张继光,张　政.基于语料库的当代英语散文汉译规范研究[J].外语教学理论与实践,
　　2014(4).

张　今.英汉比较语法纲要[M].北京:商务印书馆,1981.

张文贤,邱立坤.基于语料库的关联词搭配研究[J].世界汉语教学,2007(4).

张小川,鞠　晶.汉译"动量(名)结构"译源探析[J].大庆师范学院学报,2014(5).

张小川.汉译"一量名结构"译源研究[J].外语研究,2012(4).

张小川.汉译"一量名结构"与欧化研究[J].大庆师范学院学报,2012(2).

张艳玲.英语缩略语汉译的趋简与等效处理[J].中国科技翻译,2006(3).

张志公.文学·风格·语言规范[J].语文建设,1992(6).

张中行.文言与白话[M].哈尔滨:黑龙江人民出版社,1997.

张仲实.毛泽东同志论理论著作翻译[J].翻译通讯,1980(1).

赵　宁.Gideon Toury翻译规范论介绍[J].外语教学与研究,2001(3).

赵　嵒.新编大学英语示范教案[M].北京:航空工业出版社,2000.

赵海娟,杨俊峰.形貌修辞学观照下的文学翻译研究——以鲁迅作品英译为例[J].解放
　　军外国语学院学报,2018(1).

赵金铭.同义句式说略[J].世界汉语教学,1993(1).

郑庆君.同义手段的语篇视野[J].求索,2006(3).

郑远汉.论同义形式选择[J].武汉大学学报(哲学社会科学版),1990(2).

郑远汉.言语风格学[M].武汉:湖北教育出版社,1990.

智　量.后记[A].普希金著,智量译.普希金选集(第五卷)[C].北京:人民文学出版社,1985.

钟　健.探析现代汉语形容词生动形式的语用价值——评《现代汉语形容词生动形式的语用价值》[J].中国教育学刊,2016(1).

周邦友.外位结构的逻辑关系　汉译英时常被忽略的问题[J].上海科技翻译,1999(2).

周定一.词汇规范常谈[J].文字改革,1985(4).

周国辉,张彩霞.汉语主语的隐含与英语主语的显化[J].外语教学,2003(5).

周煦良.翻译三论[J].翻译通讯,1982(6).

周玉琨.试谈现代汉语同义词的类型[J].社会科学战线,2002(2).

周志培,冯文池.英汉语比较与科技翻译[M].上海:华东理工大学出版社,1995.

朱　军.准确 贴切 适度——中文教科书语言规范的层次观[J].湘潭大学学报(哲学社会科学版),2007(4).

朱　星.中国文学语言发展史略[M].北京:新华出版社,1988.

朱德熙.句子和主语[J].世界汉语教学,1987(3).

朱光潜.论翻译[A].罗新璋,陈应年.翻译论集[C].北京:商务印书馆,2009.

朱建祥.议结构助词"的"及其在英汉翻译中的省略[J].合肥教育学院学报,2003(4).

朱文振.翻译与语言环境[M].成都:四川大学出版社,1987.

朱音尔.基于概念整合,追求地道译文[J].上海翻译,2013(3).

邹韶华.语用频率效应研究[M].北京:商务印书馆,2001.

左思民.汉语句长的制约因素[J].汉语学习,1992(3).

去伪存真净汉译(代跋)

　　翻译,在我国历史悠久,源远流长,既有中文译向外语的"中华文化走出去",也有外语译作中文的"西方文化引进来"。"走出去",可以帮助世界更好地读懂中国;"引进来",有利于我们观察世界,学长补短。目前,"走出去"正如火如荼,方方面面均得到社会各界广泛关注;相较而言,人们对"引进来"则缺乏足够重视。"引进来"产生的新词、新语、新表达,一方面为汉语注入新鲜血液,丰富原有组构,增强文化传播力,但另一方面,其带来的污染也不容小觑。

　　余光中在《翻译和创作》中批评汉译作品见 when 就"当"的公式化翻译:"如果你留心听电视和广播,或者阅览报纸的国外消息版,就会发现这种莫须有的当当之灾,正严重地威胁美好中文的节奏。"面对汉译儿童读物中披着汉语外衣的粗制滥造,忧心的家长不断发声"能否重译"。更有人戏称如今的报刊、杂志和影视屏幕是"无错不成报""无错不成书""无错不成戏"。

　　不符合汉语语法规范的汉译读物非但无法培根铸魂、启智增慧,反而可能变成误人子弟的"毒物"。正如健身锻炼,不规范的动作不仅不能强身健体,反倒可能令人气滞血瘀,伤筋动骨,甚至害人性命。

　　去伪存真,净化汉译,保护汉语的绿水青山,保护我们赖以生存的汉语家园,是文化自信和建设书香中国、文化强国的应有之义。以"昌明教育,开启民智"为己任的商务印书馆推出的黄忠廉教授新作,国家社科基金后期资助项目《汉译组构优化研究》(下称《优化》),应时而生。

　　《优化》聚焦汉译产物,选取近 470 条典型违规超规实例,通过超六成的篇幅,探讨词语层面的同义词(见第四章)、结构助词"的"(见第五章),短语层面的"一量名"组构(见第六章),句子和句群层面的"被"字句(见第七章)、长句(见第八章)、流水句(见第九章)、关联词(见第十章),以及标点符号运用(见第十一章)等。由表及里,追根溯源,将汉译组构的伪劣产品归结为 2 大类(犯规与超规),4 小类(成文未成型、成型未成活、成活不像话和像话非常话),11 种典型失范现象(见第二章),5 类失范原因(外语不逮、汉语不济、急于操觚、译法失当及主观因素),15 种症候(见第十二章)。据此提出 4 大优化基本原则(准确性、鲜明性、生动性与流畅性)以使犯规者守规,为超规者立规。

黄师忠廉教授常说汉语水平是决定翻译能力的天花板,做翻译研究必须深耕汉语,强调多读有关汉语语法和篇章语言学之类的书籍。这也许与其研学经历不无关系。黄忠廉教授曾师从邢福义先生攻读博士,后又跟随李锡胤先生做博士后研究。两位先生,一位是 20 世纪现代汉语语法八大家之一,一位是精通俄英法汉的资深翻译家和语言学家。黄师自身勤学广读,长期躬耕翻译实践,游刃于俄英汉三语之间,剖析其语音、语形、语义,综合语表形式、语里意义、语用价值,分析译例有理有据,一语破的。笔者阅读《优化》,结合例句的原文、原译、改译和试译,慢慢比读,徐徐品评,而后尝试自译,受益良多。

文不厌改,译亦如此。汉译作品要顺眼顺耳顺口顺心,译者就须夯实双语基本功,既能准确理解外语原作,又能准确、鲜明、生动、流畅地汉语表达,"以其昭昭,使人昭昭"。日常生活,读书学习,娱乐游历,养成见例即收的习惯。效法《优化》,充分观察,充分描写,充分分析,充分解释。精"译"求精,在咬文嚼字中欣赏语词之美,提升翻译之功。亲子伴读,若条件适宜,也不妨与孩子一起尝试将汉译儿童读物的语词译得更像土生土长的中国孩童所说,既培养孩子对语言的感知,又锻炼思辨能力,提升悦读乐趣,也进一步加深家长自身对语词的认知。译海无涯勤作舟,多读,勤思,常译,日积月累,许能催生文章,进而积文成项成书,同时助益改善我们的语言生活,推动社会进步。

身处世界之林,了解世界,方能更好地懂得中国。"走出去"和"引进来"就像我们的两条腿,双腿健康,才能走得更好更快更稳。"走出去"呼应时代所需,"引进来"更是固本强基之要。关注"走出去",关爱"引进来",让翻译更好地发挥融通中外文化,增进文明交流的桥梁和纽带作用,是每一位语言文字工作者、爱好者和使用者理应承担的责任和义务。毫厘之失,谬以千里。要把外语作品译成自然、清通、优美的汉语,我们须从自身做起,勤练汉语基本功,尊重汉语、珍爱汉语,护卫我们赖以生存的汉语绿水青山。"文章千古事,得失寸心知""为求一字稳,耐得半宵寒"。

宋伟华

2022 年春

于韶关学院

汉译优化，析理得法（代跋）

黄忠廉教授新作《汉译组构优化研究》（下称《优化》）杀青，我有幸先读为快，不胜感激。身为译者，反躬自省之余，试将学习心得存录于此。

汉译欧化，百年一瞬。上世纪初，面对满目疮痍、积弱积贫的旧中国，完成"睁眼看世界"的进步知识分子，深感坚船利炮的背后是制度优势，强身健体的同时更需武装大脑，欲拯救民族于危难，非开启民智、引入新风不可。欧化被视作救世济民的良方，鲁迅、傅斯年等新文化运动主将以欧化造就新白话，催生新思想，迎接新文化。于是西语成了"高等凭借物"（傅斯年），"借着翻译输入新的表现法"（瞿秋白），译文"宁信而不顺"（鲁迅），"只有欧化的白话方才能够应付新时代的新需要"（胡适）。

猛药治重疾，欧化的狂风暴雨，让绵延几千年的文言文迅速退出历史舞台，"现代汉语书面语的面貌在五四到 40 年代这短短的几十年间便已基本形成"（贺阳）。革故鼎新，改造汉语，欧化和翻译作用之巨，毋须多言。

朱生豪、傅雷等翻译家不仅成就了一部又一部熠熠生辉的经典译著，更是挥就如椽译笔，滋养了一代又一代人的精神世界。中国现当代作家，对翻译文学赞誉有加者不乏其人。王小波极力推崇查良铮、王道乾的译文，甚至认为，"假如中国现代文学尚有可取之处，它的根源就在那些已故的翻译家身上"。余华则说："像我们这一代作家开始写作时，受影响最大的应该是翻译小说，古典文学影响不大，现代文学则更小。"

然而，民族"语""文""危机"重重，恶性欧化恐亦难辞其咎。本世纪初，时任《文艺争鸣》杂志编审的朱竞 2005 年编著出版《汉语的危机》，汇集数十位文学理论界学者的声音，呼吁"拯救世界上最美的语言"。华东师范大学终身教授潘文国三年后出版专著《危机下的中文》，凭借深厚的语言学功底，揭示中文危机的种种表现，更分析原因，提供对策。一位是名刊杂志资深编审，一位是精通英汉双语的著名教授与翻译家，他们不约而同地奔走呼号警示国人，母语危机，迫在眉睫。或有人对此不屑一顾，斥之为危言耸听，但"的的不休""被"字滥用、修饰语架床叠屋、句式冗长拖沓等等，已是不争的事实。

　　长期浸润其中，很多问题习焉不察，即便语感帮助判断，个中原委怕是很难说得清道得明。汉语优劣的标准是什么？恶性欧化留下的"负资产"有哪<u>些</u>？具体原因何在？优化的原则是什么？汉语走向国际的今天，这样的问题更值得思考与深究。这或许也是《优化》问世的使命之一。

　　《优化》结构严谨，直指欧化带来的汉译顽症。由问题入手，既总论问题类型，又分述具体表现，由词至句，由句到篇，点线面结合，系统阐述；三语译例穿插其间，精析译文高下得失；以答案作结，借翻译理论探讨汉译失范原因，确立优化原则。加之精当的文笔，本书学术性、可读性相得益彰。

　　《优化》立意高远，又脚踏实地，不仅是翻译理论研究的心血之作，也有望成为翻译实践和爱好者必备的案头读物。

濮阳荣

壬寅初夏

于宁波大学